学前儿童
健康教育与活动指导

韦　涛　滕忠萍　管钰嫦◎主编

清华大学出版社
北　京

内 容 简 介

本书包括八个方面的内容：学前儿童健康教育概述、学前儿童健康教育的目标和内容、学前儿童健康教育活动的设计与实施、学前儿童身体保健和生活自理能力教育、学前儿童体育、学前儿童安全教育、学前儿童心理健康教育、学前儿童健康教育评价。本书充分体现了“课证融合”特点，各章节除了对本课程的知识点进行全面梳理外，还通过设置多个栏目，让学生进行课堂操作、讨论以及课外实践，增进学生对理论知识的理解，并提升其实践水平。

本书适合作为各大中专院校的教学用书和幼儿教师资格证考试的辅导书。

图书在版编目（CIP）数据

学前儿童健康教育与活动指导 / 韦涛，滕忠萍，管钰嫦主编. — 北京：清华大学出版社，2021.3（2024.2重印）

ISBN 978-7-302-56833-9

Ⅰ. ①学… Ⅱ. ①韦… ②滕… ③管… Ⅲ. ①学前儿童－健康教育 Ⅳ. ①G613.3

中国版本图书馆 CIP 数据核字（2020）第 225189 号

责任编辑：邓　艳
封面设计：刘　超
版式设计：文森时代
责任校对：马军令
责任印制：杨　艳

出版发行：清华大学出版社
网　　址：https://www.tup.com.cn，https://www.wqxuetang.com
地　　址：北京清华大学学研大厦 A 座　　**邮　　编**：100084
社 总 机：010-83470000　　**邮　　购**：010-62786544
投稿与读者服务：010-62776969，c-service@tup.tsinghua.edu.cn
质量反馈：010-62772015，zhiliang@tup.tsinghua.edu.cn
印 装 者：三河市科茂嘉荣印务有限公司
经　　销：全国新华书店
开　　本：185mm×260mm　　**印　　张**：17　　**字　　数**：424 千字
版　　次：2021 年 3 月第 1 版　　**印　　次**：2024 年 2 月第 2 次印刷
定　　价：59.00 元

产品编号：085990-02

前　言

“学前儿童健康教育与活动指导”是学前教育专业课程体系中的专业基础课，也是主干核心课程之一，同时更是幼儿教师资格证国家级考试的重点考查内容。本书认真贯彻《幼儿园工作规程》《幼儿园教育指导纲要（试行）》《幼儿园教师专业标准（试行）》《3～6岁儿童学习与发展指南》《教师教育课程标准（试行）》的思想，以0～7岁儿童，特别是3～6岁幼儿为研究对象，旨在帮助学前教育专业的学生比较系统地掌握学前儿童健康教育知识，了解学前儿童健康教育与活动指导工作的内容与基本方法，同时也为幼儿教师资格证的考取奠定理论基础，积累实践经验。

幼儿教师资格证是幼儿教师的从业许可证，该许可制度的全面实施，进一步明确了幼儿教师的从业门槛和基本素养，对幼儿教师队伍整体素质的提升做出了重要贡献。近年来，在产教融合的背景下，幼儿教师资格证往往被提升到与学历证和学位证同样的高度。考取幼儿教师资格证成为学前教育专业学生最重要的学习任务之一。帮助学生顺利考取幼儿教师资格证，也成为课程建设必须考虑的重要问题。因此，在确保学生获得学历证和学位证的课堂教学基础上，兼顾考证指导的“课证融合”教育模式备受关注。学生通过考取幼儿教师资格证，完善自身知识结构，提升自身实践能力，促使学生理论学习与工作实践的协调发展，实现产教融合。

“课证融合”是指在专业教学过程中涵盖职业资格标准的要求。在制订教学计划时，将该专业的职业资格标准融入高职学历教育要求，根据能力、知识和素质要求，进行课程的整合，使课程结构、教学内容和教学进度安排与职业考证的内容、要求和时间相一致，培养出大批高素质技能型人才。近年来“课证融合”的教学模式备受关注，本书正是在“课证融合”的基础上，以“学前儿童健康教育与活动指导”课程改革为切入点进行编写。与当前市面上众多的《学前儿童健康教育》和《学前儿童健康活动指导》等教材不同，本书注重理论知识与实践操作相结合，紧扣《幼儿园教师资格证考试大纲》，既系统地呈现了学前儿童健康知识、幼儿园健康活动指导工作的内容与基本方法，同时也梳理了本门课程在幼儿教师资格证国考中的考试要求和考试要点，既能满足学生掌握基础知识和提升能力的要求，又能满足学生考取幼儿教师资格证的需要，融“研、教、学、做、产”为一体，充分体现了前瞻性、科学性、实操性和多样性等特点。

本书是广西教育科学“十三五”规划2019年度课题“‘全面二孩’政策下广西幼儿师资队伍建设面临的挑战与对策研究”（编号：2019A038）、2018年度教育部人文社会科学院研究（青年基金）项目“广西少数民族地区留守儿童管理体系建构研究”（18YJC880151）、2020年广西职业教育教学改革项目“基于岗位群工作过程系统化的学前教育专业群课程体系构建研究”和广西教育厅2020年广西高校中青年教师科研基础能力提升项目“‘健康中国’背景下学校体育场地现场调查与运行机制研究”（编号：2020KY09011）的阶段性成果，它反映了课题组成员在实践研究中的“实践—研究—反思—实践—研究—实践”的经验，是集体智慧的结晶。参加本书编写的人员既包括长期从事学前儿童健康教育与活动指导工作、具有丰富教学经验的教师，也有参与编写正式出版的全国教师资格证书考试通用教材的专家。他们熟悉全国幼儿教师资格证书考试的各项工作，具有丰富的指导经验。本书由韦涛、滕忠萍和管钰嫦拟定编写框架并撰写提纲，具体编写分工如下：第一章和第六章由广西幼儿师范高等专科学校的滕忠萍、南宁市第三幼儿园的韦涛编写；第二章和第七章由广西幼儿师范高等专科学校的管钰嫦编写；第三章由北京市朝阳区劲松第一幼儿园刘洁红编写；第四章由广西幼儿师范高等专科学校的陆瑶编写；第五章由广西幼儿师范高等专科学校的陆丽冕编写；第八章由广西幼儿师范高等专科学校的艾桃桃编写。全书由韦涛、滕忠萍和管钰嫦统稿并定稿。

本书参考了大量研究成果及文献资料，在编写过程中，南宁师范大学的李昌瑞老师给予了悉心指导，在此谨向有关专家和学者表示诚挚的谢意！鉴于编写时间和编者水平所限，本书还有诸多不足之处，恳请社会各界人士、同行和广大读者批评指正，以便我们修订完善。

编　者

目　　录

第一章 学前儿童健康教育概述

本章导读

《幼儿园教育指导纲要（试行）》（以下简称《纲要》）指出：“幼儿园必须把保护幼儿生命和促进幼儿健康放在工作的首位。树立正确的健康观念，在重视幼儿身体健康的同时，要高度重视幼儿的心理健康。”学前儿童阶段是儿童身体发育和机能发展极为迅速的时期，也是形成安全感和乐观态度的重要阶段。良好的身体、愉快的情绪、强健的体魄、协调的动作、良好的生活习惯和基本生活能力是幼儿身心健康的重要标志，也是其他领域学习与发展的基础。因此，学前儿童健康教育在学前教育体系中具有任何其他教育活动不可替代的重要意义。学前儿童健康教育作为儿童全面发展教育中不可缺少的一个部分，是促进儿童在感知情感、个性及社会性等方面协调发展的重要途径之一。

学习目标

1．掌握学前儿童健康教育的概念、目的和任务。
2．能根据学前儿童教育的规律和原则，实施健康教育策略。
3．愿意进一步探究学习学前儿童健康教育的知识。

学习重点

1．学前儿童健康教育的目的和任务。
2．学前儿童健康教育的规律和原则。

思维导图

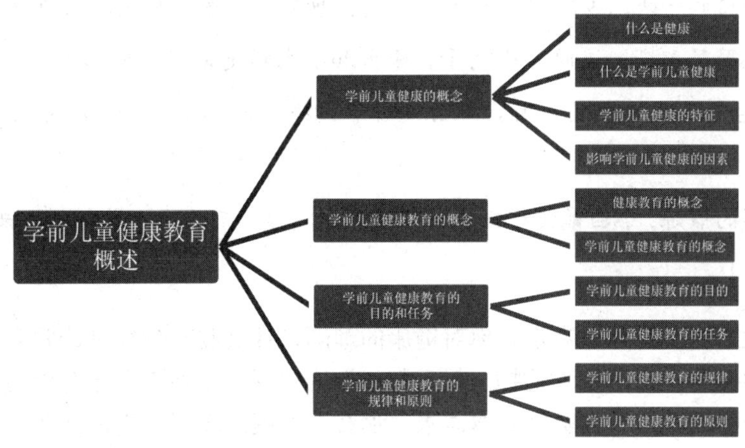

第一节　学前儿童健康的概念

幼教故事

不爱运动的小白鹤

清清的小河边，住着一只美丽的小白鹤。小白鹤有个坏毛病——不爱运动，连多走几步路都觉得累！

有一天，河边跑来一群小鸭子，他们迈着整齐的步子跑步。“小白鹤，来和我们一起跑步吧！”一只小鸭说。

“跑步多累呀，我不去！”小白鹤摇摇头。

小白鹤站在河边休息，不一会儿，几只小兔蹦蹦跳跳走来了，她们拿出一条长绳，摇一摇，跳一跳，玩得可开心了！

“小白鹤，来和我们一起玩吧！多运动，身体棒！”一只小兔笑着邀请她。

“可是，跳绳多累呀，我还是不玩了！”小白鹤摆摆手，向后退。

不久，天热了起来，小白鹤躲到大树底下乘凉。“嗨哟，嗨哟！”这是什么声音？小白鹤回头一瞧，她看到小黑熊正在举哑铃，练得一身大汗。

“小白鹤，和我一起锻炼吧！”小黑熊说。

“举哑铃多累呀，我不练！”小白鹤拒绝了。

小白鹤不爱运动，渐渐地，她变得越来越胖了。

有一天，她在河边看到小孔雀正在轻盈地跳舞，小白鹤被深深地吸引住了，她决定学习舞蹈。可是，小白鹤一跳，发现自己根本跳不高，也转不起来，因为她实在是太胖了！

小白鹤伤心地哭了起来。这时，小鸭子、小兔和小黑熊走来了。他们告诉小白鹤，只要多做运动，就能变得既健康又美丽。小白鹤听了，终于鼓起勇气，决心跟大家一起做运动。

经过一段时间的锻炼，小白鹤终于又恢复了美丽的身姿，而且她还学会了跳舞，现在，她的舞跳得可棒了！

思考：这个故事对你有什么启示？你对健康的理解是什么呢？分组讨论并分享。

健康是人类生存和生活的基本前提。对于每一个人来说，健康都是十分宝贵的财富，是人一生中最渴望得到的，是人类的基本需求，那么，健康的真正含义是什么呢？

一、什么是健康

（一）健康概念的演变

关于“健康”，历史上许多伟大的思想家都做过精辟的论述。马克思提出，把健康作为人的第一权利，作为一切人类生存的第一个前提；美国哲学家爱默生认为，健康是人生的第一财富；英国教育家洛克强调，若没有健康，就不可能有什么幸福可言；德国哲学家叔本华形象地指出，一个健康的乞丐比有病的国王更幸福。的确，没有健康作为基础，人生的一切都会黯然失色。对于成天吃药打针的人，对于心理不正常的人，对于社会适应不良的人，快乐和幸福犹如水中月、雾中花，可望而不可即。为人师者，为人父母者，谁不热切盼望自己的学生、子女幸福？而这一切的第一个前提，是孩子们健康地成长。

过去，人们普遍认为，身体没病就是健康。有人说得更具体：不吃药、不打针、不感到身体不舒服就是健康。这些话有一定道理，但不完全正确。健康是一个综合的、历史性的概念。随着人类社会的发展，人类对健康的要求和认识也在不断变化、更新和扩展。

在人类社会发展的早期，生产力水平极低，为了适应环境、取得食物，必须与大自然搏斗，所以此时的健康等同于生命。随着生产力逐渐提高和物质日渐丰富，医疗技术也有了进步。人们有可能寻求一些医治疾病、减轻伤痛、延长生命的办法。在很长的一段历史时期中，人们衡量一个人的健康状况是以是否患病以及患病的严重程度为尺度的，认为不生病就是健康。

进入 20 世纪，随着科学技术的迅速发展和新兴边缘学科的出现，人类对健康的认识日益深入，对健康的要求日益提高。当今，人们已越来越清楚地认识到，对健康概念的较为完整的认识应该包括生物学、心理学和社会学三个维度。20 世纪 30 年代，美国健康教育专家鲍尔（W. W. Bauer）认为：“健康”是人们身体、心情和精神方面都自觉良好、活力充沛的一种状态。1948 年，联合国世界卫生组织（WHO）在其宪章中提出了健康的定义：“健康是身体、心理和社会适应的健全状态，而不只是没有疾病或虚弱现象。”这一定义改变了以往“健康”仅指无生理异常且无疾病的观念。1978 年，国际初级卫生保健大会所发表的《阿拉木图宣言》中提出：“健康是基本人权，达到尽可能的健康水平是世界范围内的一项重要的社会性目标。”1988 年，WHO 总干事马勒博士（Dr. Moarefi）强调了这样一种思想，即健康并不代表一切，但失去了健康，便丧失了一切。

从大的方面来说，作为社会成员的每一个公民，其个人的健康状况与整个社会有着千丝万缕的联系，而不仅仅是个人和家庭的事情。从小的方面来说，即对个人而言，健康也是生命中最重要的，著名作曲家刘炽在一次健康恳谈会上做了一个生动的比喻：健康为 1，幸福、快乐、事业、发展、金钱等都是 1 后面的 0，如果有了 1，后面的 0 才有意义，但是如果没有 1，后面的 0 再多也毫无意义。这个比喻充分说明了健康的重要性。

幼教故事

健康、财富与成功

从前，有三位老人，一个叫健康，一个叫财富，一个叫成功，他们都很有爱心，心胸无比宽阔，每天都在某个角落散布他们的爱心。一名妇女归家时，发现三位蓄着花白胡子的老者坐在自家门口。她不认识他们，便对他们说："我不知道你们是什么人，但各位也许饿了，请进来吃些东西吧。"三位老者问道："男主人在家吗？"她回答："不在，他出去了。"老者们答道："那我们不能进去。"

傍晚时分，丈夫回来了，也发现了门口的老者。妻子向他讲述了所发生的事。丈夫说："快请他们到屋里坐。"妻子请三位老者进屋，但他们说："我们不一起进屋。"其中一位老者指着身旁的两位解释："这位的名字是财富，那位叫成功，而我的名字是健康。"接着，他又说："现在你们进屋去讨论一下，看你们愿意我们当中的哪一个进去。"于是，丈夫和妻子进屋里商量。丈夫说："我们让财富进来吧，这样我们就可以黄金满屋啦！"妻子却不同意："亲爱的，我们还是请成功进来更妙！"他们的女儿在一旁倾听，她建议："请健康进来不好吗？这样我们一家人身体健康，就可以幸福地享受生活、享受人生了！"

丈夫对妻子说："我们听女儿的吧，去请健康进屋做客。"妻子出去问三位老者："敢问哪位是健康？请进来做客。"健康起身向她家走去，另外两人也站起身来，紧随其后。妻子吃惊地问财富和成功："我只邀请了健康，为什么两位也随同而来？"两位老者道："健康走到什么地方，我们就会陪伴他到什么地方，因为我们根本离不开他。如果你没请他进来，我们两个不论是谁进来，都会很快失去活力和生命，所以，我们到哪里都会和他在一起。"

（二）健康的概念

20世纪80年代中期，世界卫生组织对健康概念给出了新的定义：健康是身体、心理和社会适应方面的良好的一种状态，而不仅仅是没有疾病。1989年又将健康的概念调整为："健康应包括生理健康、心理健康、社会适应良好和道德健康。"

《3～6岁儿童学习与发展指南》（以下简称《指南》）认为健康是指人在身体、心理和社会适应方面的良好状态。

相关链接

世界卫生组织提出衡量健康与否的标准

1．精力充沛，能从容不迫地应付日常生活和工作；

2．处世乐观，态度积极，乐于承担任务，不挑剔；

3．善于休息，睡眠良好；

4．应变能力强，能适应各种环境的变化；

5. 对一般感冒和传染病有一定的抵抗力；

6. 体重适当，体态匀称，头、臂、臀比例协调；

7. 眼睛明亮，反应敏捷，眼睑不发炎；

8. 牙齿清洁，无缺损，无疼痛，牙龈颜色正常，无出血；

9. 头发光洁，无头屑；

10. 肌肉、皮肤有弹性，走路轻松。

资料来源：《中国慢性疾病预防与控制》(2000 年 8 月)。

二、什么是学前儿童健康

学前儿童健康是指学前儿童身体各个器官、各个组织发育正常，没有身体缺点（如近视、扁平足、龋齿、姿势性脊柱弯曲异常、沙眼等），能较好地抵抗各种疾病；性格开朗，情绪乐观，对环境有较好的适应能力。

身体健康是指学前儿童各个器官与系统发育正常，具有一定的抵御疾病的能力。身体健康是学前儿童健康的基础。

心理健康是指学前儿童人格发展正常，具有强烈的求知欲，情绪稳定，无任何心理障碍。良好的心理状态是保证身体健康的必要条件。

社会适应良好是指学前儿童自我意识发展正常，乐于交往，具有初步的规则意识和互助、合作、分享的品质，对环境具有较好的适应能力。

《纲要》中指出：“树立正确的健康观念，在重视幼儿身体健康的同时，要高度重视幼儿的心理健康。”所以对学前儿童进行健康教育时，既要重视身体健康，又要重视心理健康和良好的社会适应能力的培养。身体健康是心理健康的基础，心理健康是身体健康的必要条件。一个人只有身体、心理和社会适应等方面都健全，才是健康的人，只有身心健康的人才能适应复杂的环境变化。

我国曾因历史的原因忽视过对学前儿童心理健康的研究。传统的幼儿园保健模式重在学前儿童生理疾病的防治，它强调对学前儿童实施计划免疫，供给充足的营养等，使之“不得病，睡得安，吃得饱，长得高”。这种传统的保健模式不能满足学前儿童健康的需要。目前，绝大多数儿童是独生子女，在生理保健方面均能得到及时充分的保证，但仍有不少学前儿童“营养缺乏”或“肥胖”“体弱多病”，有的学前儿童生活自理能力差，不能适应集体生活，有的甚至自私孤独，不善于与人交往。究其原因，多数是由于父母的“溺爱”“不正确的教养”以及“过高的期望”，使孩子受到太多的心理压力，从而影响学前儿童的身心健康和正常发育。显然，学前儿童除了生理上的需要外，还有心理上的多层次需要，因此，现代保育应是生理心理社会保健模式。学前儿童在托幼园所期间，托幼园所必须加强对学前儿童的健康服务和保育，对其进行精心照顾和养育。培养学前儿童独立生活能力和自我保护能力，预防身心疾病的发生；同时，要关注幼儿的情绪和需要，促进其身心和谐健康发展。

下面从生理和心理两方面列出一些准则，作为衡量健康孩子的标准。

（一）生理方面

一个健康的孩子应能表现出：①肌肉结实；②身高体重有稳定的增长；③嘴唇和肤色红润；④眼睛明亮有神；⑤牙齿健康，没有龋齿；⑥身体能保持挺直姿势；⑦身体四肢动作协调能力良好；⑧手眼协调能力进展良好；⑨不容易疲倦。

（二）心理方面

1．社会性方面

在社会性方面，一个健康的孩子应有下列表现：① 喜欢参与各种活动，包括学习和游戏；② 容易适应新环境，对周围的事物充满兴趣和好奇心；③ 对人友善，能享受与别人共同参与活动的乐趣；④ 愿意用语言表达自己的需要或感觉，愿意与人沟通；⑤ 喜欢自己，喜欢别人，能理解别人的感觉；⑥ 开始学习自我控制；⑦ 自信，能享受成功的喜悦，也能面对失败不灰心；⑧ 大部分时间表现出愉快的心情。

2．参与活动时的表现

在参与游戏和学习时，一个健康的幼儿应表现出：① 注意力集中在某一件事情上；② 对学习有兴趣，求知欲强；③ 做事能逐渐做到有始有终，专心致志；④ 逐渐趋向于独立地游戏和工作，也能与人合作；⑤ 有想象力和创意；⑥ 乐于接受任务；⑦ 对别人的指示能迅速做出反应；⑧ 能与别人分担责任；⑨ 敢于接受挑战。

思考：假设有一位教师，以上面所列的准则，去检查她所辅导的 3 岁幼儿是不是符合“健康”标准，你预期检查的结果会是什么样的？

幼教故事

挑食的聪聪的故事

聪聪是幼儿园中班的小朋友。爱说爱笑、活泼可爱的他，总是能吸引大家的目光。可是聪明能干的聪聪也很挑食，每到吃饭的时候，他便噘起小嘴说：“青菜我不爱吃，这种豆子我不爱吃，这个菜长得像毛毛虫，我也不敢吃呀……”所以聪聪总是长不高，长不大，而且最近聪聪经常身体不舒服。这天，聪聪刚躺在床上，就觉得自己被什么东西包了起来，怎么也挣不开，被一群又黑、又瘦、又丑的小人抬到了一个满是鲜花的地方。这里很漂亮，有各种各样的鲜花，五彩缤纷，争相开放，聪聪被这样的景色吸引住了。正当他陶醉在这美景中的时候，又有一些长得很奇怪的小人来到他的面前，他们个个都像生了病一样，有的很小很瘦，有的很矮很胖，有的头发白白的，脸没血色，个个都没精神，说话也没力气。聪聪正奇怪的时候，只见一个老一点的小人走过来说：“小朋友不要怕，这里是挑食王国，只要是挑食的人都会被送到这里来，看来你也是挑食的小朋友呀。”聪聪这才发现自己也变成了又矮又瘦、没有力气、可怜的病人了。“唔……不要，我不要成为这种挑食的小人，我要变成原来的我，我再也不挑食了，我要吃蔬菜，我要吃那些我不曾吃过的青菜了，快放我回去吧。”聪聪说着说着，快哭起来了。突然聪聪被什么东西推来推去，他不再哭喊了，原来他是在做梦，刚才是妈妈把他叫醒了。从这以后，聪聪再也不挑食了，学着吃各种各样的蔬菜了，现在的聪聪聪明能干而且身体健康，已成为全班小朋友学习的好榜样。

《挑食的聪聪》这个故事告诉小朋友们很不要挑食，挑食就意味着营养不良，导致身体长不高，也不健康，小朋友吃饭时最好什么都爱吃，多吃蔬菜水果补充身体需的维生素。

三、学前儿童健康的特征

学前儿童的健康一方面需要成人的关心和教育，另一方面也需要学前儿童自身的努力。学前儿童健康具有以下特征。

（1）学前儿童健康主要包含身心两层面的健康。尽管随着时代的发展，人们为健康注入了越来越丰富的内涵，涵盖生理、心理、道德等众多层面，但是对于道德发展水平十分有限的学前儿童而言，身体的健康和心理的健康是不可割裂开来的，而且身心健康是判断学前儿童健康状况的主要标志，二者密切相关。

（2）学前儿童健康首先是指其身体器官组织的构造正常，各个生理系统功能良好，能有效抵抗各种疾病。同时学前儿童发育不一致，存在个体差异，同一儿童在不同时期的发育也不一致，但总体发展水平必须保持在儿童正常发育水平范围内，与同年龄儿童发展水平相近。倘若某个儿童的生长发育存在偏差，应及时检查并分析其本质原因，及早采取弥补措施。

（3）学前儿童心理健康的重要前提是智力发展正常。这是因为正常的智力水平是儿童生活、学习、交往的基本条件。学前期是儿童智力发展极为迅速的时期，若有其他原因导致早期脑受损，将严重阻碍其智力发展，进而影响学前儿童的心理健康。

（4）学前儿童心理健康的重要标志是情绪反应适度、社会适应良好，主要表现在能较快地适应幼儿园的新环境上，自我调节情绪的能力在不断增强。

总体来看，无论是学前儿童的身体发育还是心理的发展都应呈持续上升趋势，倘若某一阶段的身心状况呈现下降趋势或较长时间停滞不前都应视为不健康。

四、影响学前儿童健康的因素

健康是诸多相互交叉、渗透、影响和制约的因素相互作用的结果。学前儿童的身体、心理和社会适应的健全状态有赖于他们所处的自然环境和社会环境，也有赖于其自身状况，还与其作用于环境的方式以及环境对其反作用有关。要将影响学前儿童健康的诸多因素截然分割开来是困难的。20 世纪 70 年代，布拉姆将影响健康的因素归纳为环境因素（包括自然和社会环境）、生物学因素、生活方式以及卫生保健设施四个类别。

（一）环境因素

环境是指以人类为主体的外部世界，是人类赖以生存和发展的基本条件。环境因素是影响学前儿童的重要因素，它包括自然环境和社会环境。

1. 自然环境因素

自然环境因素包括化学因素、物理学因素和生物学因素等。自然环境中空气、阳光、水源、气候及食物等都是人类赖以生存的条件。良好的自然环境能为学前儿童提供各类物质条件，维持和促进其正常的生命活动和健康的发展，也为他们提供了各种精神条件，使他们清醒愉悦、积极向上，如充足的阳光不仅可以使儿童的心情愉悦，促进血液循环，同时紫外线的照射有助于维生素 D 的产生，预防学前儿童的佝偻病。然而由于人类活动，使得各种化学、物理学、生物学的因素影响了大气、水及土壤环境，这些影响破坏了大自然的平衡，造成了各种环境污染，从而影响了人体健康，比如学前儿童生活环境中超过卫生标准的铅、汞、铬、锰等元素都会导致急性或慢性中毒；长期高强度的噪声刺激会使学前儿童大脑皮层及神经系统功能紊乱，产生头晕、嗜睡或乏力等症状；学前儿童免疫力低下，经由饮水、饮食、呼吸、皮肤接触等途径，可感染各种致病性细菌、病毒及其他各类致病微生物。

幼教故事

南昌一所幼儿园的甲醛中毒事件

南昌吉的堡国际华城幼儿园是一所民办幼儿园，在园幼儿 278 人。据调查，这家幼儿园于 2013 年 12 月开始，利用双休日对全园教室地板、墙裙、门进行了更换维修。维修过程中，有幼儿陆续出现了咳嗽、头晕、皮肤过敏等症状。截至 4 月 30 日，约有 70 余名幼儿出现了不同程度的过敏现象。

经与家长协商，西湖区教体局委托南昌市环境监测站对吉的堡国际华城幼儿园的空气进行检测。2014 年 5 月 5 日，南昌市环境监测站公布了检测报告，结果显示，这家幼儿园有关室内空气甲醛、甲苯、二甲苯、氨超标。

南昌市环境监测站出具的空气检测报告公布后，吉的堡国际华城幼儿园向家长道歉，并表示要做好园内环境整治和幼儿治疗工作。

（资料来源：南昌幼儿园发生甲醛中毒事件 两孩子患败血症[EB/OL].（2014-05-06）. https：//news.qq.com/a/20140506/056993.htm.）

这是一起幼儿园因环境因素引起的集体“中毒”事件。

2. 社会环境因素

学前儿童与社会其他人群一样，都生活在具有复杂关系的社会文化体系之中，政治制度、社会经济关系、伦理道德、宗教、风俗、文化变迁、社会人际关系、家庭社区等因素都会直接或间接影响学前儿童的健康。孩子在学前儿童时期，家庭、社区和幼儿园对他们的影响较大。

（二）生物学因素

生物学因素主要包括遗传、病原微生物及机体自身差异等。在影响学前儿童健康的生物学因素中，遗传是重要的因素之一，对于儿童人群，可以根据某年龄段的发育状况预测发育的平均速率。日本学者武田纯教授发现了导致 15 岁以下儿童轻度肥胖的遗传因子 SHP。针对双胞胎的研究表明，同卵双胞胎的精神分裂症发病一致率为 69.0%，而异卵双胞胎的发病一致率为 17.5%。现代医学研究发现，目前已知的因遗传因素直接引起的人类遗传缺陷或疾病有 3 000 多种，占人类各种疾病的 1/5 以上，如高血压、糖尿病等。由病原微生物引起的霍乱、伤寒、脊髓灰质炎等疾病，幼儿因机体抵抗力不足，更容易受感染。机体自身的年龄、性别等生物学特征也对人的健康有着重要的影响，不同环境下，不同个体的健康状态存在明显的个体差异。

（三）生活方式

生活方式是一个复杂的综合概念。博特认为，健康行为取决于人们选择这些生活方式的行动过程。著名教育专家巴斯德（Bates）、温德尔（Winder）认为，生活方式根植于个人的人体观、态度以及信念中，动之于行为。生活方式是一定历史时期和社会条件下，各民族、阶级和社会群体的生活模式，包括衣、食、住、行、娱乐、社会交往等方面。当今不良生活方式已经成为现代社会中影响人们健康最为主要的因素。美国 1977 年的调查资料显示，在健康危害因素中，人的生活方式与行为占 48.9%，而环境、生物学因素和保健设施则分别占 17.6%、23.2%和 10.3%。中国学者在 1981 年所做的同类研究中显示，人的生活方式与行为占 37.3%，而其他三项分别占 19.7%、32.1%和 10.9%。

学前儿童阶段是人逐渐形成自己生活方式的起始阶段，接受并形成良好的生活方式与行为将对其一生的健康有益。学前儿童应养成良好的卫生习惯，生活应有规律，坚持体育锻炼，平衡膳食并按时进餐，睡眠时间不少于每天 11 小时，户外活动时间每天不少于 2 小时，能定期接受健康检查，配合医务保健人员做好各项保健工作，能在日常生活中保持稳定和乐观的情绪，等等。

（四）卫生保健设施

卫生保健设施主要是指社会为保护人们的健康、防治疾病所提供的有关预防服务、保健服务、医疗服务和康复服务。

儿童卫生保健设施为儿童提供卫生保健服务，其服务的种类和质量将直接影响儿童的健康状况。儿童的初级卫生保健费用低、效果好，易于普及，在中国已有较长的历史，也被世界上许多国家所重视。随着医学的发展和社会的进步，我国儿童保健的社会服务已基本形成较为系统的网络体系。在城市，儿童保健网络由省、市、自治区的妇幼保健院儿童医院、儿童保健所构成最高级。其次为区儿童保健院、所，再次为街道卫生院儿保组和街道居民区红十字卫生站等基层群众性卫生组织。农村儿童保健网络则由县儿童保健院、所、站，乡、镇卫生院儿保组及村卫生室三级组成。不仅如此，儿童卫生保健服务还逐渐从医疗服务扩展到预防服务、保健服务和康复服务，从对儿童生理的保健扩大到对儿童心理的保健。所有这些均为我国儿童的健康发展提供了良好的社会保障。

第二节　学前儿童健康教育的概念

典型案例

睿阳是一个可爱的小男孩，有较强的记忆力，学知识很快。他从小跟奶奶在一起生活，老人对孩子照顾得无微不至，从不放手让孩子自己去玩。老人对孩子百依百顺。孩子父母工作较忙，对孩子缺乏必要的指导，多方面的因素导致了孩子在心理方面出现了一些问题。在幼儿园，小朋友不小心推了他，就放声大哭；小朋友跟他开玩笑，说奶奶不来接他，他也哭；老师让小朋友学着穿衣服，他不会就哭；在班里，他和小朋友交往很少，不爱跟大家说话，自己坐在一边，不肯参加班里的活动；大家玩玩具，他想玩，却不敢跟大家在一起。

这是一个学前儿童心理健康教育的个案，老师需要对他进行健康教育，让他尽快融入幼儿园的生活。

一、健康教育的概念

对于健康教育，目前还没有一个公认且十分准确的定义。美国全国教育协会把健康教育定义为为增进个人或社区卫生知识、态度和行为而提供的学习经验之过程。也就是说，健康教育是以提供知识、改进态度以及影响行为等方式来发展并提供有计划的学习经验之过程。还有学者认为健康教育是指通过信息传播和行为干预，帮助人们掌握卫生保健知识和技能，树立健康观念，自愿采取有利于健康的行为和生活方式的教育活动与过程。

WHO 的第十三届世界健康教育大会对健康教育的定义为：“健康教育是一门研究如何传播保健知识和技术、影响个体和群体行为、消除危险因素、预防疾病、促进健康的科学。”

第十四届世界健康教育大会上提出健康教育的另一定义：“健康教育是帮助人们通过系统的、有计划的社会行动和学习经验的综合，使人们获得控制健康和健康相关行为的决定因素，控制影响个人和他人健康的环境条件的能力。”

健康教育和一般教育一样，关系到人们知识、态度和行为的改变，是健康知识与健康行为之间的一座桥梁，健康教育工作的着眼点是人们和他们的行为，诱导并鼓励人们养成并保持有益于健康的生活，合理并明智地利用已有的保健措施，并自觉地实行改善个人和集体健康状况或环境的活动。

尽管对健康教育的定义提法各异，但是归纳起来有以下几个共同点：健康教育是以健康为教育中心的过程，是自愿学习而非强制学习；健康教育所关注的对象是人，它促使每个人获得与之相关的能力和责任感，以便对自我的健康做出抉择；健康教育的焦点在于促进健康知识与个人实际行为之间的联系与统一；健康教育重视个人行为的改变以及影响个人行为形成、改变的各种因素。

二、学前儿童健康教育的概念

（一）学前儿童健康教育的定义

学前儿童健康教育是健康教育的基础，是根据学前儿童身心发展的特点，提高学前儿童健康的系统的教育活动。培养学前儿童的健康行为，是保持和促进学前儿童健康的系统的教育活动。

（二）学前儿童健康教育的意义

对学前儿童进行健康教育是人类社会进步的必然要求，是学前儿童身心发展的需要，也是学前儿童教育必不可少的组成部分，无论从社会的发展还是从儿童个体的发展来看，都具有十分重要的价值与功能。具体来讲，学前儿童健康教育的意义主要体现在以下几个方面。

1. 学前儿童健康教育是儿童身心发展的需要

学龄时期是人身心发展的关键时期，对学前儿童进行健康教育非常必要。促进儿童身心发展是学前儿童健康教育的最直接目的。0～6 岁的儿童身体各器官、系统的发育和功能尚未完善，组织比较柔嫩，生长发育处于十分迅速和旺盛的时期，而各方面的能力较差，如自我保护意识、抵抗疾病能力较弱，因此，需要成人给予他们精心的照顾和爱护，例如，应根据不同阶段学前儿童消化系统的特点提供科学合理的营养和膳食。同时，成人需要积极地为学前儿童创设良好的生活环境，利用一切有利因素促进学前儿童正常的生长发育，增进和维护学前儿童的身心健康，例如：为学前儿童建立合理的生活制度，使他们有规律地生活；开展适宜的体育活动和身体锻炼，让儿童接受教育的同时，也能积极主动地参与力所能及的健康活动。

2．学前儿童健康教育是国家、社会发展的需要

“强国必先强种，强种必先强身，要强身先要注意幼年的儿童。”学前儿童的身心健康关系着国家和民族的未来，因此学前儿童的健康是提高人口素质、民族素质的重要保证。只有个体的身心健康，才能促进整个社会的健康发展，才能建设强大的国家。关注学前儿童的健康教育是国家和社会发展的需要。重视儿童的身心健康，不断提高健康水平，必将提高新一代人的素质，从而使其将来能更好地适应多方面的需要，更好地为社会做出贡献。

3．学前儿童健康教育是学前儿童全面发展教育不可或缺的组成部分

《纲要》中明确指出“幼儿园必须把保护幼儿的生命和促进幼儿的健康放在工作的首位”，强调了幼儿健康在幼儿全面发展中的重要意义。学前儿童身心健康是其全面和谐发展的基本条件。学前儿童健康教育在促进其身体健康发育及智力发育的同时，对学前儿童社会性发展也有着积极的影响，如学会关心公共环境卫生、讲究秩序等。丰富多彩的健康教育活动能满足学前儿童活泼好动的心理需要，同时也能改变学前儿童的不良习惯，使儿童学会与同伴和谐相处，有利于学前儿童身心和谐全面的发展。

第三节　学前儿童健康教育的目的和任务

一、学前儿童健康教育的目的

学前儿童健康教育是学前教育的一个重要组成部分，是健康教育的基础，其目的是提高学前儿童对健康知识的认识水平，改善学前儿童的健康态度，培养学前儿童有益于个人、社会的健康行为和习惯。

二、学前儿童健康教育的任务

（一）传授健康的基本知识

健康知识的传授，是学前儿童健康教育的一个重要方面，是使儿童确立健康信念与行为的基础。有些儿童有不健康的行为和习惯，往往是由于他们缺乏健康知识所造成的。例如：有的幼儿刷牙的方法不正确，是由于他们不懂得应该如何刷牙；有的幼儿在集体生活中不能很好地被别人所接受，是因为他们不懂得应该怎样与别人交往。所以，学前儿童对健康知识的掌握对他们的健康行为和习惯的形成有积极的指导作用。教师和家长要根据儿童身心发育水平和理解能力向其传授可接受的卫生保健知识。对儿童进行健康知识的传授，可结合日常生活来进行，不必要求系统性。健康教育也可寓于讲故事或游戏等活动中，把知识性和趣味性结合起来，以便提高儿童学习卫生知识的兴趣。

（二）树立健康态度和信念

态度是情感领域的一个重要方面，学前儿童对待健康问题的正确态度，是促使知识转化和习惯形成的动力。态度和信念一旦确立，就不容易改变，并能对他们的行为起直接的持久的影响作用。为了培养儿童的自我保健意识和能力，就要使他们确信，只要自己掌握了必要的卫生保健知识，从小养成良好的卫生习惯，自身的健康将不必依赖医护人员和他人，例如，在进行计划免疫时，有些儿童因怕疼而不愿注射预防针，可向其讲明注射预防针的作用和好处，使其自愿接受注射。有了健康的态度和信念，学前儿童才能逐步自觉地利用一切有益于自身健康的保健机构和保健服务增进自身的健康。

（三）培养健康行为和习惯

《纲要》在关于幼儿健康教育的目标中非常注重健康行为的形成。虽然提高幼儿的健康认识、改善幼儿的健康态度、培养幼儿的健康行为都是健康教育的目标，但幼儿健康行为的养成被视为幼儿健康教育的核心目标，因此，探讨幼儿健康行为建立、改变和巩固的一般规律是幼儿健康教育研究的重点。

1. 健康行为的概念

（1）定义。什么是健康行为？对这个问题的回答可谓仁者见仁，智者见智、就目前大多数学者的意见来看，健康行为是指人的身体、心理和社会诸方面均处于良好状态时的外在表现。这种解释把健康行为作为一种理想的行为理论模式，象征着人的行为的方向。

（2）健康行为的特征。健康行为有以下八个基本特征，这些特征也可以作为健康行为的判定标准。

① 有利性：行为有利于自身和他人的健康。

② 规律性：行为表现有一定的重复性和恒常性。

③ 适宜性：行为强度在常态水平及有利健康的方向上。

④ 合理性：表现的行为可被他人和社会理解、接受，不荒唐。

⑤ 习惯性：指已形成动力定型。

⑥ 同一性：表现某种行为时，无心理冲突、躯体冲突、社会冲突（内在同一性），行为与所处环境条件也无冲突（外在同一性）。

⑦ 整体性与和谐性：要求个体的行为应反映自己的固有特征——个性，但若与他人或环境发生冲突，又能够求大同、存小异，表现出容忍和适应，随自身和外界的条件变化能调适自己的行为。

⑧ 创造性：不墨守成规，勇于探索，能适应环境的新变化。

（3）健康促进行为与健康危害行为。人类与健康有关的行为，以行为引起后果的性质为标准，可以分为健康促进行为与健康危害行为。

健康促进行为是指有利于自身和他人健康的、表现得相对明显和比较稳定的行为。在实际生活中，健康促进行为有两种表现形式：其一，对健康有利行为的形成、巩固和维持，例如养成良好的膳食习惯等；其二，危害健康行为的放弃或减少、减弱，例如戒烟、改变偏食习惯等。

健康危害行为是指有害于自身和他人健康的，表现得相对明显、相对确定的行为。这类行为是个体在后天生活经历中习得的，其关键点就在于“自我创造”而非他人所迫，故又被称为“自我创造的危险因素”。

2. 学前儿童健康教育与行为改变

学前儿童健康教育的核心是改变学前儿童的不良行为习惯，引导其形成健康行为。

（1）学前儿童健康教育与健康行为的关系。学前儿童健康教育与健康行为有着非常密切的关系。一方面，健康教育工作者通过健康信息传播活动让儿童掌握了有关健康行为的知识，这些健康行为知识是健康行为得以自觉表现的前提。另一方面，通过行为激励、行为矫正、健康咨询等健康教育活动，保持和促进有利于健康的行为发展，减少或阻断不健康的行为，提高儿童健康行为水平。

（2）行为改变的主要原因。学前儿童不健康行为的改变受到多种因素的影响，主要包括以下几个方面。

① 行为信念。行为信念是人们对于在自己生活中所应遵循的原则和理想的信仰，通常和情感、意志融合在一起，支配着人的行为。例如，儿童一旦有了“多吃蔬菜好”的信念，就容易改变不吃蔬菜的挑食行为。

② 特殊人物的导向作用。对学前儿童来说，教师、家长以及同伴的行为对其影响很大，尤其是父母的行为对其影响最大。

③ 行为资源。人的行为总是建立在一定的行为资源之上的。这里所说的资源主要是指卫生资源。卫生资源是实现健康行为所必需的技术和资料，主要包括三个方面：第一，保健设施、人员、学校、医院、诊所或任何相关的资源；第二，各种资源的可得性，即费用、距离、交通工具、开放时间等；第三，自我保健“技能”。例如，对于一个得了病的儿童来说，为了治病而采取的行为就受卫生资源的影响。

④ 传统和文化背景的影响。在这里文化主要指一些正常的行为、信仰、价值及资源，长期形成的生活模式、生活方式和风俗习惯等。不同的地区和民族有着各自不同的衣着、食物、谚语、寓言和风俗习惯，它们不同程度地影响着人们的行为。例如，我国有些农村地区流行着“不干不净吃了没病”的说法，这在一定程度上影响着儿童饭前洗手这一卫生习惯的养成。

⑤ 模仿学习。人们在社会生活中，通过自觉和不自觉地模仿学习获得了不少行为规范、知识和技能，这是人类学习的一条重要途径。模仿起自婴儿期并持续整个人生，在生活的早期影响最为强烈，因此，必须设立适当和可信的榜样，使之成为学前儿童自我指导的标准。

学前儿童健康教育将学前儿童健康行为的养成视为核心目标。学前儿童的身心健康归根结底取决于学前儿童的健康行为和习惯，学前儿童健康教育所期望获得的结果就是让学前儿童自觉地、主动地产生和形成各种有益于自身、社会和民族健康的行为和习惯。

我国著名的教育家陈鹤琴先生曾经说过：人类动作十之八九是习惯，而这种习惯大部分是在幼年时形成的。英国有句谚语：“行动养成习惯，习惯形成性格，性格决定命运。”这句话深刻揭示了良好行为习惯对人一生的重大影响。学前儿童的行为可塑性大，接受能力强，是养成良好习惯的最佳时机，而且，行为一旦成为习惯，就会形成条件反射，并产生动力定型的作用，不易改变。按照儿童行为基础的条件反射原理，从无到有地建立新的条件反射比改造和重新建立旧的条件反射要容易得多，并且更为巩固，因而在孩提时期还未受到不良卫生行为影响的时候，适时适度地进行健康教育，对于健康行为的形成与确立能起到事半功倍的效果。

总之，传播健康知识应着眼于儿童的内化程度，培养健康态度要着眼于儿童的情感体验，形成健康行为要着眼于儿童的自觉主动，任何时候，健康教育都要调动儿童参与的积极性，遵循儿童的身心发展规律。

第四节　学前儿童健康教育的规律和原则

幼教故事

爱吃零食的小白兔

森林里有一座漂亮的小房子，住着小白兔的一家。小白兔样样都好，勤学习、爱劳动、乐助人……可就是有一个爱吃零食的坏习惯。

小白兔的爸爸妈妈真操了不少心呀！他们为小白兔买了维生素 C、黄金搭档、金施尔康……希望能使她有食欲，想吃饭，可小白兔就是觉得这个没味，那个难吃，结果全浪费了。

有一天，小白兔在院子里玩，突然就晕倒了。爸爸看见了连忙抱起小白兔，把她送到了医院。山羊大夫给小白兔仔细地检查了一遍，摸着小白兔的头问:“你平时都吃些什么呀？”小白兔低着头说:“糖果、薯片、巧克力……从来不吃米饭和蔬菜。”山羊大夫捋了捋胡子，笑着说:“那就对了，你从不吃米饭和蔬菜，身体长期得不到充足的养分，造成严重的营养不良，所以你才会突然晕倒啊。”小白兔听了这番话，知道了吃零食的坏处，决定要改掉这个坏习惯。

从此以后，小白兔天天吃米饭和蔬菜，身体慢慢结实起来。在一次学校的 800 米长跑比赛中，还得了第一名的好成绩呢。

思考：阅读完这个故事，对你有什么启示？你对这样的教育模式是什么看法呢？分组讨论并分享。

一、学前儿童健康教育的规律

学前儿童健康教育有其特殊的规律，我们只有把握这些规律，才能取得健康教育的预期效果。

（一）学前儿童健康教育具有复杂性

英国健康教育专家柯斯特（G. Cust）曾用知—信—行的健康教育模式说明认识、态度和行为在增进健康过程中的作用，如图 1-1 所示。

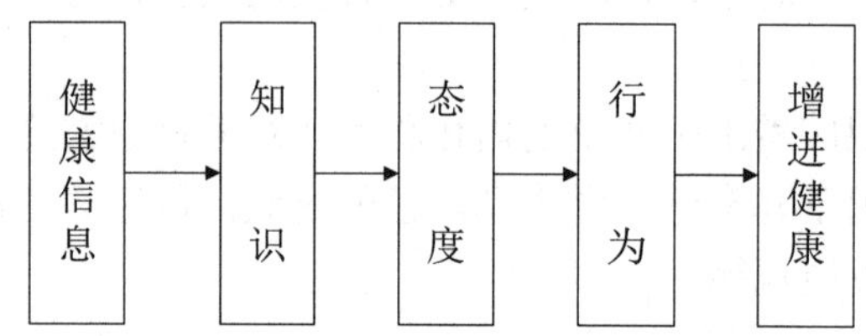

图 1-1　柯斯特的健康教育模式

图 1-1 表明，在健康教育中，认识是基础，态度是动力，行为是目标。为了达到目标，就要使信息接受者“知”和“信”，即教育者想方设法通过种种途径向受教育者传递健康信息，受教育者通过接受信息，掌握健康知识，形成积极的态度和信念，并付诸行动，从而增进健康。这种以“知”为切入点的儿童健康教育，能够提高幼儿对健康的认识水平，有利于他们形成积极的态度，进而有利于他们培养健康的行为。但是，儿童对健康的认识、态度及行为三者之间并不存在必然的因果关系，即使有关健康的认知水平提高了，也未必产生健康的行为，比如儿童吃东西之前没有洗手并不一定是他不知道有关的道理，所以有些热衷于情感领域的学者又提出了一些新的观点，他们认为仅仅关注与健康有关的知识和技能是不够的，健康教育要更多地考虑幼儿的态度和价值观，这种从“情”入手的策略，则更关注知识的过程性以及幼儿的情感体验。由于学前儿童对待健康的认识、态度与行为往往不一致，学前儿童健康教育具有一定的复杂性。

（二）学前儿童健康教育具有群体性

社会心理学家勒温（K. Levin）认为，不同的群体会对个体产生不同的影响；个体与群体之间常处于平衡状态，当这种平衡被破坏时，会引起个体的紧张，这种紧张的刺激会促使个体通过努力与群体取得新的平衡。任何个体都是生活在一定的群体中的，学前儿童也不例外，因此，实施集体教育的托幼机构是进行健康教育的有利场所，利用良好的学前儿童群体开展健康教育效果显著。就培养多种卫生行为习惯而言，应该对学前儿童集体进行健康教育，因为要想改变学前儿童个体的不良健康行为，与其针对某个孩子，不如从改变群体的行为习惯入手，这也正是针对学前儿童常有的心态——“大家都这样，我也要这样”采取的行之有效的教育对策。

（三）学前儿童健康教育具有长期性

健康教育的特点决定了健康教育的过程不会是简单的，而是一种螺旋式的反复实践认识的过程。有些健康教育的内容，可能会在短期内就取得效果，如不用脏手揉眼睛，但随着儿童认识的淡化或其他因素的影响（如有负面榜样的作用等），儿童往往又很快改变了已形成的健康行为，因此，不少健康教育的内容，往往需要重复安排多次，这种内容的安排和组织是一种螺旋式的上升和提高，而不是简单重复，后一阶段的健康教育是建立在前一阶段的基础之上的，但比前一阶段的水平有所提高。只有坚持学前儿童健康教育活动，健康教育的效果才能真正得到体现。

二、学前儿童健康教育的原则

（一）科学性与实用性相结合原则

科学性是指对儿童传授卫生知识应该建立在科学的基础上，做到准确无误，不能似是而非。儿童健康教育的内容必须具备科学性，运用的材料不仅使儿童能够理解，而且在科学上应是正确的、可靠的。为了向儿童传授某些健康知识，教师常对一些材料进行加工和改造，使儿童更容易理解和接受，但是必须保证内容的正确性，如果对材料过分夸大或缩小，甚至歪曲科学事实，就可能使儿童从小对健康知识产生错误或片面的理解，如“龋齿”是因为牙齿里有了“小虫子”，不仅违背了科学事实，也会造成儿童在健康知识上的概念混乱。又如，有的教师说多吃甜食可能患蛔虫病，细菌是小虫子，等等，这些说法是错误的、不科学的。当然，更不能用封建迷信的内容来教育幼儿，如当幼儿问到天上为什么会下雨时，教师的回答是上帝在浇花，等等，这些都是在向幼儿传播不科学的知识。同时，要从实用的角度出发，结合不同年龄幼儿的身心发育特点、季节、地区、生活条件等情况，有的放矢地进行教育，例如，在夏季要强调饮食卫生，少吃冷饮，进行消化道疾病预防教育；冬春季节应进行避免呼吸道感染和预防传染病的教育；在小班幼儿刚刚入园时，可进行爱幼儿园、爱老师的情感教育。

（二）渗透融合性原则

《纲要》明确要求：“教育内容的组织应充分考虑幼儿的学习特点和认知规律，各领域的内容要有机联系，相互渗透，注重综合性、趣味性、活动性……”学前儿童教育内容包括健康教育、自然与科学教育、社会教育、语言教育、艺术教育。这些领域的内容不是彼此孤立的，而是有机联系、相互渗透的，要高质量地实现学前儿童健康教育的目标，必须坚持“五渗透”，即将健康教育的内容和任务渗透到教学活动之中，渗透到各种游戏之中，渗透到一日生活活动中，渗透到物质和精神环境之中，渗透到家庭教育之中，做到事事时时处处皆教育。下面以“睡得好，身体棒”教育活动为例说明在健康教育活动中如何进行各领域之间的渗透。

【案例 1-1】

睡得好，身体棒（中班）

一、活动目标

（1）使幼儿认识到睡眠的重要性，帮助幼儿养成良好的睡眠习惯，促进身体发育。

（2）通过实验培养幼儿大胆探索的精神。

二、活动准备

图片《睡得好，身体棒》，小闹钟若干只，纸巾若干。

三、活动过程

1. 观看图片

鼓励幼儿把看到的东西讲给同伴听（自由参观）。

2. 组织幼儿谈论图片的内容

总结：人不吃饭不行，不睡觉也不行，小朋友每天晚上九点钟都要上床睡觉，要把衣服放整齐。早上七点钟起床，穿好衣服、刷牙、洗脸、上幼儿园，进行一天的活动，像图片上的小朋友一样，睡得好，有精神，才能学到很多知识。

3. 分组讨论

（1）如何才能睡得好？

（2）如果睡不好觉，会出现什么情况呢？

（3）谈谈自己的睡眠情况。

4. 小实验

小老鼠不睡觉会怎样？

四、各领域渗透

音乐：欣赏《摇篮曲》

美术：欣赏绘画《静静的夜》

五、环境渗透

活动室内外贴上《睡得好，身体棒》的相关图片。

六、生活中渗透

请家长配合尽量让幼儿早睡早起，远离夜生活。

评析：以上案例在健康教育的内容中遵循了渗透性原则，将教育内容与音乐活动、美术活动相渗透，使幼儿多渠道、多途径认识到睡眠的重要性，很好地完成了教学目标。

学前儿童健康教育的价值和学前儿童成长的特点决定了幼儿园在进行任何领域的教育时都必须将维护和促进幼儿的健康放在首位，所以健康教育应该与其他领域相互融合。譬如，在美术活动中应提醒孩子坐姿端正，握笔正确，手眼保持一定距离，等等；在语言活动中，应注重发展幼儿的人际交往能力，使其“讲话礼貌”“注意倾听”“大胆清楚地表达”；在社会学习活动中培养融洽的人际关系，使其“乐于与人交往”“有同情心”“培养自尊心和自信心”，通过艺术活动，抒发（发泄）内心的情感，促进健全人格的形成。通过科学活动，满足幼儿的好奇心，培养初步的环保意识。

（三）生活性原则

生活性原则是指健康教育的目标、内容应该是为了幼儿能更好地生活，是源于生活，并从生活中学、生活中用、生活中去发展的。

学前儿童健康教育是生活教育，需要在日常生活中加以渗透，陈鹤琴先生认为“儿童离不开生活，生活离不开健康教育，生活是丰富多彩的，健康教育也要把握时机”。学前儿童健康教育的出发点和归宿是培养学前儿童的健康行为，即养成健康的生活方式。学前儿童健康教育的根本目的是提高学前期的生活乃至生命的质量。学前儿童健康教育的内容涉及学前儿童生活的全部范畴，因此，学前儿童健康教育是生活教育，应当在盥洗、进餐、清洁、睡眠、锻炼、游戏及日常生活中的每一环节渗透健康教育理念，实施健康教育策略。要充分认识到仅仅依靠传统意义上的健康教学活动（尽管这是不可或缺的教育形式）是无法真正达到学前儿童健康教育目标的。日常生活中的健康教育常常比传统意义上的“上课”来得更及时、灵活，可以收到立竿见影的效果。同时，日常生活中的健康教育可以使健康教育活动得以延伸，有利于巩固儿童的健康行为，比如：虽然教师已经专门组织过“不偏食”“不挑食”的教育活动，但儿童只是在认识上有了提高，至于态度的转变和行为的确立还有待于就餐时的检验，教师正好结合每日的“两餐一点”（或“三餐两点”）进行继续教育。健康教育与日常生活相结合，使儿童在日常生活中促进健康，在健康观念、健康情感及健康行为的指导下生活，能真正实现《纲要》所倡导的“寓教育于生活，在生活中进行教育”的精神。

【案例 1-2】

我吃饭很棒（小班）

一、活动目标

（1）学习独立进餐的基本方法：一手拿勺一手扶碗，把饭菜一勺一勺送进嘴里细嚼慢咽。

（2）培养幼儿独立进餐的好习惯，让幼儿明白独立进餐的重要性。

二、活动准备

张大嘴的小动物模型若干、小勺若干、各种食物若干、PPT 视频、好习惯宝宝贴画。

三、活动过程

1. 活动导入

带领幼儿随着《好习惯》歌曲做律动。

2. 新授课程

（1）“听”故事提问导入：小朋友，你是自己吃饭的吗？听故事《小兔子学吃饭》。

（2）安静听故事，情境导入。

教师提问：小兔子为什么会饿得肚子咕咕叫？

教师总结：小兔子什么事情都要妈妈帮他做，平时吃饭也要妈妈喂，后来兔妈妈有事出去了，小兔子在家里饿得肚子咕咕叫。后来小兔子没办法了自己学会了吃饭，这样再也不会饿肚子了。

（3）“看”动画提问：小朋友，你们会自己吃饭吗？

（4）认真看动画，启发思考，教师提出如下问题：

① 小朋友们吃饭之前先做什么？

② 妈妈教会萌萌怎样吃饭？

③ 妈妈告诉我们吃饭时应该注意些什么？

（5）幼儿有疑问可再次观看动画，老师根据本班级幼儿共性特征及个体差异，对动画进行暂停或播放，结合剧情节点，在幼儿已有经验上进行选择性互动提问教学。

教师总结：妈妈告诉我们吃饭的时候应该一手扶碗一手拿勺子，吃饭的时候不能说话，应该慢慢嚼慢慢咽，以后我们也要向萌萌学习，自己吃饭！

（6）图谱演示，游戏导入。

教师出示两张图片并讲述图片故事，让幼儿判断对错并说明原因。

教师看图总结：我们要向宝宝学习，自己吃饭，不用妈妈喂，不剩饭，这样才是好孩子。

3. 游戏《给动物宝宝喂食》

游戏准备：张大嘴的小动物模型若干、小勺若干、各种食物若干。

游戏玩法：幼儿分组喂小动物吃食物。

4. 活动延伸

（1）吃饭的时候鼓励孩子独立用餐，不浪费粮食。

（2）家园共育，在家吃饭的时候也要求孩子独立用餐，不浪费粮食。

评析：这个案例在健康教育的内容中遵循了生活性原则，教育的内容来源于幼儿的生活，采用幼儿比较喜欢的故事和游戏的方式进行教学，并将活动延伸到幼儿的一日生活中，发展了幼儿的自我服务能力。

（四）循序渐进性原则

由于健康教育具有长期性的特点，因此健康行为和习惯的培养可自初生的婴儿期开始。开始年龄越早，越容易养成健康的行为和习惯，但是健康教育的内容和形式要不断进行更新与深化，应该根据幼儿身心发展的规律连续地、逐渐地进行，体现由浅入深、由易到难、由简单到复杂、循序渐进的原则，如：对小班幼儿可以帮助他们体验与同伴共同游戏的乐趣；对中班幼儿可以讨论与同伴交往的策略，学习化解同伴间矛盾的方法；到了大班，则可以培养他们与同伴协商合作，共同解决困难的能力。

【案例 1-3】

交朋友（小班）

一、活动目标

（1）愿意与同伴交往，学习简单对话：你好，我们一起做朋友，好吗？好的，谢谢！

（2）能够和好朋友互相帮助。

（3）体验和同伴做好朋友的快乐！喜欢与同伴交往。

二、活动重点

让孩子们愿意与同伴交往，学会互相帮助。

三、活动准备

森林背景 PPT 以及各种小动物胸卡（将小动物胸卡事先贴在幼儿的衣服上）。

四、活动过程

1．通过游戏“找朋友”的音乐导入活动

教师和幼儿一起玩找朋友的游戏。

师：孩子们你们都找到自己的好朋友了吗？（找到了！）

师：今天，我们班来了一位客人，他也想来交朋友。

2．游戏过程

教师出示狗熊村长图片，引导幼儿学说：“你好，我们做朋友，好吗？”

师：看！他是谁呀？（幼儿自由讲述）

师：小朋友你们好，我是森林里的狗熊村长，你们好，我们做朋友，好吗？（幼儿回答：好！）

师：我们森林里的小动物很害羞，你们愿意成为他们的好朋友，和他们打招呼吗？（愿意！）

教师引导幼儿学说对话：“你好！我们做朋友，好吗？”“好的，谢谢！”

教师出示小动物图片，引导幼儿说说怎样和好朋友打招呼。

师：看！谁来了？你们谁愿意和长颈鹿做朋友呢？请幼儿学说：“你好！我们做朋友，好吗？”教师播放录音：“好的，谢谢！”

教师继续出示熊猫、小松鼠等 PPT 图片。让幼儿学说：“你好，我们做朋友，好吗？”这一对话。

引导幼儿说一说如何用动作表示好朋友之间的友好。

师：小动物们交到了我们这么多的好朋友很开心，你们喜欢小动物这些朋友吗？（喜欢）你们会和这些小动物朋友做什么动作表示友好呢？（引导幼儿主动和好朋友拉拉手、抱一抱、碰碰头）

3．合作游戏《狼来了》

师：狗熊村长为了让森林里的小动物能交到更多的朋友，举办了森林找朋友舞会，你们想去参加吗？（幼儿集体回答：想！）

师：现在我们就变成小动物一起去森林参加找朋友舞会吧！当我喊咒语“巴拉巴拉变”的时候，请小朋友撕开胸前的黑色卡纸，我们就会变成小动物来到森林了哦！

教师戴上狗熊村长的头饰和大家打招呼：“大家好，我是狗熊村长，欢迎大家来到森林找朋友舞会，我们一起随着音乐找朋友吧！”（教师在音乐中引导幼儿主动和好朋友拉拉手、抱一抱、碰碰头）

在小动物们的拥抱快要结束的时候，大灰狼来了，这时候小动物们要抱住自己的好朋友，保护好自己的好朋友不被大灰狼吃掉。

师：听，这是什么声音？大灰狼来了，我们要保护好自己的好朋友，和好朋友紧紧地抱在一起不说话，不然会被大灰狼发现的。（引导几个好朋友抱在一起不动）

4．教师总结

师：由于我们好朋友之间相互帮助，和好朋友紧紧地抱在了一起，大灰狼只能灰溜溜地走掉了，你们开心吗？

在平时的生活中好朋友要互相帮助，一起克服困难。

评析：《纲要》中指出，幼儿社会教案的目标是能够主动地参与各项活动，有自信心，乐意与人交往，学习互相合作与分享，等等。这个活动能以此为活动设计的依据，让幼儿在游戏中体验与同伴共同游戏的快乐，发展了幼儿的社会交往能力。

【案例 1-4】

我会和同伴一起玩（中班）

一、活动目标

（1）知道玩具不够的时候可以运用“一起玩、轮流玩、合作玩”的交往技能。

（2）愿意主动与同伴交往，会用礼貌的语言表达自己想和同伴一起玩的愿望。

（3）能运用所学交往技能独立解决交往中遇到的问题。

二、活动准备

（1）VCD、电视机、摄像机和事先拍摄的录像片段（轮流玩）（合作玩）。

（2）一套中型积木，一个皮球，一组过小桥的平衡木和钻圈，一只遥控蚂蚁玩具。

（3）轻音乐磁带、录音机。

三、活动过程

1．谈话引入

提问：今天老师给小朋友带来了好玩的玩具，小朋友看看是什么？想玩吗？那大家都来玩吧。

要求：音乐一响大家开始玩玩具，音乐一停就把玩具放回原位坐回位。

2．第一次玩玩具

幼儿玩玩具，暴露人多玩具少时交往技能缺乏的问题。

音乐响，幼儿自由玩玩具，教师拍录像，把幼儿玩四种玩具的情景逐一拍摄下来。

集中，提问："你玩到玩具了吗？你想玩什么玩具？为什么没玩到？"

3．播放录像

引导幼儿获得一起玩玩具的交往技能。

（1）回放录像：玩皮球和遥控蚂蚁。

师：请小朋友看看刚才你们是怎么玩的？（看完幼儿讨论，发现问题）

师：用抢的办法来玩皮球和遥控蚂蚁，很多小朋友都玩不到，想想：有什么好办法让大家都能玩到？（幼儿继续讨论，回答问题）

（2）播放录像：大班哥哥姐姐玩皮球和遥控蚂蚁。

师：哥哥姐姐是怎样玩的？

师：如果你想玩遥控蚂蚁，可已经有人在玩，你该怎么说？（请求加入要用礼貌语，请个别幼儿示范表演）。

小结：玩具少、小朋友多的时候，小朋友可以在一起轮流玩，就是你玩一会儿我玩一会儿，别人在玩时不能去抢，如果想加入要有礼貌地发出请求，要耐心等待，商量好轮流的顺序，可以用排队的办法。

（3）回放录像：过小桥钻山洞。

师：这样好吗？为什么？应该怎样玩？（幼儿讨论发现问题）

（4）回放录像：玩积木。

师：大家手上都有积木了，不抢了，可以一起玩了，可是看看搭出什么了？

师：为什么看不出搭了什么东西？

讨论积木太少时怎么办。

（5）播放录像：大班哥哥姐姐玩积木。

师：说说哥哥姐姐是怎么玩积木的？（他们把积木合在一起，合作搭成了一座漂亮的城堡）

小结：积木可以合在一起玩，大家一起商量要搭什么，合作玩真开心。

4．第二次玩玩具

师：现在请小朋友再来玩玩具，想想：怎样玩才能使大家都玩到玩具，大家都开心？

音乐响，幼儿再次玩玩具，练习一起玩玩具的技能（教师拍录像）。

5．小结

刚才小朋友想出了好多玩玩具的好办法，有轮流玩，合作玩……大家一起玩真开心，老师给拍下来了，等有时间再放给大家看。

6．活动延伸

（1）把视频投放在区角，让幼儿反复对比自己和其他小朋友是怎样玩玩具的，寻找一起玩玩具的最佳办法。

（2）把一起玩玩具的交往技能渗透到一日生活中，包括家长工作。

评析：本活动能以《纲要》“乐意与人交往，学习互助、合作和分享”的社会教育目标为依据。活动设计围绕目标，环节紧扣，让幼儿在矛盾中体验与人分享、合作、轮流是一种快乐，因此活动重点定位于培养幼儿一起玩、轮流玩、合作玩的交往策略。

【案例 1-5】

合作真快乐（大班）

一、活动目标

（1）通过游戏、实践等活动，初步了解合作的重要性。

（2）尝试协商、分工，提高与同伴合作的能力。

（3）体验团结协作、战胜困难带来的快乐，增强进一步合作的意识。

二、活动准备

（1）课件。

（2）四只布袋，气球若干。

（3）每桌一张记录表，黑色笔每人一支。

三、活动过程

自由组合，4 个好朋友一组。

1．情境导入，感受合作

引导幼儿观看视频，提问题引出合作。

蚂蚁遇到了什么困难？它是怎么解决的？

（有些事情，一个人做很难，几个人或很多人一起合作就变得轻松了。）

2．引导幼儿在生活中感受合作并体验合作

（1）讨论、交流。平日里有哪些事情合作才能完成？

（2）出示图片，引导幼儿合作统计泡泡的数量。

① 观看图片讨论，感知单独统计的困难。

师：你看到了哪几种颜色的泡泡？

师：你能自己统计出来吗？

② 小组尝试合作统计。

一个人数一种颜色的泡泡，请小组内部商量并将具体的分工告诉大家。

幼儿统计。

③ 发现受干扰原因，协商避免干扰的办法，统计并记录。

师：四个组蓝色泡泡数了多少个，为什么结果不一样呢？

师：我们有什么办法不受干扰呢？让我们再来试试。

④ 对照正确答案，让幼儿理解合作中的每一个人都很重要。

师：你们都统计出来了？你们是怎么做到的？

师：到底哪一组合作得最好呢？我们一起来看看答案就知道了。

引导大家看看没有合作成功的小组，并提问：为什么他们没有成功？什么颜色的泡泡没数对？

尽管其他颜色的泡泡都数对了，但是因为某种颜色没有数对，所以整个团队合作没有成功，看来大家合作的时候每一个人都很重要。

3．游戏《装气球》

师：小朋友们数泡泡数得不错，我送给大家一件礼物，在规定时间内装到袋子里的气球就都归你们了。

（1）让幼儿单独装气球，发现并协商解决问题。每组一请个小朋友上来试一试，数十个数字后结束，让小朋友拎起来看看袋子有没有装满，当孩子们发现袋子破的时候，教师引导幼儿找朋友商量办法。

（2）小组尝试分工合作，引导幼儿帮忙解决问题。

① 有什么办法让袋子不漏球呢？四人一组商量一下，一起合作试试。

② 看看哪个组装得最多，并请这个组的幼儿为大家介绍经验。

（3）小组再次协商，第二次合作装球。

① 给你们一点时间，赶快商量一下这一次准备怎么合作。

② 幼儿合作装球。

师：经过我们的合作，四个袋子全部装满了，祝贺大家合作成功！咱们把气球带到班上和其他小朋友一起玩吧！

评析：大班的幼儿开始有了合作意识，但缺乏合作的技巧和方法。《指南》建议："幼儿园应多为幼儿提供需要大家齐心协力才能完成的活动，让幼儿在具体活动中体会合作的重要性，学习分工合作。"本活动通过单独操作和小组合作操作的对比，让孩子认识到合作的重要性，帮助幼儿学习合作的技能技巧，体验合作的乐趣。

（五）家庭与社会、托幼机构教育相结合的原则

学前儿童健康教育可分为幼儿园健康教育、家庭健康教育和社会健康教育。幼儿园进行有计划有组织的健康教育活动固然可以起到一定效果，但如果家庭和社会缺乏良好的、正确的健康教育，缺乏社会、家庭对幼儿园健康教育的配合和支持，就会明显影响学前儿童健康教育的效果。成功的健康教育应该包括家庭、幼儿园和社会三个方面的健康教育，只有充分发挥三者各自的积极作用，避免消极作用的影响，使三者一体化，才能产生综合协同的教育效果。

1. 家庭健康教育

家庭健康教育是非正规的，其缺乏组织性、计划性和系统性，主要特点是通过长期、反复的实践活动，教育幼儿养成一定的生活习惯、卫生习惯和品德习惯。这些习惯的养成明显受家长尤其是父母的影响，如父母喜欢吃肥肉，便经常买肥肉吃或要求儿童吃肥肉，那么儿童从小就喜欢吃肥肉，吃肥肉成了他的饮食爱好，因此，在家庭中，要注重从小就培养孩子健康的行为习惯。同时，家庭应与幼儿园同步进行，配合幼儿园开展相应内容的健康教育。儿童进入托幼机构后，就开始接受学校健康教育，主要是良好饮食习惯和卫生习惯的培养、生活自理教育、体育、安全教育，还应对幼儿进行关心集体、尊重他人等有益于身心健康的教育。但是在托幼机构养成的良好的行为习惯在家庭中却会因为家长的溺爱而不能得以巩固和提高，甚至会出现消退的现象，例如，自己穿衣服、自己吃饭、整理玩具等在托幼机构中在老师的督促和指导下能很好地进行，但是在家庭中却由家长包办代替，这无疑对幼儿的成长极为不利。家庭是幼儿生活的主要场所，家长的言行举止对幼儿具有潜移默化的影响，因此在健康教育的过程中，应注重家园共育。家长应与托幼机构加强联系、相互配合，使儿童从小形成良好的生活方式。

2. 幼儿园健康教育

幼儿园健康教育的特点是较少的情感投入和大部分的形式上的措施。幼儿园在考虑如何塑造学前儿童各种健康行为的同时，必须使学前儿童树立对自己行为负责的价值观。当幼儿园的各种价值观同家庭教育价值观一致时，两种社会化的效果得到加强，如果相反则容易出现"文化冲突"现象，错误的或不同的家庭价值观将削弱幼儿园教育的效果。幼儿园健康教育除受家庭影响外，还受同位机构的影响，如对吸烟行为的研究已经很明显地证实父母的吸烟行为及其对吸烟的态度对孩子是否进入吸烟者的行列有重大影响，但同级团

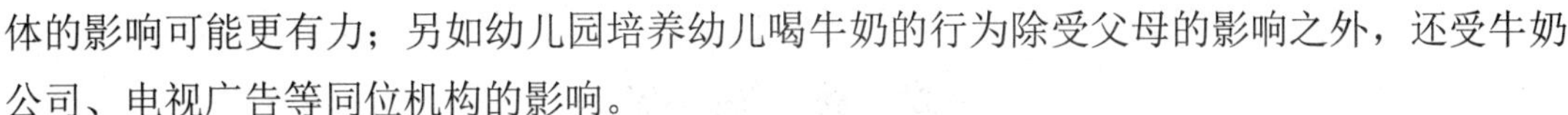

体的影响可能更有力；另如幼儿园培养幼儿喝牛奶的行为除受父母的影响之外，还受牛奶公司、电视广告等同位机构的影响。

3．社会健康教育

社会健康教育是除了家庭、幼儿园之外的教育机构或团体开展的健康教育。社会健康教育是一项涉及面广、影响因素多、工作量大的社会教育工作，除了幼儿园教育机构以外，还必须发动和依靠全社会的力量，包括各级专业健康教育机构、各级医疗卫生机构、各级宣传和卫生部门、各级卫生和娱乐部门、各级社会团体等。专业健康教育机构是向全社会实施健康教育的职能部门，各级医疗卫生机构实施健康教育具有其他部门和场合所不具备的优势，大众传播具有传播信息快、覆盖面大、权威性强等特点，利用电视、广播、报刊等大众传播工具开展健康教育会产生显著的教育效果，文化馆、俱乐部、儿童游乐场、影剧院等文化娱乐场所也是健康教育的宣传阵地，科协、红十字会、医学会、妇联、社区居委会等社会团体对儿童负有进行健康教育的责任和义务。

总之，家庭、幼儿园、社会在学前儿童健康教育中各自发挥着不同的作用，我们在组织幼儿园开展健康教育的同时，一定要注意与家庭和社会密切配合，发挥三者的积极作用，相互协调、相互补充，避免三者中不利因素的影响，使家庭、幼儿园、社会健康教育一体化，使健康教育产生协同效果。

（六）多种方法相配合的原则

学前儿童注意力容易分散，思维以具体形象为主，对学前儿童进行健康教育时应该考虑儿童的年龄特点，教育的内容与形式不宜单调、枯燥，要以生动、形象、直观的教育为主，注重培养幼儿的兴趣和求知欲。健康教育的方法很多，不能单用任何一种方法使人的行为改变并产生持久的影响，因此，必须多种方法相互配合，才能起到良好的效果。比如，某幼儿园运用实验法对两盆米兰分别做了缺氧和供氧的实验后，才使幼儿真正体会到不要蒙头睡觉以及与大人分床睡觉的重要性。

游戏是幼儿最喜欢的活动，学龄前期的健康教育与其他年龄阶段的健康教育在途径和方法上有不同之处，部分地体现在学龄前期可以通过游戏活动实施健康教育。游戏是符合儿童身心发展要求、快乐而自主的实践活动，是对学前儿童进行教育的主要方式之一，也是健康教育的一种重要活动方式。在设计健康教育活动时，教师应该根据健康教育的目标和内容结合儿童的思维特点和接受能力，设计生动有趣、形式多样的健康活动，吸引儿童主动参与，使儿童在游戏中自然地学到健康教育知识，培养健康情感，逐步形成健康的行为习惯，如通过“猫抓老鼠”游戏，使儿童在游戏中学会正确的爬的动作。在幼儿的健康教育中应将游戏作为一种重要的方法。只有多种方法配合使用，才能使学前儿童的健康教育卓有成效。

在线测试

一、名词解释

1．学前儿童健康。

2．学前儿童健康教育。

二、简答题

1．学前儿童健康有什么特征？

2．学前儿童健康教育的任务有哪些？

3．学前儿童健康教育的原则有哪些？

4．学前儿童健康教育的规律有哪些？

三、思考与练习

1．调查周围的同学、老师或者父母对健康的理解，对学前儿童健康的理解，并分析他们的异同。

2．利用周末或者假期走访周边小区或者幼儿园，对学前儿童家长进行儿童健康行的调查，了解儿童的健康状况，并写成调查报告。调查问卷见附录。

附录

关于学前儿童的健康状况调查问卷

亲爱的家长：

您好！

我是某大学学前教育专业的学生，为了了解学前儿童的健康状况，我们针对 0～6 岁的幼儿进行一项问卷调查活动。本次调查不记名，希望得到您的大力支持与配合，为调查研究提供参考。调查没有对错之分，您只需要在您认为符合孩子情况的选项下面画“√”。再次感谢您的配合！

您的孩子最近一个月是否经常表现出以下情况？

1．吃得很少。　A．是　B．否

2．不吃肉或鱼。　A．是　B．否

3．吃得很多。　A．是　B．否

4．不吃蔬菜或水果。　A．是　B．否

5．不喜欢吃饭。　A．是　B．否

6．经常吃零食。　A．是　B．否

7．经常喝饮料。　A．是　B．否

8．不喜欢喝白开水。　A．是　B．否

9．吃饭比一般孩子慢。　A．是　B．否

10．饭前便后能主动洗手。　A．是　B．否
11．能够独立入睡。　A．是　B．否
12．睡前经常哭。　A．是　B．否
13．睡眠姿势不正确。　A．是　B．否
14．睡眠时做噩梦。　A．是　B．否
15．经常尿床。　A．是　B．否
16．经常尿裤子。　A．是　B．否
17．睡眠习惯奇怪（抱着东西、吃着东西能睡觉等）。　A．是　B．否
18．睡眠时间过长。　A．是　B．否
19．睡眠时间过少。　A．是　B．否
20．能保持挺胸站立姿势。　A．是　B．否
21．看书、写字时常趴着、歪着看。　A．是　B．否
22．经常干扰他人或攻击性很强。　A．是　B．否
23．喜欢破坏东西。　A．是　B．否
24．害怕某些东西，如光、火等。　A．是　B．否
25．害怕某个动物，如老鼠等。　A．是　B．否
26．害怕陌生人。　A．是　B．否
27．情绪变化无常、经常发脾气。　A．是　B．否
28．感觉孤独。　A．是　B．否
29．比较胆小。　A．是　B．否
30．爱哭。　A．是　B．否
31．不太合群。　A．是　B．否
32．不随地大小便。　A．是　B．否
33．自己从不整理玩具。　A．是　B．否

第一章参考答案

本章拓展阅读

中国十城市 0～6 岁儿童健康状况调查

• 我国城市中 6 岁以下儿童营养健康状况总体水平趋好
• 辅食添加时间基本合理的婴儿不到一半，多半婴儿过早或过晚添加辅食
• 缺锌婴幼儿比率达到了 39%

2005 年 1 月 7 日，国务院妇女儿童工作委员会办公室与中国儿童中心联合公布了《中国十城市 0～6 岁儿童健康状况调查》，在调查的 8000 多个样本中，3 人户家庭比率最高，达 66%；按 0～6 岁儿童数量划分，现有 1 个儿童的家庭比率高达 95%。

“这反映了当前大城市家庭结构是以核心家庭为主。”中国儿童中心主任赵顺义介绍，从监护人对儿童照料情况的数据来看，由父母直接负责儿童起居、饮食的比率占所调查人数的 72.5%；由他人帮助，但仍由父母负责的占 15.4%，两项合计高达 87.9%。“数据表明，城市儿童的起居和饮食主要由其父母照料。”我国城市儿童监护人的变化正朝着更有利于儿童身心健康的方向发展，对儿童的主要照料已由传统的祖父母为主转变成以父母为主。

调查中，监护人的文化程度为大专及以上的占到 40%，高中文化程度的占到 35%，小学及以下文化程度的约占 4%，主要集中在老年人口中。值得注意的是，父母中“无职业人员”的比率高达 18%，随着儿童年龄的增高，父母中“无职业人员”的比率呈下降趋势。

赵顺义得出了这样的结论：“总之，儿童监护人基本情况的调查表明，我国城市儿童家庭环境能够为儿童健康提供基本的保证，这是儿童工作能够进一步开展的经济和社会基础。”

问题一：营养不良与营养过剩

“中国十城市 0～6 岁儿童健康状况调查”表明，我国城市中 6 岁以下儿童营养健康状况总体水平趋好，接近世界卫生组织标准，但营养不良与营养过剩同时存在。

在北京、上海、重庆、广州、哈尔滨、石家庄、济南、郑州、武汉和西安等 10 个有代表性的城市中，0～6 岁儿童营养状况存在差异，营养不良患病率为 10.6%，严重营养不良患病率为 5.36%，儿童生长迟缓患病率为 3.83%。此外，调查还发现有 5.95%的儿童超重，3.83%的儿童肥胖。

根据调查，南方儿童营养不良与生长迟缓率明显高于北方儿童。南方儿童生长迟缓率为 5.05%，北方儿童生长迟缓率仅为 2.52%，南方儿童营养不良率为 11.85%，而北方儿童营养不良率为 9.3%，儿童性别差异对营养健康状况影响不显著，收入水平直接影响儿童营养健康状况。调查表明，随收入增加，儿童营养不良和生长迟缓率递减。

在这个历时一年多的调查中，对 8000 多个样本的调查分析结果表明，3～4 岁儿童最容易发生营养健康问题。在调查中，3～4 岁儿童的生长迟缓率为 11.74%～13.22%，3 岁儿童营养不良率为 20.19%～26.44%。

另外相关调查表明，我国 0～4 个月婴儿在身高、体重、头围和坐高等方面与世界卫生组织公布的国外同龄孩子生长发育指标基本相同，但在 4～6 个月以后生长发育指标滞后。本次调查测量到的婴幼儿生长发育指标方面的数据也反映了这个趋势。

值得注意的是，从调查情况看，目前家长对“什么是营养适中”还缺乏正确的认识，说明还需要广泛开展儿童健康方面的相关教育。

问题二：长高同时也长胖

最新调查显示，我国部分城市 0～6 岁儿童身高、体重的平均值基本都大于 1995 年的调查数据。在这10年间，我国儿童与以往的同龄人相比又“长高”“长胖”了不少。

“中国十城市0～6岁儿童健康状况调查”显示，18～20个月、4岁、4.5岁、5.5岁等年龄组男童的身高都比1995年的数据高出2厘米以上。各年龄组女童的身高都大于1995年的数据。其中，女童身高一般比1995年高出1厘米左右。

在体重方面，无论是男童还是女童，各个年龄组的孩子都比10年前有所增长。其中，1岁以前的孩子平均比10年前“重”了0.5千克左右，1～6岁的孩子平均比10年前“胖”了1.5千克左右。

问题三：多半婴儿添加辅食不合时

《中国十城市0～6岁儿童健康状况调查》表明，我国大城市中辅食添加时间基本合理的婴儿不到一半，多半婴儿过早或过晚添加辅食，不利于婴儿的营养摄取和健康成长。

虽然北京、上海、重庆、广州、哈尔滨、石家庄、济南、郑州、武汉和西安十大城市婴儿开始添加辅食的“峰值”时间是4～5个月（占28%），这与科学喂养所倡导的时间一致，但早于4个月（占37%）、晚于5个月（占35%）开始添加辅食的儿童仍占相当大比率。

中国儿童中心主任赵顺义指出，根据研究，新生儿出生后大约4个月时，母乳供给的营养就已经不能满足婴儿快速生长发育的需求，需要给婴儿额外补充一些辅助食品，同时实现婴儿食品逐渐从液态食品（母乳）向泥糊状食品和固态食品过渡。

“婴儿身体发育快速生长阶段大约从4至6个月开始，此时婴儿的各种消化吸收组织和器官的功能发育尚未完善，辅助食品添加得过早或过晚，或者食品形态过渡不良都将会对婴儿今后的营养健康状况产生伤害。”

调查发现，在8个月内仍未给婴儿添加豆制品、肉类、鱼类、蔬菜、水果和鸡蛋的比率分别为：57.9%、45.8%、42.6%、30.1%、22.9%和13.2%。

“这说明在婴儿辅食添加关键期内，监护人向婴儿提供的膳食结构还不是十分合理，蛋白质和无机营养素的摄取量明显不足，这就是我国婴幼儿生长发育在4至6个月后明显滞后国外同龄孩子的关键原因。”赵顺义说。

此外，调查还发现，在购买婴儿辅食时，86%和62%的家长考虑的因素是质量和品牌，仅有28%和8%的人考虑的是价格和产地。家长主要从亲戚、朋友、同事和电视那里获得辅食添加信息，而从医院和医生那里获得辅食添加信息的只占第三位。

赵顺义呼吁，合理、及时的辅食添加对儿童形体成长及心理发展影响巨大而深远。政府应该大力宣传、普及和加强适时添加婴儿辅食方面的知识，从正规渠道帮助监护人优化婴儿的膳食结构，同时制定、完善婴幼儿食品的法律、法规，使监护人能买到安全可靠、质优价廉的婴幼儿食品。

问题四：无机营养素摄入状况差

最新调查显示，我国城市0～6岁儿童头发中镁、铜、钙、铁、锌五种无机营养素的含量以0～6个月年龄组整体均值水平较高，1～3岁年龄段最低，部分儿童存在对钙、铁、锌摄取量不足的情况。

《中国十城市 0～6 岁儿童健康状况调查》表明，在北京、上海、重庆、广州、哈尔滨、石家庄、济南、郑州、武汉和西安等 10 个有代表性的城市中，婴幼儿无机营养素摄入符合标准的比率从高到低依次为镁、铜、钙、铁、锌。

五种无机营养素中达标最好项是镁，最差项是锌，缺锌婴幼儿比率达到了 39%。调查显示，城市婴幼儿五项无机营养素达标比率为 47%，四项达标比例为 39%，合计 86%。0～6 个月和 4～6 岁年龄段的婴幼儿五项无机营养素达标率超过了 50%，7～12 个月和 1～3 岁年龄段的婴幼儿五项达标率未过半，提醒我们中国婴幼儿在半岁以后到 3 岁之间，无机营养素的摄入较为缺乏，需要加强补充。

据了解，无机营养素是婴幼儿生长发育过程中必不可少的营养物质，也是最容易缺乏的营养素，特别是钙、铁、锌的缺乏，对儿童，尤其对快速成长的婴幼儿影响非常大。儿童血钙降低会引发手足抽搐、惊厥，长期摄取钙过低会导致佝偻病；铁摄入量不足或利用不良除了会出现贫血外，还会导致学习障碍。

另据联合国儿童基金会的报告，缺铁性贫血的儿童智商较正常儿童平均低 9 个评分点；锌缺乏可引起食欲减退、认知行为改变，影响智力发展，导致成熟延迟、免疫功能减低，容易发生感染。（国务院妇女儿童工作委员，中国儿童中心）

（资料来源：杨东平，朱寅年，程方平，等．2005 年：中国教育发展报告[M]．北京：社会科学文献出版社，2006.）

学习评价与反思

____

____

____

____

第二章　学前儿童健康教育的目标和内容

本章导读

学前儿童健康教育是健康教育的基础，关乎学前儿童对健康、个人卫生、公共卫生以及良好卫生习惯、体育锻炼习惯的认识与形成，是学前儿童教育的重要组成部分。为了深入科学地认识学前儿童健康教育，本章内容详细分析学前儿童健康教育的总目标及其价值取向、阶段目标、目标制定依据以及学前儿童健康教育内容、内容选择依据，帮助学习者对学前儿童健康教育形成全面立体的认知。

学习目标

1．掌握学前儿童健康教育的目标及教育内容。

2．能根据学前儿童身心发展水平，选择适当的途径方法，确定适宜的内容以达成健康教育目标。

3．愿意进一步探究学习学前儿童健康教育目标与内容。

学习重点

1．掌握学前儿童健康教育的总目标、阶段目标。

2．掌握学前儿童健康教育内容。

思维导图

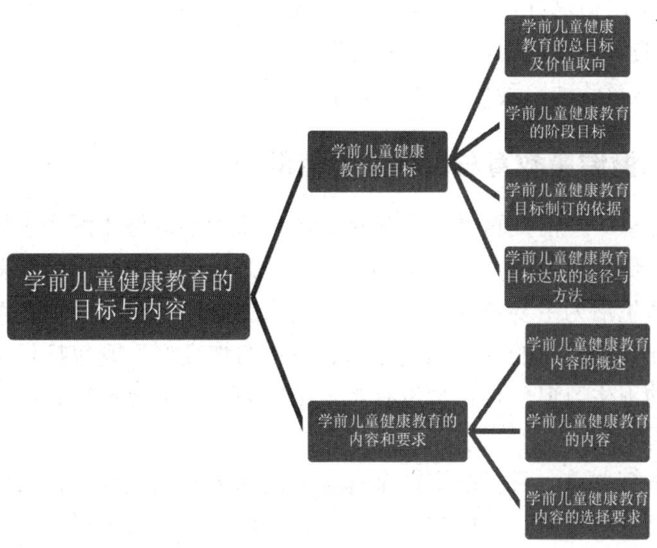

第一节　学前儿童健康教育的目标

典型案例

家宜是个刚满 3 岁的男孩，父母离异，九月份刚刚进入幼儿园小班。未读幼儿园前，由妈妈和姥姥带。刚入园时，家宜极不适应幼儿园生活，性格内向、胆小，很少和其他小朋友交往，不爱说话，有时会一个人哭起来。早上入园时，总是拉着妈妈不肯进幼儿园，当看到老师希望他进入班级时，会哭闹得更厉害。

幼儿的分离焦虑和环境适应是很多幼儿园老师都会遇到的问题，尤其在幼儿园小班，这种问题会表现得特别明显。如何安抚幼儿的情绪，如何引导幼儿适应集体生活，使幼儿乐于与人交往，培养幼儿积极的性格特征，是学前儿童健康教育的重要目标。

学前儿童健康教育目标是学前儿童健康教育的出发点和落脚点，是开展健康教育活动的基本前提，对其进行厘定和分析，有助于我们更好地设计组织健康教育活动。学前儿童健康教育活动目标包括总目标、阶段目标等层次。总目标具有高度概括性和引领性，是阶段目标制定的依据。阶段目标依据不同年龄阶段学前儿童身心发展特征对总目标进行细化，具有一定的操作性。

一、学前儿童健康教育的总目标及价值取向

（一）学前儿童健康教育的总目标

《纲要》对学前儿童健康教育的总目标有明确规定：

（1）身体健康，在集体生活中情绪安定、愉快。

（2）生活、卫生习惯良好，有基本的生活自理能力。

（3）知道必要的安全保健常识，学习保护自己。

（4）喜欢参加体育活动，动作协调、灵活。

（二）学前儿童健康教育总目标的价值取向

第一，身与心并重。学前儿童健康应包括身体健康和心理健康两个主要方面，学前儿童的身体健康以发育健全、具备基本的生活自理能力为主要特征；学前儿童的心理健康以情绪愉快、适应集体生活为主要特征。由于学前儿童的身体健康与学前儿童的心理健康是密不可分的两个方面，因此有的目标如“生活、卫生习惯良好”既包括日常生活的盥洗、排泄等生理意义上的卫生习惯，也包含没有吮手指等心理意义上的行为，关照到了身体健康与心理健康的和谐发展。

第二，保护与锻炼并重。目标既重视掌握必要的保健知识提高保护自身的能力，又强调通过体育活动提高身体素质。其中与安全、饮食问题相关的知识和技能，培养对体育活

动的兴趣，增强动作的协调性和灵活性是幼儿园健康教育的重点。通过这些表述，可以感受到“幼儿园健康教育”包含了“幼儿园体育”的思想观念。这一思想观念同时也警示教育工作者及家长，学前儿童健康成长不仅需要健康的生活环境和应对伤害的保健知识，更需要通过锻炼身体、增强体魄来更加长远地适应各式的、不确定的生活环境，以维持、提高身体机能的健康状态。

第三，健康行为的形成与健康态度转变并重。探讨学前儿童健康行为建立、改变和巩固的一般规律是学前儿童健康教育研究的重点，虽然提高学前儿童的健康认识也是必要的，但改善学前儿童的健康状态、培养学前儿童的健康行为更应成为学前儿童健康教育的重点，其中学前儿童健康行为的形成是学前儿童健康教育的核心目标。

二、学前儿童健康教育的阶段目标

在《纲要》健康教育总目标的基础上，《3～6 岁儿童学习与发展指南》（以下简称《指南》）将健康领域的教育目标细化，进一步划分为身心状况、动作发展、生活习惯与生活能力三个方面，并提出了各个年龄阶段的发展水平与目标。

（一）身心状况

目标 1　具有健康的体态

3～4 岁	4～5 岁	5～6 岁
1．身高和体重适宜。 参考标准： 男孩： 身高：94.9～111.7 厘米 体重：12.7～21.2 公斤 女孩： 身高：94.1～111.3 厘米 体重：12.3～21.5 公斤 2．在提醒下能自然坐直、站直	1．身高和体重适宜。 参考标准： 男孩： 身高：100.7～119.2 厘米 体重：14.1～24.2 公斤 女孩： 身高：99.9～118.9 厘米 体重：13.7～24.9 公斤 2．在提醒下能保持正确的站、坐和行走姿势	1．身高和体重适宜。 参考标准： 男孩： 身高：106.1～125.8 厘米 体重：15.9～27.1 公斤 女孩： 身高：104.9～125.4 厘米 体重：15.3～27.8 公斤 2．经常保持正确的站、坐和行走姿势

注：身高和体重数据来源于《2006 年世界卫生组织儿童生长标准》4～6 周岁儿童身高和体重的参考数据。

目标 2　情绪安定愉快

3～4 岁	4～5 岁	5～6 岁
1．情绪比较稳定，很少因一点小事哭闹不止。 2．有比较强烈的情绪反应时，能在成人的安抚下逐渐平静下来	1．经常保持愉快的情绪，不高兴时能较快缓解。 2．有比较强烈情绪反应时，能在成人提醒下逐渐平静下来。 3．愿意把自己的情绪告诉亲近的人，一起分享快乐或求得安慰	1．经常保持愉快的情绪。知道引起自己某种情绪的原因，并努力缓解。 2．表达情绪的方式比较适度，不乱发脾气。 3．能随着活动的需要转换情绪和注意

目标 3　具有一定的适应能力

3～4 岁	4～5 岁	5～6 岁
1. 能在较热或较冷的户外环境中活动。 2. 换新环境时情绪能较快稳定，睡眠、饮食基本正常。 3. 在帮助下能较快适应集体生活	1. 能在较热或较冷的户外环境中连续活动半小时左右。 2. 换新环境时较少出现身体不适。 3. 能较快适应人际环境中发生的变化，如换了新老师能较快适应	1. 能在较热或较冷的户外环境中连续活动半小时以上。 2. 天气变化时较少感冒，能适应车、船等交通工具造成的轻微颠簸。 3. 能较快融入新的人际关系环境，如换了新的幼儿园或班级能较快适应

（二）动作发展

目标 1　具有一定的平衡能力，动作协调、灵敏

3～4 岁	4～5 岁	5～6 岁
1. 能沿地面直线或在较窄的低矮物体上走一段距离。 2. 能双脚灵活交替上下楼梯。 3. 能身体平稳地双脚连续向前跳。 4. 分散跑时能躲避他人的碰撞。 5. 能双手向上抛球	1. 能在较窄的低矮物体上平稳地走一段距离。 2. 能以匍匐、膝盖悬空等多种方式钻爬。 3. 能助跑跨跳过一定距离，或助跑跨跳过一定高度的物体。 4. 能与他人玩追逐、躲闪跑的游戏。 5. 能连续自抛自接球	1. 能在斜坡、荡桥和有一定间隔的物体上较平稳地行走。 2. 能以手脚并用的方式安全地爬攀登架、网等。 3. 能连续跳绳。 4. 能躲避他人滚过来的球或扔过来的沙包。 5. 能连续拍球

目标 2　具有一定的力量和耐力

3～4 岁	4～5 岁	5～6 岁
1. 能双手抓杠悬空吊起 10 秒左右。 2. 能单手将沙包向前投掷 2 米左右。 3. 能单脚连续向前跳 2 米左右。 4. 能快跑 15 米左右。 5. 能行走 1 公里左右（途中可适当停歇）	1. 能双手抓杠悬空吊起 15 秒左右。 2. 能单手将沙包向前投掷 4 米左右。 3. 能单脚连续向前跳 5 米左右。 4. 能快跑 20 米左右。 5. 能连续行走 1.5 公里左右（途中可适当停歇）	1. 能双手抓杠悬空吊起 20 秒左右。 2. 能单手将沙包向前投掷 5 米左右。 3. 能单脚连续向前跳 8 米左右。 4. 能快跑 25 米左右。 5. 能连续行走 1.5 公里以上（途中可适当停歇）

目标 3　手的动作灵活协调

3～4 岁	4～5 岁	5～6 岁
1. 能用笔涂涂画画。 2. 能熟练地用勺子吃饭。 3. 能用剪刀沿直线剪，边线基本吻合	1. 能沿边线较直地画出简单图形，或能边线基本对齐地折纸。 2. 会用筷子吃饭。 3. 能沿轮廓线剪出由直线构成的简单图形，边线吻合	1. 能根据需要画出图形，线条基本平滑。 2. 能熟练使用筷子。 3. 能沿轮廓线剪出由曲线构成的简单图形，边线吻合且平滑。 4. 能使用简单的劳动工具或用具

（三）生活习惯与生活能力

目标 1　具有良好的生活与卫生习惯

3～4 岁	4～5 岁	5～6 岁
1．在提醒下，按时睡觉和起床，并能坚持午睡。 2．喜欢参加体育活动。 3．在引导下，不偏食、挑食。喜欢吃瓜果、蔬菜等新鲜食品。 4．愿意饮用白开水，不贪喝饮料。 5．不用脏手揉眼睛，连续看电视等不超过 15 分钟。 6．在提醒下，每天早晚刷牙、饭前便后洗手	1．每天按时睡觉和起床，并能坚持午睡。 2．喜欢参加体育活动。 3．不偏食、挑食，不暴饮暴食。喜欢吃瓜果、蔬菜等新鲜食品。 4．常喝白开水，不贪喝饮料。 5．知道保护眼睛，不在光线过强或过暗的地方看书，连续看电视等不超过 20 分钟。 6．每天早晚刷牙、饭前便后洗手，方法基本正确	1．养成每天按时睡觉和起床的习惯。 2．能主动参加体育活动。 3．吃东西时细嚼慢咽。 4．主动饮用白开水，不贪喝饮料。 5．主动保护眼睛。不在光线过强或过暗的地方看书，连续看电视等不超过 30 分钟。 6．每天早晚主动刷牙，饭前便后主动洗手，方法正确

目标 2　具有基本的生活自理能力

3～4 岁	4～5 岁	5～6 岁
1．在帮助下能穿脱衣服或鞋袜。 2．能将玩具和图书放回原处	1．能自己穿脱衣服、鞋袜，扣纽扣。 2．能整理自己的物品	1．能根据冷热增减衣服。 2．会自己系鞋带。 3．能按类别整理好自己的物品

目标 3　具备基本的安全知识和自我保护能力

3～4 岁	4～5 岁	5～6 岁
1．不吃陌生人给的东西，不跟陌生人走。 2．在提醒下能注意安全，不做危险的事。 3．在公共场所走失时，能向警察或有关人员说出自己和家长的名字、电话号码等简单信息	1．知道在公共场合不远离成人的视线单独活动。 2．认识常见的安全标志，能遵守安全规则。 3．运动时能主动躲避危险。 4．知道简单的求助方式	1．未经大人允许不给陌生人开门。 2．能自觉遵守基本的安全规则和交通规则。 3．运动时能注意安全，不给他人造成危险。 4．知道一些基本的防灾知识

三、学前儿童健康教育目标制订的依据

幼儿园健康领域目标的确定需要考虑各种因素与依据，当前对影响幼儿园健康领域教育目标制订的因素问题已基本达成共识，具体包括学前儿童身心发展规律、当代社会发展要求、健康教育领域的特性三个层面的因素。

1．学前儿童的身心发展规律

幼儿园健康领域教育的落脚点在于促进学前儿童身心健康发展，健康教育目的的制订必须考虑幼儿的需求与发展，尤其是要关注学前儿童生长发育的特征、学前儿童的认知发展、情感萌芽和个性形成规律，这些要素不仅关乎幼儿园健康领域教育目标能否落到实处，

更影响着学前儿童的发展。

学前儿童发展与需求有一定的规律，它是在一定年龄阶段中一般的、典型的、本质的特征与表现，是在对个体差异概括基础上得到的一般性规律。如在生长发育层面，学前儿童生长发育迅速，婴儿在 2～3 个月时体重就能达到出生时的两倍，1～2 岁增长约 10 厘米；在动作层面，学前儿童的动作从整体动作到局部的、准确的动作发展。婴儿手掌获得物体呈现抓握反应，还伴有全身动作。到了学前期，儿童的抓握逐渐摆脱身体，单独依靠手掌。从四肢动作看，学前儿童先学会手臂和腿等大肌肉动作，逐步过渡到手掌或手指的精细动作。学前儿童身体生长与运动规律应成为幼儿园健康领域教育目标制订的重要参照。

2. 社会发展的要求

学前儿童生活在社会中，不是孤立地存在着的，因此，必定会受到社会环境的影响。婴幼儿从最初依靠条件反射到后天依靠学习，逐渐成为一个能有效参与社会的主体，除了自身主动与社会外界环境的互动外，还会在这个过程中受到社会的影响，因此，学前儿童的经验获得必然会受社会的影响。不同的社会发展时期，由于外界生存环境和社会发展不同，对幼儿个体素质有着不同的需求。如果我们缺乏对社会发展的明确定位，盲目地对幼儿进行健康教育，会导致幼儿不能适应未来的生活，因此，幼儿园健康领域教育目标的确定、内容的选择必须考虑社会的需求。

21 世纪，社会对学前儿童体态发育、身体健康发展提出了更高的要求和挑战。在幼儿园健康领域，除了关注学前儿童的身体发展、运动能力外，还要关注学前儿童的运动情绪表现和情绪表达，帮助学前儿童建立正确的情绪表达方式，为幼儿适应未来的竞争奠定基础。良好的适应能力同样是学前儿童适应未来社会的重要能力之一，因此，在幼儿园健康领域教育中要关注学前儿童社会生活适应能力的培养，使学前儿童在未来生活中能够根据外界变化调整自己，能够接受新情境中的社会规范，融入多变的社会交往环境，适应多元的社会氛围。

3. 健康学科领域的特性

学科是分类的，且具有自身的知识与特性。学科本身的知识逻辑体系对幼儿园健康领域学科及学前儿童有着重要影响。学科的内在逻辑体系和知识结构应成为幼儿园健康领域教育目标制订的参考依据，但有必要澄清的是：如果我们过多强调健康领域知识的特殊功能，看重学科的知识逻辑体系及其影响，那么我们在幼儿园健康领域的教育中会更多关注学前儿童健康学科知识的获得及知识经验的积累。如果我们更看重学科的一般性知识及其功能，那么在幼儿园健康领域教育中更关注的是学前儿童一般的发展价值以及学前儿童能力、情感经验的获得。鉴于 3～6 岁学前儿童的身心发展特征、思维个性及学前教育自身的基础性地位，幼儿园健康领域教育的目标应关注学前儿童一般的发展价值。可以发现，在《纲要》中，健康领域的教育目标不过多强调获得健康方面的系统知识，而是强调学前儿童的体质，培养其健康生活的态度和行为习惯，为学前儿童未来的健康发展奠定基础。《指南》同样将学前儿童的运动情绪以及适应能力作为健康教育目标的重要组成部分。

四、学前儿童健康教育目标达成的途径与方法

【练一练】

中班下学期，中（3）班的大部分小朋友对跳绳产生了浓厚的兴趣，但是大部分小朋友都不会跳，只有个别小朋友能连续跳上4～5个。

请根据健康活动目标确定的依据和上述材料，设计一系列提升幼儿跳绳技能的活动，并写出活动目标。

（一）健康教育目标达成的途径

1. 生活中的健康教育

学前儿童本身是一个有机整体，其各方面的发展是相互联系、相互影响的。陈鹤琴说：“幼儿离不开生活，生活离不开健康教育，幼儿的生活是丰富多彩的，健康教育应该把握时机。”因此，学前儿童健康教育就是生活教育，应当在盥洗、进餐、清洁、睡眠、游戏等学前儿童一日生活各环节中渗透健康教育理念，开展健康教育，例如：在洗手时让学前儿童了解讲卫生的重要性；在户外荡秋千、滑滑梯时，了解保护自己的运动方法；教师在每日午餐时间向学前儿童介绍饭菜，根据饭量随时添饭，不催食。由此可见，一日生活的健康教育是渗透式的，每位教师都应该引起高度的重视，循循善诱地培养学前儿童的健康生活习惯。

2. 集体教学活动中的健康教育

集体教学活动是在幼儿园开展的相对正式的健康教育活动形式，主要包括以教师计划为主的健康教育活动和师幼共同计划的健康领域教育活动。以教师为主的教学活动有明确的教学目标，较为注重知识的传递，例如，教师知道班级近期发生感冒的情况比较多，因此通过集体教学活动让学前儿童懂得预防感冒的办法。师幼共同制定的教学活动虽以计划为主，但较为注重学前儿童的兴趣和需要。例如一位儿童开始换牙，牙齿掉了害怕，老师以班级里儿童换牙问题开展集体教学活动，让学前儿童了解换牙并不是可怕的事情，而是长大的表现，使学前儿童的害怕心理转换为对成长的期待。不同的内容对学前儿童的健康态度和行为的培养发挥不同作用。开展安全教育，可以使学前儿童认识不同的安全标志，懂得在日常生活中如何避免危险；开展体育活动，可以锻炼学前儿童的体质，培养儿童遵守纪律、机智勇敢的优良品质和活泼开朗的性格；进行心理健康教育，学前儿童可以更好地与人沟通，养成健康的性格。

3. 游戏活动中的健康教育

游戏是幼儿的工作，一日生活中游戏是贯穿于始终的活动。除了游戏本身的教育作用，健康教育融合于游戏中能发挥增效作用。角色游戏、体育游戏等较好地渗透了健康游戏的内容，例如，角色游戏活动能有效促进学前儿童心理健康，学前儿童在对游戏主题确立、角色选择、情节发展等活动中，学会如何与同伴相处，对学前儿童自我意识的良好发展、合群情感的发展无疑是有意义的。如学前儿童在扮演医生的游戏中可以习得对身体的认知以及疾病治疗办法。通过游戏开展健康教育活动需要遵循三个原则：游戏的功能性原则、儿童需要原则、针对性原则。我们依据这三大原则灵活开展一些有健康教育内容的角色游戏、体育游戏，让学前儿童在游戏中认识到身体健康、心理健康、体育锻炼、安全的重要性，发挥同伴榜样作用，逐步形成健康的积极态度，养成良好的习惯。

4．亲子游戏中的健康教育

亲子活动是以亲缘关系为主要维系基础，以婴幼儿与家长的互动为核心，促进婴幼儿身心健康发展和父母育儿水平提高的教育活动。亲子活动的主体是家长和孩子。亲子活动中的健康教育是在幼儿园开展的家长与幼儿共同参与的健康教育活动。亲子活动的开展必须与家长取得紧密联系，很多亲子活动的课程可以来源于家长，例如，幼儿园通过调查发现幼儿的很多不良饮食习惯来源于父母，不良的饮食习惯可能导致幼儿偏食、挑食。对此，幼儿园可以请专家开设专题讲座、召开家长座谈会帮助家长树立正确的饮食观念。亲子运动会也是经常开展的健康教育活动，有助于提升亲子关系，而且活动时间、地点不受限制，较容易开展。根据幼儿年龄特点可以从模仿游戏过渡到跑步、跳跃、滚动等游戏，逐步采用器械开展活动，并转换玩法，增强挑战，理性竞争。另外，学校开展安全教育也可请消防人员来园与家长共同开展安全教育演习。总之，亲子活动是健康教育活动的重要形式，也是科学育儿观念传播的重要途径。

5．其他领域融合的健康教育

健康教育活动的开展往往需要融合其他领域，如结合艺术、语言、科学、社会等，共同促进幼儿的全面发展，并保持了幼儿经验的完整性例如，在关于幼儿牙齿保健的活动中，可以利用绘本《鳄鱼伯伯、牙医伯伯》进行艺术化的教学，让幼儿通过图画和语言感知人物心理，同样也可以通过音乐活动中的集体舞、音乐游戏让幼儿大胆与同伴交往，不仅达到了与人“共同生活”的目的，还有利于幼儿的社会性能力发展；在绘画教学时，学习正确的坐姿、执笔姿势，用正确的方法进行涂色。画画不仅是绘画技巧的组成部分，也能够锻炼学前儿童的小肌肉，塑造良好的形体。因此，开展健康教育活动，教师应该拓宽思路，从多领域出发，融合幼儿的经验，在活动的引入、正式阶段、延伸部分采用多种表征创造性设计活动。

【练一练】

请依据上述五种健康教育活动开展途径，为学前儿童良好进餐习惯的养成设计相应的活动和游戏的内容及方法。

（二）健康教育目标达成的方法

1．动作技能练习

健康教育活动中很多内容最终要变成学前儿童的健康行为，有些动作是学前儿童不教

自会的，例如喝水动作、踢腿动作，也有很多动作需要通过反复练习才可习得，例如系鞋带、穿脱衣服、叠被子、刷牙、拍球、立定跳远、抛接球等。有些行为是良好生活习惯养成不可或缺的部分，如盥洗习惯、进餐习惯，有些行为如体育锻炼虽不需要成为一种日常习惯，但也是健康生活必需的健身方式。日常生活技能很大程度上是学前儿童通过“模仿”的方式不断练习获得的，体育锻炼技能需要有针对性的练习，二者都需要遵守动作技能习得的规律。学前儿童的身体动作发展遵循了从中心到四周、从上到下、从粗略动作到精细动作发展的规律，因此，教师在进行动作教学时也应遵循动作的粗略掌握、动作的改善和提高、动作的巩固与运动自如三个阶段。

第一步，粗略掌握动作阶段。为了激起学前儿童学习的信心，让学前儿童克服胆怯、畏难心理，抓住动作的主要环节，将动作分为几个环节进行教学；多示范，并伴以语言的提示，引导儿童观察动作的主要部分和特征，不过多地强调动作细节。第二步，动作的改善和提高阶段。通过反复示范、讲解和对儿童动作的具体分析，使儿童注意动作的细节，改进动作，形成正确的动作概念，区别对待不同的儿童，对活动能力较差的儿童，要给予具体细致的指导，对动作马虎、不注意细节的儿童，及时提醒纠正。第三步，动作的巩固和运用自如阶段。不断改变动作练习的条件和方式，保持儿童练习动作的兴趣；不断增加要求的难度，以提高动作的质量。

2．来自生活的感知体验

学前儿童由于年龄较小、生活阅历较浅、逻辑思维水平较低，需要通过亲身实践来感知和理解学习内容，于是“体验”成为当前幼儿园教育实践中特别关注的话题。体验是通过实践来感知事物、现象，所以体验具有实践和感悟的特质。实践是体验的过程，实践是体验的要素；感悟是体验的结果，空间是感悟的要素。心理健康教育活动及营养饮食教育活动都可以通过体验的方式进行，例如，将体验教学践行于学前儿童心理健康教育中时，教师应该体察儿童的内心感受，真诚地给儿童心灵慰藉；满足儿童的心理安全需求，消除焦虑这一心理问题；引导儿童换位思考，多为他人着想。将体验教学应用于饮食和营养教育时，教师可以鼓励儿童尝试不同的食物，有研究表明，早期学前儿童对食物选择性较为宽泛，成年后容易形成包容的性格，因此，让学前儿童体验不同民族、不同文化以及不同环境下的进餐礼仪，通过参与劳动让儿童形成爱惜食物的习惯，等等，这些都有助于饮食和营养教育目标的达成。

3．讲解

讲解示范法是指教师具体而形象地向学前儿童讲解粗浅的健康知识，并结合身体动作或实物、模型加以示范，从而帮助儿童尽快掌握有关技能技巧，并提高儿童对健康的认识水平。该种方法较为广泛地应用于幼儿园集体健康教学活动中。以体育教学活动为例，在教给学前儿童新动作之前，教师总是要给予适当的讲解示范。教师介绍如何使用运动器材时，也必须结合实物或模型进行生动而有趣的讲解演示。讲解法是教师陈述分析健康教育知识的必要方法，但必须考虑学前儿童的年龄特征，采取讲练结合、游戏为主的方式。教师在讲解时应注意以下方面。

（1）根据教学任务讲主要的地方，讲出知识要点、动作要领和怎样做，目的明确。避免讲得烦琐，占用过多的时间。

（2）语言要生动、逼真、形象化，而且要精确、简明。讲解时要使用学前儿童能理解的语言，避免讲得生硬和使用不常用的名词术语。

（3）讲解中可以使用适当提问的方式，以启发幼儿积极思考，并要检查学前儿童对教学理解的程度。

4．演示

演示更多是和讲解结合在一起的，主要包括动作学习演示、游戏规则演示等。演示通常表现为教师示范，例如，教师在讲解如何正确地刷牙时，必须用牙刷进行实际的演示，幼儿才可以形象直观地观察模仿学习。在体育活动中教师要做正确的动作示范，需要注意以下方面。

（1）示范必须正确，使学前儿童明确动作的要点。示范动作的每一个细节都不能忽略，而且示范都应该明确要解决什么问题，示范什么，怎么示范。

（2）做示范动作时必须注意让每位学前儿童看得清楚，为此，就必须考虑示范的位置和方向。示范的方向根据动作要求有正面、侧面、背面等，如立定跳远的示范，最好进行正面、侧面的示范。

（3）为了保证示范动作正确，教师要事先熟悉教材，掌握动作和技能要领，并要亲自练习，达到熟练，做到动作优美、轻松。

5．情景表演

教师或学前儿童就特定的生活情境加以表现、表演，然后让儿童思考、分析情境表演中涉及的健康教育问题。由于情境表演主要来源于幼儿的现实生活，能激发儿童的兴趣，因此这种方法能较好地帮助儿童认识生活中可能遇到的问题和冲突，了解应该做出合乎健康要求的行为，例如：小班的一些活动就可利用情境表演，让学前儿童通过分析、判断，懂得一些道理，从而养成良好的习惯；也可利用木偶表演、听故事和念儿歌等孩子们喜爱的活动形式，对学前儿童讲一些有关健康的故事；或通过浅显的挂饰内容，让儿童了解有关健康的知识，了解为什么要这样做。

6．生活事件讨论

让学前儿童参与健康活动的讨论过程，为他们提出问题、发表意见、自己得出结论提供机会。这种方法能有效地帮助儿童表达自己的真实想法，能鼓励学前儿童对他人的言行加以评价，从而提高学前儿童辨别是非的能力，例如，中班的《不做冒险家》，让幼儿通过讲座增加自我保护意识，这种方法对心理健康教育尤为有效。例如，情绪情感的教育《我们多能干》中通过启发幼儿发现自己的闪光点，有效增强学前儿童的自信心和自豪感；在应急能力训练《我该怎么办》中通过情景模拟学习处理突发事件中的好办法，提高应急心理能力；在意志品质培养活动《为什么不一样》中，让学前儿童体会只有克服困难，才能获得成功。

【想一想】

各种方法是否是相互割裂的，如果不是，在综合运用时应该注意什么问题？

第二节　学前儿童健康教育的内容和要求

典型案例

有一天，一位怀着孕的妈妈不慎从家中的楼梯上摔下去，三岁的女儿爱玛看到妈妈昏迷不醒，立即打急救电话，并冷静地和接线人员莫里斯说明现场情形：她告诉莫里斯“妈妈没有出血，但她撞到头了”“她的肚子里有个宝宝”“妈妈又睡过去了”以及妈妈还在呼吸，等等，并清楚地告诉莫里斯她们住在哪里。在急救人员抵达之前，莫里斯一直与爱玛通着电话，当急救人员到达后，爱玛还跟莫里斯说穿着“绿色衣服”的救护员已经来了。根据爱玛清晰的表述，急救人员很快赶到，并采取适当的措施，把爱玛的妈妈送到医院，成功止住胎盘破裂的症状。妈妈在七个星期后顺利地给爱玛生下了一个弟弟。接线员莫里斯说，爱玛有三点做得很棒：① 讲清楚发生什么事情。② 仔细听莫里斯的每一句话。③ 按照莫里斯说的去做。

我们三岁的孩子如果碰到了类似的事情懂得怎么有效求救吗？他会想到要打紧急电话吗？他知道怎么用手机或座机打电话吗？

学前儿童健康教育内容是实现健康教育目标的载体，同时也关乎幼儿教师教什么、学前儿童学什么的问题，制约着健康教育的质量，影响学前儿童的发展，因此明确健康教育内容的选择依据、明晰健康教育内容具有重要意义。

一、学前儿童健康教育内容的概述

幼儿园课程内容是依照幼儿园课程目标选定的通过一定的形式表现和组织的基本知识、基本态度和基本行为。[①]按此逻辑，幼儿园健康教育内容是按照幼儿园健康教育目标选定的，通过一定的形式和组织，使幼儿学习获得的健康知识、态度和行为的总和。《规程》《纲要》《指南》为其内容范围的划定提供了依据，其中《纲要》明确提出了幼儿园健康教育的内容：第一，建立良好的师生、同伴关系，让幼儿在集体生活中感到温暖，心情愉快，形成安全感、信赖感。第二，与家长配合，根据幼儿的需要建立科学的生活常规。培养幼儿良好的饮食、睡眠、盥洗、排泄等生活习惯和生活自理能力。第三，教育幼儿爱清洁、讲卫生，注意保持个人和生活场所的整洁和卫生。第四，密切结合幼儿的生活进行安全、营养和保健教育，提高幼儿的自我保护意识和能力。第五，开展丰富多彩的户外游戏和体

① 虞永平．学前课程价值论[M]．南京：江苏教育出版社，2002：196．

育活动，培养幼儿参加体育活动的兴趣和习惯，增强体质，提高对环境的适应能力。第六，用幼儿感兴趣的方式练习基本动作，提高动作的协调性、灵活性。第七，在体育活动中，培养幼儿坚强、勇敢、不怕困难的意志品质和主动、乐观、合作的态度。《指南》则将健康领域内容划分为身心状况、动作发展、生活习惯和生活能力三个子维度及九项内容，为健康教育内容的选择与健康教育目标的实现提供了更具操作性的借鉴。

二、学前儿童健康教育的内容

根据《纲要》《指南》的要求，并结合近年的研究成果，我们将幼儿健康领域教育内容概括为以下几个部分。

（一）日常健康行为

1. 生活作息习惯

① 知道良好生活作息的重要性；② 作息习惯合理：按时睡眠，定时定量进餐，定时大小便，知道幼儿园生活的生活作息。

2. 生活卫生习惯

① 知道洗手的基本方法（见图 2-1）；② 掌握刷牙的基本方法；③ 养成穿脱、整理衣服的习惯；④ 保持玩具清洁；⑤ 关心周围环境的卫生；⑥ 坐站行睡姿势正确，拿笔、书写、绘画、读书姿势正确。

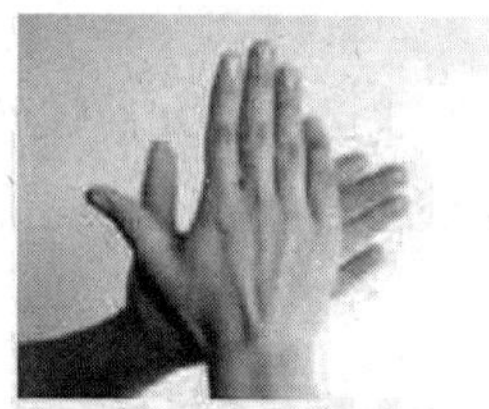
1. 掌心相对，手指合拢，相互揉搓，洗净手掌

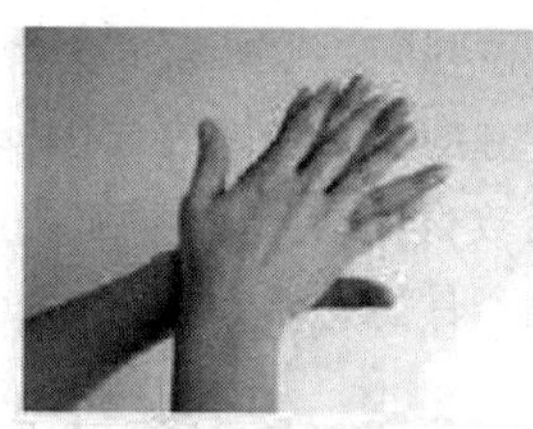
2. 手心对手背，手指交叉沿指缝相互搓揉洗净手背

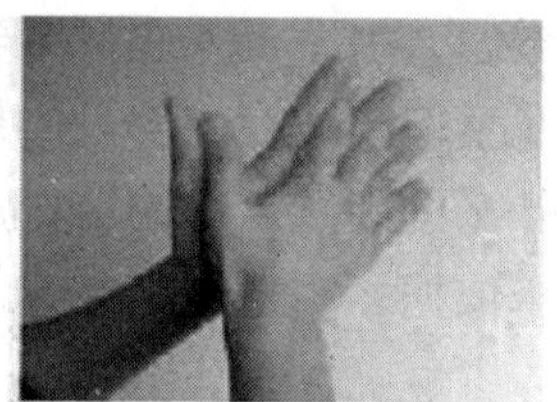
3. 掌心相对，双手交叉，相互搓揉洗净指缝

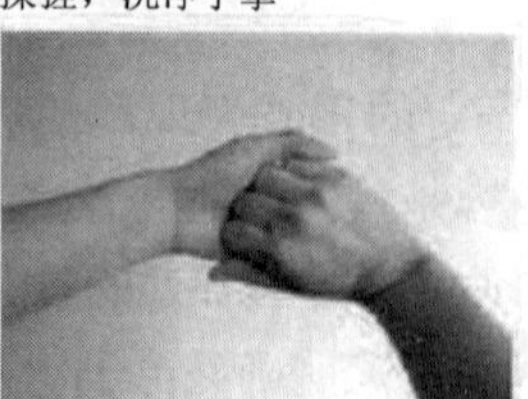
4. 双手轻合成空拳，相互搓揉洗净指背

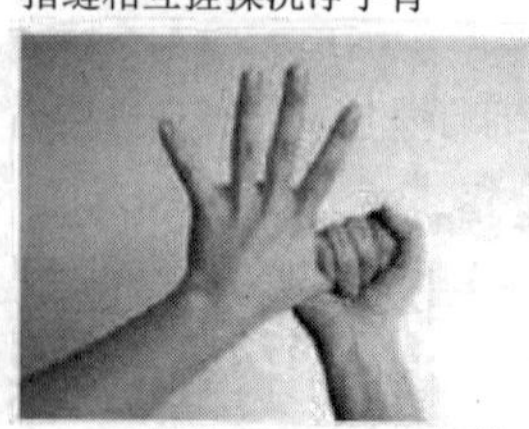
5. 一手捏住另一手的大拇指旋转搓揉，洗净大拇指

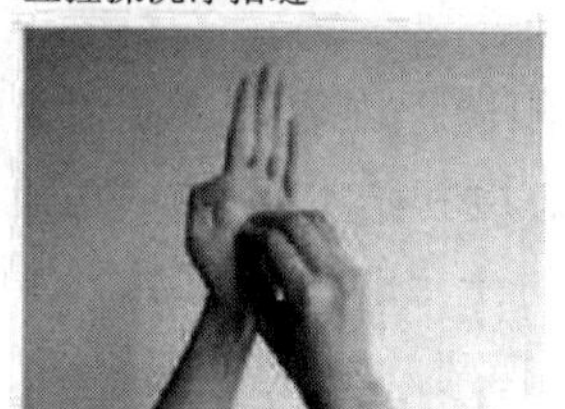
6. 将一手五指指尖并拢在另一手的掌心处搓揉，洗净指尖

图 2-1　六步洗手法

3. 生活自理能力

① 进餐方面：主要餐具的使用、基本进餐礼仪、独立进餐的意愿、愉悦的进餐情绪；② 盥洗方面：掌握正确的洗手、洗脸方法，有独立盥洗的意愿，早晚刷牙；③ 整理衣着

方面：掌握穿脱、整理衣物的方法，有独立完成的意愿；④ 学习用具整理：掌握整理玩具、工具、图书的方法，活动后主动整理物品。

（二）饮食与营养

1. 食物与营养

① 知道常见食物的名称、形状、色彩及营养价值；② 懂得哪些东西不能吃，哪些食物不能多吃。③ 知道多吃水果蔬菜，少吃零食；④ 主动饮水。

2. 餐饮习惯

① 知道饮食与人体健康的关系，愿意广泛摄入各种食物，不偏食、不挑食、不过食；② 养成按时进餐、细嚼慢咽、不说笑打闹的进餐习惯；③ 饭前洗手、饭后漱口、保持桌面和地面清洁的饮食卫生习惯；④ 正确使用勺子、筷子等餐具，有独立进餐的技能；⑤ 有拆、吐鱼肉骨头，剥虾，吃面等进餐技能；⑥ 懂不同场合进餐的基本方法和礼仪要求；⑦ 按需取食，不浪费食物。

3. 饮食文化知识

① 我国饮食文化：我国各地、各民族的饮食习惯、特色食物，我国主要节日及各民族节日食品；② 其他国家饮食文化：主要餐具、特色食物、饮食习惯、主要节日食物。

【想一想】

健康领域与社会领域是否存在相互渗透的内容，如果有，应该如何更好地综合开展这两个领域的活动，促进幼儿的发展？

（三）身体认识与保护

1. 身体形态

① 骨骼：知道骨骼的作用，配合食用补充钙质的食物，坐姿、站姿正确；② 鼻子：知道鼻子的结构、功能和保护鼻子的方法；③ 咽喉：知道保护嗓子的方法；④ 耳朵：知道耳朵的结构、功能和保护耳朵的方法；⑤ 皮肤：知道基本的皮肤保健知识。

2. 常见疾病的知识

① 常见传染病和疾病：懂得要预防疾病，知道身体不舒服及时告诉成人，生病时愿意接受医生的治疗，懂得打针吃药的作用，知道最简单的防病知识如预防龋齿，等等；② 常见意外伤害：知道碰到危险的事物要躲开，不碰开水，不把细小的东西放入嘴巴，知道发生意外及时求助成人，不独自过马路。

3. 性教育

① 性别概念：知道自己的性别、外生殖器官的特点，知道父母、老师、同伴等自己所

熟悉的人的性别，知道性别的恒定性，知道同性别的人外生殖器官存在相似之处，知道不同性别的人外生殖器官结构不相同，能根据身体外形区分他人性别，知道男孩长大了会当爸爸、女孩长大了会当妈妈，知道爸爸妈妈在家庭中履行的职责；② 自我护理与保护：掌握小便的姿势、正确的擦拭屁股方法，知道外生殖器官不舒服及时告诉家长，知道每个人的身体都有隐私部位，除了家长和医生，不能随便让他人看；③ 爱的教育：知道生命如何诞生，知道母亲孕育生命的辛劳，知道自己名字的由来。

【想一想】

适合幼儿阅读的性教育读本、绘本有哪些？

4. 用眼卫生

① 知道眼睛的结构、功能；② 掌握眼睛的卫生保健方法。

5. 牙齿健康

① 懂得牙齿的功能；② 懂得牙齿保健知识：早晚刷牙，饭后漱口，不贪甜食，不吮手指，不咬衣襟，等等；③ 懂得龋齿的危害；④ 掌握刷牙的正确方法；⑤ 知道换牙的原因及应对方法。

（四）体育锻炼

1. 基本动作

走、跑、挑、投掷、平衡、钻、爬和攀登等基本动作质量不断提升。

2. 基本体操活动

① 基本体操：掌握举、振、屈与伸、转、绕与环绕、蹲、跳跃等练习动作，掌握借助一定器械的体操动作如图 2-2、图 2-3 所示。② 队列队形：逐步掌握立正、稍息、向前看齐、手放下、原地踏步、踏步走、齐步走、向左（右、后）转、立定等基本动作，尝试一些走成一路纵队、走成圈圈队形等队形变换。

图 2-2　第二套全国幼儿广播体操《世界真美好》图解（节选）

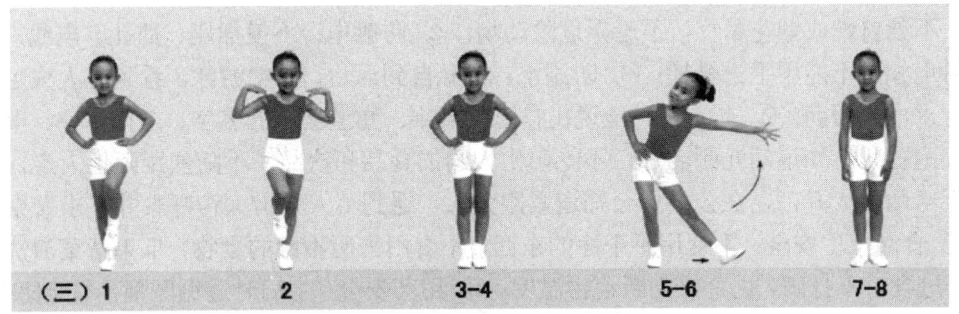

图 2-3　第二套全国幼儿广播体操《世界真美好》图解（节选）

3. 器械活动

掌握一些摇摆、颠簸、攀登、平衡器材设备及各种车辆（三轮脚踏车、小手推车等）的游戏方法。

4. 体育游戏

乐于参与体育游戏，游戏水平不断提升。

（五）安全生活

1. 交通安全

① 了解常见交通标志：交通标线、隔离设施、交通信号灯，如图 2-4 所示；② 遵守交通规则：人车分流，安全走路，不急穿马路，避让拐弯车辆，集体出行，不追车，不路中拦车，文明乘车，等等。

图 2-4　常见交通标志

2. 活动安全

① 玩具安全：玩大型玩具不拥挤，轻拿轻放玩具，不用玩具打人，活动后按要求整理剪刀、笔、跳绳等用品，集体活动中听从教师口令，不擅自离开，等等；② 着装安全：衣服宽松适宜，不佩戴金属、玻璃饰品，不携带小刀、坚硬、尖锐锋利物品，活动时衣服不别胸针、证章等，活动时尽量不佩戴眼镜。

3. 生活安全

① 基本安全常识：不擅自爬树、爬墙、爬窗等，不把手放在门缝处，打雷不在大树下

躲避，不独自燃放烟花爆竹，不逗弄危险动物；② 防触电：不摸插座、插孔、电线，看到有人触电知道不能用手去触摸；③ 防溺水：不私自到河边、水塘游泳，看到有人失足知道及时寻求成人帮助；④ 防走失：能说出自己的名字，知道父母的名字、工作单位、电话号码、家庭住址，知道幼儿园名称，不吃陌生人给的食品和饮品，不随便跟陌生人走，独自在家不给陌生人开门，在公共场合知道紧跟大人，遇到坏人知道大声呼救并寻求警察的帮助；⑤ 食品卫生安全：不食用不干净的东西，不食用来历不明的食物，瓜果蔬菜清洗后再食用，进食时不打闹，进食前判断食物温度；⑥ 用药安全：生病时遵循医嘱，不随便吃药，知道 120 急救电话，认识防毒标志。

4. 危险自救

掌握火灾、地震、雷击、台风等灾害的自救方法和注意事项。

（六）心理健康

1. 社交能力

学会移情；学会分享和合作；懂得尊重与互助；自我评价恰当。

2. 情绪

知道愉悦的情绪有益健康；合理宣泄情绪；保持良好心态。

3. 环境适应能力

① 适应新环境：愿意融入新环境；② 独立生活和学习能力：学会自己的事情自己做，不过分依赖他人，愿意克服困难，能够独立思考解决问题；③ 心理耐受能力：遇到不会做的事情不哭闹、不灰心，适时向家长求助。

三、学前儿童健康教育内容的选择要求

著名幼儿教育专家陈鹤对幼儿园课程提出了“十大原则”，其中有：幼儿园课程“是配合幼儿身心发展的，是促进儿童健康的”“应是儿童化的，不是成人化的”“是配合目前形势和实际需要的，而不是脱离现实的”“是发展的、连续的，而不是鼓励的”等，这些教育思想对我们选择幼儿园健康教育内容具有重要的指导意义，具体到确定幼儿园健康教育内容时，要符合以下几个要求。

（一）符合幼儿园健康教育的总目标

《纲要》中幼儿园健康教育的目标，已经界定了其教育内容，并且提出了内容的要点。幼儿园健康教育内容是实现幼儿园健康教育目标的手段，而幼儿园健康教育目标的确定为幼儿园健康教育内容的选择提供了基本方向。

实际操作中，目标与内容不是简单的一一对应关系，而是多对多的关系，这就决定了依据目标进行的内容选择具有一定的复杂性。首先，选择内容时要考虑是为了实现哪一个

或者哪几个目标，对内容所包含的教育价值进行基本分析，估计一下所选内容与目标有何关联，是何关联，是否还有其他关联更密切的内容。其次，依据某一种目标来选择内容时，要考虑还有哪些内容能够促进这一目标的实现，因为内容与目标并非一一对应的关系，一项目标往往需要多项内容的学习才能达成，并且还要考虑这一内容还可以达到哪些目标，因为有时一项内容也可能指向多个目标。最后，还需要考虑情感态度类目标，因为这些目标没有特定的直接与之对应的内容，就需要通过给予学前儿童相应的经验来达成。

（二）符合学前儿童身心发展的特点

正如陈鹤琴先生所说，幼儿园课程的选择“应是儿童化的，不是成人化的”，虽然在幼儿园健康教育目标确定的时候已经考虑到了学前儿童身心发展的特点和规律，但在内容选择时，还需进一步分析学前儿童的身心发展特点和规律。健康教育内容的难度水平应处在学前儿童的最近发展区，既要符合学前儿童已有发展水平，又能促进其进一步发展；同时还要考虑即使是同一年龄的幼儿，也有各自不同的最近发展区，因此，在选择内容时必须了解学前儿童的一般发展需要和特殊需要。最后还需要考虑学前儿童已有的生活经验和健康习惯，了解学前儿童的接受能力，选择学前儿童可以接受的形式进行内容的具体确定，以便有效开展教育活动，利于学前儿童接受。

（三）符合学前儿童的生活经验

我国著名教育家陶行知先生指出：“生活即教育，社会即学校。”幼儿园教育不应该局限于幼儿园中，学前儿童生活的大自然、大社会都可以为学前教育提供场所、内容，学前儿童健康教育内容应该来源于幼儿的生活经验，服务于学前儿童的生活。当前许多幼儿园在教育活动中经常生成新的内容，那些生成性内容往往是与学前儿童的兴趣和生活经验相联系的。例如，针对幼儿换牙的问题，开展关于换牙的一系列活动；针对一些自然灾害，教会学前儿童一些最基本的自我保护策略；等等。

（四）符合社会发展的需要

教育要为社会培养人才，任何社会的教育都需要根据社会的需要来确定培养目标。不同的社会形态下，不同的经济发展条件下，对人才的需求是不同的。时代的发展、科学的进步、知识的日新月异，应在幼儿园健康教育活动中有所反映，这是幼儿园健康教育活动现代化的要求，也是学前儿童发展的需求，因此，在选择健康教育内容时，要考虑社会发展的需要，做到与时俱进。

在线测试

1.“不轻信陌生人的话，未经允许不跟陌生人走”，这属于安全教育的（　　）内容。

A．幼儿生活安全教育　　B．幼儿园玩具安全教育

C．食品卫生安全教育　　D．交通安全教育

2．会用筷子吃饭，是（　　）阶段的教育目标。

A．小小班　　B．小班

C．中班　　D．大班

3．选择学前儿童健康教育的内容需要考虑学前儿童教育的总目标、学前儿童心理发展特点、学前儿童的生活经验以及（　　）。

A．学科体系需求　　B．社会发展需求

C．家长需求　　D．幼儿的提议

真题训练

1．幼儿如果能够认识到他们的性别不会随着年龄的增长而发生改变，说明他已经具有（　　）。（2015 年上）

A．性别倾向性　　B．性别差异性

C．性别独特性　　D．性别恒常性

2．教师引导幼儿擤鼻涕的正确方法是（　　）。（2017 年上）

A．把鼻涕吸进鼻腔　　B．先捂一侧鼻孔，再轻擤另一侧

C．同时捏住鼻翼两侧擤　　D．用手背擦鼻涕

3．小班赵老师发现幼儿进餐时存在各种问题：有的幼儿情绪不稳定，吃饭时哭着找妈妈；有的幼儿不会拿勺子吃，一定要老师喂；有的幼儿挑食，不吃这个，不吃那个；还有的幼儿吃一会儿，玩一会儿，饭凉了都还没吃完……

请设计一份解决上述问题的教育方案，要求写出：对问题的分析、教育目标和解决问题的主要方法。（2013 年上）

4．设计一个大班安全防火教育活动，要求写出活动名称、目标、准备、过程及延伸。（2014 年下）

第二章参考答案

本章拓展阅读

高宽课程身体发展和身心健康领域的关键发展性指标及策略

1．非移动性运动（原地运动：屈体、转体、扭动、晃胳膊）

鼓励儿童探索多种多样的姿势。

鼓励儿童探索不同种类的非移动性运动。

让儿童关注移动性运动。

命名非移动性运动和它们的特点。

2．移动性运动（非原地运动：跑、跳、踏步、爬）

提供运动的空间。

提供运动的时间。

鼓励儿童探索不同种类的移动性运动。

对儿童的运动提出挑战。

命名移动性运动和它们的特点。

3．携物运动

提供有利于练习小肌肉和发展手眼协调能力的材料。

提供儿童容易移动的、轻的和会飘动的材料。

提供新奇的物品，供儿童运动时握在手里。

提供儿童可以用脚移动的材料。

提供可以翻滚、投掷、踏、打击和抓接的材料。

提供大型材料供儿童推拉。

4．在运动中表现创造力

观看并点评儿童的动作。

在一日生活中为儿童提供挑战，让他们来解决与运动相关的问题。

5．用语言描述运动状态

认可并点评儿童的活动。

在一日生活中用语言描述儿童的运动。

6．按指令运动

鼓励儿童使用和发出运动指令。

将语言指令和动作指令分开。

7．感受和表达稳定的节拍

提供一些能够让幼儿感受到稳定的、具有预测性的动作和声音的设备。

在一日生活中为儿童提供稳定的节拍。

如果儿童在游戏时按照稳定的节拍运动，要认可儿童的这一行为。

8．按照统一的节拍连续运动

在一日生活中提供连续运动的机会。

将分为两部分的动作包含进同一首律动曲子中。

学习评价与反思

第三章　学前儿童健康教育活动的设计与实施

本章导读

幼儿园健康教育是最能体现幼儿学习与发展生活化、游戏化和操作化的教育。幼儿在日常生活中了解生活常识，掌握生活技能，养成可终身受益的生活习惯，即在生活中学习生活、学会生活。为了深入和全面地了解学前儿童健康教育活动的设计与实施，本章内容详细分析学前儿童健康教育活动的组织形式与基本方法、学前儿童健康教育活动的设计、学前儿童健康教育活动的实施路径，帮助学习者对如何设计学前儿童健康教育活动提供重要的理论依据和价值导向。

学习目标

1．掌握学前儿童健康教育的组织方式、基本方法、设计和实施路径。

2．能够结合学前儿童的身心发展水平和健康领域核心经验，选择科学、有效和适宜的学前儿童健康教育活动的设计与实施方式。

3．能够积极主动地设计和实施学前儿童健康教育活动。

学习重点

1．掌握学前儿童健康教育的组织方式、基本方法、设计和实施路径。

2．能够在理解学前儿童健康教育的组织方式、基本方法、设计和实施路径的基础上，按照上述原则尝试设计和实施健康教育活动。

思维导图

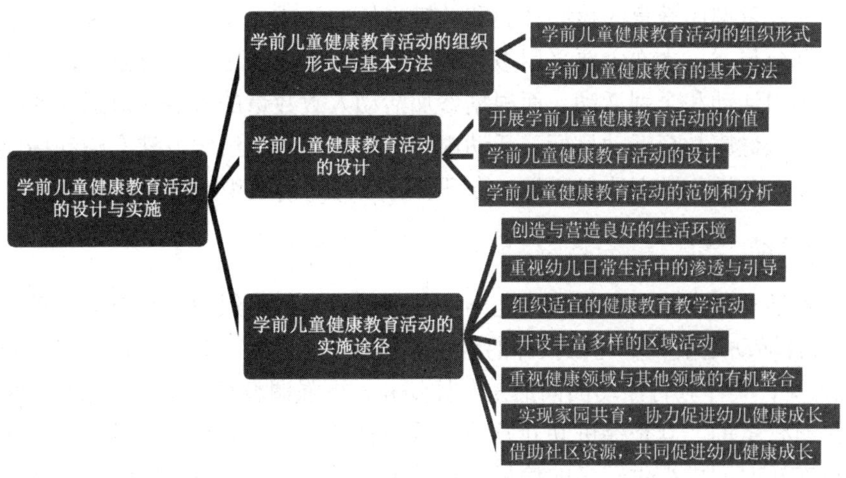

第一节 学前儿童健康教育活动的组织形式与基本方法

典型案例

已经5岁的开开性格活泼开朗，平时总是爷爷奶奶在身边照顾他。开开特别喜欢电路游戏，在这方面他是班里小朋友当中最厉害的，可是小朋友们有什么问题却不喜欢问开开，因为开开总是喜欢把自己的手放在嘴巴里，喜欢用手抠鼻屎，班里小朋友也不喜欢让他碰，而且开开还总说自己肚子疼。班里老师也尝试用过很多方法让开开改掉这个坏毛病，但是开开依然总是把手放在嘴巴里舔来舔去……

思考：对幼儿进行生活与卫生习惯的培养，能够帮助幼儿从小树立自我保健的意识，引导幼儿学习并掌握最基本的生活与卫生知识与技能，促进幼儿逐步养成良好的生活和卫生习惯。案例中开开小朋友缺乏良好的卫生习惯，不但导致自己的肚子总是不舒服，甚至还影响到与同伴交往。作为教师，针对这种情况可以组织哪些健康教育活动来帮助开开小朋友逐渐养成良好的生活卫生习惯呢？

学前儿童的心理是在活动中形成和发展的，学前儿童健康教育的任务和内容，也需要通过活动予以实现。儿童生活中多种形式和多种类的活动均是儿童进行健康教育十分必要的途径和方法。为了提高学前儿童健康教育质量，了解和掌握学前儿童健康教育活动的组织形式和基本方法具有重要的理论价值和现实意义。

一、学前儿童健康教育活动的组织形式

健康教育活动的组织形式比较多样，各种组织形式的目的是通过教师适宜的指导和帮助，促进学前儿童健康教育的核心经验和关键目标的达成。学前儿童健康教育活动的组织形式有多种划分形式，本文主要采用按教育活动参加人数的多少进行划分，具体可以分为集体活动、小组活动和个别活动。而根据参加活动人数数量的多少采取适宜的组织形式，有助于教师结合健康教育活动目标、活动内容、材料准备、组织方法、活动场地等因素进行综合的考量与分析，进而选择科学、合理和有效的活动组织形式。

1. 集体活动

集体教育活动作为重要教育形式之一，与个别教学和小组教学相对应。冯晓霞教授认为：“集体教育活动是全班幼儿在教师的组织和引导下，在同一时间段内学习相同内容的活动。”由此可见，集体教育活动面向的是全体幼儿，更强调教师的组织与指导，时间是限定的，教学是有任务的，其是促进幼儿发展的重要途径。集体教育活动具有高效性、系统性特点，可以在短时间内提供较多的信息，有助于促进健康教育目标的实现，其更多指向帮

助幼儿搭建支架，解决幼儿学习中比较具有共性的问题。

虽然集体教育活动对健康教育具有条理性和连贯性的特点，但是集体教育活动相对于其他组织形式，幼儿主体性的发挥显得相对较弱。其是以教师为主导的、统一要求的全班活动，教师很容易忽视个别幼儿的学习兴趣与学习需要，幼儿自主探究、自主操作和自主体验的机会相对较少，因此，健康教育活动的组织形式需要充分结合幼儿的年龄特点和发展水平以及健康领域的核心经验，教师充分观察幼儿成长与发展过程中的实际需要，进而判断健康教育是否选择集体教育活动的组织形式完成教育目标。

【想一想】

大班幼儿了解一些基本的饮食、营养和自己健康成长之间的关系，陈老师为了更好地帮助幼儿体验进餐的愉悦感受，想要举行一次集体教育活动，请为陈老师想一想怎么设计吧。

请根据健康活动组织方式中的集体活动设计一节集体教育活动，并写出选择使用集体教育活动组织健康教育的理由和依据。

2. 小组活动

20 世纪 70 年代以来，小组合作的学习形式就受到国外学者的广泛关注，其中典型代表是零点方案和瑞吉欧的小组教学。他们高度认可小组活动的组织形式，其可以提高学习质量，尤其可以促进幼儿在共同空间内相互学习。小组活动中，幼儿不仅学会了解决问题的方法，还学会了自主地处理矛盾，促进了幼儿社会性的发展。幼儿在小组合作的情境中，其身心获得了更好的发展，环境适应能力也显著增强，自信心和满足感的体验较多。有研究发现，同伴合作是儿童解决问题过程中的一种重要形式，合作学习利用自然情境促进了儿童在认知领域和学业成绩上的表现。小组活动为幼儿与幼儿之间的合作提供了更多的时间和空间，他们可以围绕一个共同的目标进行思考，协调配合，在活动中会出现协商，对问题解决策略的讨论，在分享自己的观点的同时需要考虑其他幼儿的观点，因此，小组活动是当前学前教育领域普遍认可的组织形式，对幼儿的学习与发展具有积极的推动作用。

小组活动主要有两种：一种是依据幼儿的兴趣进行分组，幼儿自主选择所在的小组，其更多是采用儿童视角下的小组划分方式；另一种是按照幼儿能力分组，即教师通过对幼儿的观察而进行的分组，教师主导性较强，这样做的目的是能够更好地分层教学，帮助不同层次的幼儿在已有经验水平上都有所提升。无论是按照幼儿兴趣进行小组活动，还是根据幼儿能力进行划分，二者都具有以下几个方面的优点。

首先，小组活动更能够体现幼儿学习的自主性。小组活动为幼儿提供了更多学习与探究的时间和空间，幼儿可以根据自己的兴趣和速度开展游戏，他们可以自主决定游戏的方向和游戏的进度。

其次，小组活动为教师因材施教提供了更多的可能。当教师面对三十名左右的幼儿时，主要关注幼儿整体的有序衔接，而小组活动中，教师有更多的时间和精力观察小组中每个幼儿的不同表现，针对每个幼儿的发展水平给予适宜的帮助、支持和指导。

再次，小组活动有助于提升幼儿的社会性发展水平。集体教育活动主要是以师幼互动为主，幼儿与幼儿之间的互动机会和频率不是很高。而小组活动主要以幼儿与幼儿之间的互动为主，幼儿为了更好地融入游戏之中，被同伴所接纳，他们会相互协商、妥协与合作，帮助幼儿掌握一定的社会交往技能，提升幼儿的社会性发展水平。

最后，小组互动有助于提升幼儿的问题解决能力。小组活动中，如搭建房屋，有的幼儿只知道垒高，而有的幼儿则掌握架空的方法，在搭建的过程中，他们会产生房屋究竟该怎么搭的问题，在这个过程中，掌握架空方法的幼儿能够很好地帮助只会垒高的幼儿获得丰富的搭建经验。幼儿与幼儿之间在遇到问题时会采纳彼此的观点，进而调动自主的积极性和主动性尝试解决游戏中所遇到的问题。

【想一想】

中三班的潇潇老师想要开展“多喝白开水好处多”的小组活动，但是让潇潇老师比较头疼的是不知该如何分组。

请你结合活动内容说明究竟该依据什么方法进行分组活动，并阐述选择这个方法的理由。

总之，小组活动是符合幼儿身心发展水平和发展特点的学习方式，然而，小组活动对教师而言却意味着更高的挑战和难度。小组活动中，随着幼儿游戏水平的提高，他们在深度学习的过程中会不断地提出各种问题和遇到各种挑战，需要教师观察幼儿，密切关注幼儿的游戏水平，抓住教育契机帮助幼儿解决游戏中可能遇到的问题和挑战。此外，需要注意的是，按能力分组对幼儿学习的自主性和意愿性的考量较少，虽然其能够更好地促进不同发展水平的幼儿获得更多的经验，但还需要注意的是要在不破坏幼儿自主意愿的前提下选择这种方式，用欣赏的眼光看待每一名幼儿。

3. 个别活动

个别活动鼓励幼儿能够积极主动寻找和获取相关知识经验，重视教师和个别幼儿一起活动和讨论，并对学前儿童进行帮助和指导。由于幼儿与幼儿之间存在显著的个体差异，个别活动能够帮助幼儿获得不同进度的学习，有助于激发幼儿学习的积极性和主动性，使幼儿体验自信心、自豪感等情感。对教师而言，个别学习活动是与幼儿建立良好师幼关系的重要时刻，更能够帮助了解幼儿的已有认知经验和个性特征等。虽然个别活动对幼儿学习与发展而言具有诸多积极作用，但同时也存在效率低的问题。一般来说，个别活动比较适用于个性儿童或者有特殊问题的儿童。

综上所述，学前儿童健康教育活动的组织形式从“教育活动参加人数的多少”的角度进行划分可以分为集体活动、小组活动和个别活动。每一种活动组织形式都有自身的特点和应用范围，且各有利弊。作为教师，应该充分结合幼儿的发展水平和发展特点，综合考量教育活动的目标、内容和方法，有机地将各种活动组织形式进行整合。在幼儿园的一日生活之中，需要几种组织形式的综合运用才能真正发挥教师对幼儿成长与发展的帮助、支持和引导的作用。

二、学前儿童健康教育活动的基本方法

学前儿童健康教育的方法既包括教师或成人教的方法，也包括儿童学的方法。由于各个领域的性质不同，而健康领域具有本身的学科特性，因此，儿童健康教育具备自身独特的方法，在这里只介绍儿童健康教育活动中最常见的基本方法，这些方法不仅能够帮助儿童获得健康教育的知识，更能够有效促进幼儿健康态度的转变和健康能力的提升。

1．操作法

幼儿正处于身体和心理发展的最初阶段和重要时期，维护和促进幼儿健康是幼儿园、家庭乃至全社会的重要责任。健康教育的知识本身与幼儿的生活息息相关，教师只有选择有效的教学方法才能获得良好的教育效果。儿童的健康教育的知识、健康教育态度的转变和健康教育能力的提升都需要从客观事物本身来获得，并且在改变客观事物本身的动作中获得，因此，在健康教育活动中必须强调让幼儿亲手操作材料，在实际的操作中探索和学习，获得关于健康教育的感性和理性经验。幼儿只有在操作材料的过程中才能获得直接的经验，这些经验是儿童接受早期的健康教育所必须具有的，因此，操作法是儿童学习健康知识的基本方法。

（1）健康教育的操作活动和操作法。在健康教育中需要给幼儿提供丰富的实物材料，创设一定的游戏环境，引导他们按照要求和程序，借助自身的实践进行学习的活动称为操作活动。操作法帮助学前儿童通过亲身体验和操作直观的材料，在感知、体验和操作的过程中获得健康经验、知识、态度和能力等。在健康教育领域，尤其是动作发展的子领域，幼儿平衡能力、力量、耐力和动作灵活性等方面均需要幼儿在真实的操作中获得，例如：走平衡木有助于发展幼儿平衡能力；夹豆子有助于发展幼儿手部动作的灵活性；拍篮球有助于培养幼儿的手眼协调能力；等等。

（2）操作活动与儿童发展之间的关系。我们知道学前儿童处于前运算阶段，他们思维的逻辑建立在对客体的具体操作的基础之上。现代心理学认为：只让幼儿用眼睛看或者用语言去表达都不能帮助幼儿解决知识内化的问题。幼儿依靠知觉行动思考，需要操作和感知真实的物体，经过反复的摆弄和探索，才能把外部动作具体内化到认知体系之中。例如，幼儿需要反复练习系鞋带，才能真正学会这项基本的生活能力。

【想一想】

健康教育的哪些内容适合使用操作法？

（3）运用操作法需要注意的问题。首先，需要明确操作目的。教师选择使用操作法可以帮助幼儿更好地内化经验，在运用操作法时可以让幼儿在操作的过程中通过体验发现所遇到的问题，例如，幼儿穿衣服的活动中，幼儿在反复穿的过程中会发现衣服的前面和后面，先穿上一只胳膊，再穿上另一只胳膊；其次，要为幼儿创造操作的条件，教师要为幼儿的操作活动创造合适的环境，提供必要的条件，给幼儿提供充足的操作时间和机会，避免家长包办代替；最后，注重对幼儿操作的指导和评价。作为教师和家长应鼓励幼儿积极探索和尝试，如自己刷牙、穿衣服。此外，教师还需要结合不同水平的幼儿予以有针对性的指导，如：有的幼儿还不会穿衣服，教师需要重点关注这部分幼儿；有的幼儿不会系鞋带，教师需要专门指导这部分幼儿学习系鞋带。

总之，操作法不是幼儿获得健康领域经验唯一的方法，其优势是能够帮助幼儿更好地内化经验，需要与其他方法有机结合、相互配合才能显现其独特的作用和价值。因此，学前儿童健康教育不仅强调使用操作法，更重要的是考虑要与其他方法的有效结合，帮助幼儿获得健康知识、转变健康态度和提高健康能力。

2．游戏法

幼儿天性喜欢玩，游戏是幼儿学习与发展的重要方式之一。学前儿童处于具体形象思维阶段，借助游戏的方法能够帮助幼儿更好地获得相关经验。学前儿童健康教育中的游戏大多是有规则的游戏，在教学过程中用以完成一定的教学任务。健康领域学习与发展目标、“动作发展”目标中，需要专门性的动作和规则，教师可以将要求幼儿掌握的初步的动作技能渗透到具体的游戏规则之中。

（1）健康教育活动游戏法的种类。学前儿童健康教育活动游戏法主要可以分为 4 种：首先，操作性健康游戏。操作性健康游戏能让幼儿清楚游戏规则，是通过操作玩具或实物材料，进而获得健康知识的一种游戏，如小班生活自理游戏“给娃娃洗洗脸”中，幼儿根据具体的操作要求，尝试给小娃娃洗脸。在洗脸操作的过程中掌握正确洗脸的方法和技巧。其次，情节性健康游戏。情节性健康游戏主要是具有一定的游戏情节、内容和角色，通过游戏情节帮助幼儿获得健康教育的相关知识，如“小医院”角色扮演中，通过“小熊拔牙”的故事情节帮助幼儿了解保护牙齿的重要性，知道究竟该如何保护牙齿。再次，竞赛性健康游戏。竞赛性健康游戏主要适用于中大班幼儿，这个阶段的幼儿认知发展水平和动手操作能力显著增强，具有一定的好胜心理，借助这种游戏方式，不仅能够帮助幼儿巩固健康教育的知识和经验，更重要的是激发幼儿保护自己的意愿。最后，运用各种感官的健康游戏。运用各种感官的健康游戏能让幼儿通过不同的感官学习健康知识，借助听、摸、看、闻等多种感官获得相关经验，例如，中班健康教育活动《摸蔬菜》，教师可以将蔬菜放入摸箱中，营造神秘的氛围，请幼儿将手伸进去摸一摸，幼儿猜后，将蔬菜取出看看自己猜得对不对。

学前游戏论[①]

游戏不仅应儿童身心发展的需要而产生，而且游戏也促进了儿童的身体、智力、社会性和情感等各个方面的发展，实现着它重要的发展价值。

① 游戏在学前儿童身体发展中的作用。游戏可以促进儿童身体的生长发育；游戏活动发展了儿童的基本动作和基本技能；在户外进行游戏可以使儿童接触充足的阳光、新鲜的

① 丁海东．学前游戏论[M]．济南：山东人民出版社，2001．

空气，增强儿童对外界环境的适应能力，有益于儿童的身体健康；游戏给儿童带来愉悦和满足，以及轻松、愉悦的心情，又保证了儿童的身体健康。

② 游戏在学前儿童智力发展中的作用。游戏拓展和加深儿童对周围事物的认识，增长儿童的知识；游戏促进儿童语言的发展；游戏促进儿童想象力的发展；游戏促进儿童思维能力的发展；游戏提供了儿童智力活动轻松愉悦的心理氛围。

③ 游戏在学前儿童社会性发展中的作用。游戏提供了儿童社会交往的机会，发展了儿童社会交往的能力；游戏有助于儿童克服自我中心化，学会理解他人；游戏有助于通过社会角色的学习，增强社会角色扮演的能力；游戏有助于儿童行为规范的掌握，形成良好的道德品质；游戏有助于儿童自制力的增强，锻炼儿童的意志。

④ 游戏在学前儿童情感发展中的作用。游戏中的角色扮演丰富了儿童积极的情绪情感体验；游戏中的自由自主可以发展儿童的成就感和自信心；游戏中的审美活动可以发展儿童的美感；游戏中的情绪宣泄有助于儿童消除消极的情绪情感。

（2）运用游戏法应遵循的原则。学前儿童健康教育活动游戏法的使用应遵循以下几点原则：第一，联系生活实际的原则。儿童的学习成果均从生活实践中获得，儿童的健康领域的学习不是一个被动的接受过程，而应是一个积极主动的过程，而健康领域涉及生活的诸多方面：安全、生活保健、运动技能等，需要在生活中去感受，唤起幼儿的相关经验。第二，符合个体差异的原则。个体差异是指个体在认识、态度、情感和意识等心理活动过程中所表现出来的相对稳定而又不同于他人的心理和生理特点。由于幼儿所处的家庭环境和社会环境存在较大差异，幼儿智力水平和思维水平也不尽相同，因此，在游戏中开展健康教育需要符合儿童的个体差异性原则，仔细观察和了解不同幼儿在健康教育经验获得的过程中所呈现的不同的表现，并针对不同的表现给予适宜的指导和帮助。第三，坚持儿童主体性和教师主导性相结合的原则。20 世纪初始，儿童主导和教师主导以及儿童主体和教师主体之间的关系成为教育界普遍关注的重要议题。在不断地思辨和探讨的过程中，肯定了儿童是学习的主体，其主体性主要体现在他们是学习过程的主人；教师则是教学的主导，教师的主导作用在于帮助幼儿建构科学、适宜和合理的知识经验。在师幼互动的教育活动中，教师的主导性和幼儿的主体性二者可并存。在游戏中，教师要为幼儿搭建充足的游戏时间和游戏机会，让幼儿在游戏的过程中主动发现问题、提出问题和解决问题。而教师则应在幼儿游戏的过程中，注重对幼儿的观察和引导，注重培养幼儿乐于探究的谨慎态度，敢于尝试、乐于尝试的主动学习态度。

（3）运用游戏法需要注意的问题。首先，教师需要结合健康领域的核心经验判断“究竟有哪些内容适合提供给幼儿健康教育”“究竟什么样的内容适合采用游戏法开展健康教育”。每一个健康教育的内容都有其自身的独特性，在选择游戏时，需要先看看什么样的健康教育内容适合，然后再选择与之相适应的游戏活动。其次，尊重幼儿的发展水平和兴趣需要。选择难度适宜并且符合幼儿发展需要的教育内容来融入游戏，帮助幼儿建立对周围事物的好奇心，帮助幼儿获得满足感和成就感，培养幼儿健康生活的态度。

3. 讨论法

讨论法是指引导儿童有目的、探讨性地主动学习的一种方法，是学前教育活动中广泛使用的方法之一。结合《指南》中健康领域学习与发展目标，学前儿童健康教育需要通过讨论法帮助幼儿建构健康教育的知识经验和能力提升等。讨论法既可以是教师和儿童之间的讨论，也可以是儿童与儿童之间的讨论，目的是通过相互交流、相互启发和共同探究的过程，帮助幼儿梳理、分析和归纳健康领域中的核心经验。

（1）讨论法的分类。从讨论的时机来看，具体可以分为有计划的讨论和随机性的讨论。有计划的讨论是指教师针对某一问题有目的、有计划地组织儿童开展讨论，一般在操作以后进行，可以引导儿童对健康的各种体验进行整理，帮助儿童对某一问题进行分析和归纳。有计划的讨论则是在操作前或者操作后进行，操作前讨论的目的是帮助幼儿了解操作内容、游戏方法等，操作后讨论的目的是帮助幼儿梳理他们在操作过程中的感性经验。随机性讨论是指根据教学的进展情况和儿童的反馈随时开展讨论，这种讨论针对性强，有利于帮助儿童解决学习过程中的障碍，如“独自在家怎么办”，幼儿讨论可以关好门窗，有人敲门可以问问是谁，有的幼儿提出如果陌生人不肯离去怎么办，教师可以借助幼儿的问题激发幼儿进一步讨论，这种方法在一定程度上激发了幼儿的思维。从讨论的功能来看，具体可以分为辨别性讨论、修正性讨论、交流性讨论和归纳性讨论，其中：辨别性讨论主要通过两种及两种以上的内容进行比较，引导幼儿充分地观察和辨别，例如大班安全教育活动《什么东西不能吃》，通过引导幼儿观察和分析每种食物的差异，对比分析出什么东西能吃，什么东西不能吃；修正性讨论主要通过讨论帮助幼儿发现操作中存在的错误，如有的幼儿认为多吃水果一定对身体好，通过讨论帮助幼儿发现每个人每天吃水果的数量应该是有限的；交流性讨论目的是通过讨论帮助幼儿丰富认知经验，幼儿之间的经验分享有助于进一步拓展和丰富幼儿原有的认知经验；归纳性讨论的目的是帮助幼儿归纳操作中的体验。

（2）运用讨论法应注意的问题。首先，要以操作体验为基础，儿童在开展讨论前需要具备一定的知识经验，讨论往往是伴随着幼儿操作而展开的，帮助幼儿梳理感性的知识经验，积累更多的关于健康教育的其他经验。其次，要重视讨论的过程。幼儿能够围绕“合理膳食”“交通安全”“我有坏情绪”等问题进行讨论，作为教师要重视谈论的过程，积极鼓励幼儿参与谈论，倾听幼儿内心的真实感受，引导幼儿发表自己的见解。最后，重视个体差异，做到因材施教。由于幼儿的家庭和社会环境相差较大，儿童的认知发展水平和综合能力也存在较大差异，因此，教师应该从相对简单的问题开始讨论，给幼儿自由表达自己观点的空间和时间，为幼儿营造愉悦、安全和舒适的心理氛围，帮助幼儿克服自卑感和紧张感等情绪。

4. 启发探索法

启发探索法是指教师在教育教学过程中，依靠儿童已有的健康领域的知识和经验，启发幼儿去探究并获得新的知识。启发探究法是学前儿童健康教育活动中十分必要的方法之一。

启发探索法最大的特点就是激发幼儿的兴趣，最大限度地调动他们学习的主动性和积极性，激发幼儿积极的思考，独立地探索并获取新的知识。此方法是教师借助启发式的提问激发幼儿健康教育的活动。具体提问的方式可以是正面的，也可以是反面的；可以是开放式的，也可以是封闭式的，例如，中班安全活动《乐乐乘车》中，乐乐和妈妈一起坐公共汽车去外婆家，乐乐想吃零食了，就从小背包里拿出饼干和饮料，乐乐喝果汁时，汽车突然刹车。教师借助这方面的案例引导幼儿知道乘车时的注意事项，能够安全乘车。

启发探索法适用于各个年龄段，具体可以贯穿在教学的全过程之中。这种方法的关键在于教师的提问，关键性提问能够引领幼儿积极思考，引导探索的方向。教师提出问题后，应鼓励幼儿积极努力地思考，让幼儿之间能够针对这个问题进行讨论，例如，《乐乐乘车》中，教师提出问题：为什么乐乐会把果汁呛到气管里？什么样的方法能够防止果汁呛到气管中？这样关键性的提问能够激发幼儿积极思考，激发幼儿对安全的争论和讨论有助于促进幼儿的深度学习。

启示探索法的运用不仅需要面对全体幼儿，也需要关注幼儿之间的个体差异。儿童对问题的探索能力存在较大差异，教师应该多帮助发展水平较低和有困难的幼儿。面对幼儿的自主发言的结论，不应用判断正确与否的唯一标准进行评价，更应该鼓励那些积极思考和主动探索的幼儿。

5. 讲解演示法

讲解演示法是教师通过向儿童展示直观教具并配合以口头讲解，把抽象的问题通过直观的方式帮助幼儿理解和掌握，例如，大班身体器官《肺》这节健康教育活动，幼儿很难通过游戏或者操作法获得关于肺呼吸的相关经验，教师可以借助模拟肺部的气球、塑料瓶、吸管等科学实验材料帮助幼儿理解肺呼吸的特点。幼儿园的安全消防演练中，幼儿园会聘请消防员走进幼儿园，给幼儿展示消防员快速赶到救灾现场以及如何运用消防栓进行安全灭火，因此，学前儿童健康教育具有自身的特殊性，不是所有的教育内容都能够通过游戏或操作来完成的，需要讲解演示法帮助幼儿理解一些抽象的、隐蔽的教育内容。

讲解演示法必须注意以下几点问题：第一，突出重点，讲解演示一定要紧紧围绕健康教育的目标而展开，切不可喧宾夺主，导致其他细节分散幼儿的注意力；第二，讲解时的用语要生动形象、通俗易懂。

6. 发现法

发现法是在教育教学过程中，教师引导幼儿依靠已有的健康知识和经验去发现和探索并进一步获得关于健康领域核心经验的一种方法。与传授法相比，发现法更强调幼儿的主体性，肯定了幼儿的学习方式是主动、探究和合作。在发现法教学中，幼儿能够表现出更为专注、正直、乐观等积极的学习品质。

发现法使用需要注意的问题：首先，应注意对幼儿兴趣的激发。教学内容源于幼儿真实生活需要，如知道多喝白开水对身体好、通过观察大便发现身体的健康状况、膳食合理身体好、上下楼梯我做到、交通规则我知道等，这些生活中所涉及的安全与健康知识能够激发幼儿的兴趣点。其次，多为幼儿创造宽松、愉悦和舒适的氛围，鼓励幼儿积极主动发现，在自主发现和操作的过程中敢于面对失败的经历，教师要有足够的耐心让幼儿去尝试，多鼓励幼儿去探究。

第二节　学前儿童健康教育活动的设计

典型案例

毛毛是个活泼可爱的孩子，可是最近，毛毛总是喊着肚子疼，有时甚至疼得汗水直流。妈妈带毛毛去医院检查，医生说是因为肚子里有了蛔虫，原来毛毛吃东西前和上完厕所后总是不洗手，这回可算是找到毛毛肚子疼的原因了。毛毛妈妈特地叮嘱老师一定要帮助毛毛勤洗手，可是老师想总不能一直盯着毛毛，怎样才能让毛毛自觉地洗手呢？

学前儿童健康教育是教师为促进幼儿健康成长与发展而开展的一项创造性工作，其是教师有目的、有计划地组织和实施的教育教学活动。教师对学前儿童身心发展特点和规律、对健康教育的目标、师幼互动的方式等诸多因素的分析和把握决定学前儿童健康教育活动设计的质量和效果。学前儿童健康教育活动的设计是指能够借助集体教学进行专门性的幼儿健康教育，虽然健康教育活动的设计不是幼儿健康教育的主要途径，但是却有着重要的教育价值，那么，究竟该如何设计学前儿童健康教育活动呢？本小节分别从开展学前儿童健康教育活动的价值、学前儿童健康教育活动的设计、学前儿童健康教育活动范例和分析三个维度来阐述，旨在帮助学习者厘清教育价值、掌握设计原则，将理论和实践有效结合，提升学前儿童健康教育活动的设计水平。

一、开展学前儿童健康教育活动的价值

《指南》分别从身心状况、动作发展及生活习惯和生活能力三个维度规定了幼儿健康教育的目标。身心状况的目标其实就是健康的目标，即身体、心理和社会适应处于良好状态。身体、心理和社会适应的标准很多，《指南》中结合每个子维度的关键经验罗列出最重要且最具有代表性的目标，分别是具有健康的体态、情绪安定愉快、具有一定的社会适应能力。体态是站、行、坐、走、卧的姿态和身体外部可见的形态，良好的体态是身体健康的标志。情绪安定愉快是心理健康最重要的目标；心理问题和个性问题往往源自经常发生的负面情绪，所以，保持安定愉快的情绪不仅是幼儿心理健康的表现，也是心理保健的关键。适应能力不仅指社会适应，还包括气候适应及饮食、交通工具等身体适应。学前儿童健康教育活动有助于将视线转向儿童，从儿童的视角出发，遵循幼儿学习与发展的基本规律和特点，关注幼儿发展的个体差异。此外，学前儿童健康教育不仅有助于提高幼儿的身体素质和身体技能，还有助于幼儿养成良好的生活习惯和积极向上的生活态度。

1．促进幼儿身心健康成长是为其他领域的学习与发展提供必要条件

《指南》指出：“幼儿阶段是儿童身体发展和机能发展极为迅速的时期，也是形成安全感和乐观态度的重要阶段。”幼儿阶段是生长发展的基础阶段，其身体和心理发展基础相对

比较薄弱，身心发育和发展还不够成熟，对环境的适应能力也比较弱；此外，幼儿是儿童发育和心理发展的重要时期，维护和促进幼儿的身心健康成长具有重要的现实意义和价值，应将其视为教育的第一位。《指南》还指出："发育良好的身体、愉快的情绪、强健的体质、协调的动作、良好的生活习惯和基本的生活能力是幼儿身心健康的标志，也是其他领域学习与发展的基础。"由此可见，促进幼儿身心健康成长是为其他领域的学习与发展提供必要的基础条件。

2. 健康教育活动设计是维护和促进幼儿健康的重要途径

由于幼儿的身心发育和发展尚不成熟，对环境的适应能力比较薄弱，成人对幼儿的身心健康发展担负着重要的责任和义务，然而，成人不仅需要保护幼儿的身体健康和安全，更需要对幼儿的身体健康、心理健康、适应能力和动作发展等方面给予培养和锻炼。对幼儿进行健康教育，需要向幼儿传递基本的健康知识，帮助幼儿养成良好的行为习惯，提高幼儿的生活自理能力，转变幼儿健康生活的态度，提升幼儿的健康素养，等等，而学前儿童健康教育活动设计是帮助幼儿身心健康成长与发展的重要方法。

二、学前儿童健康教育活动的设计

幼儿健康教育的目标主要有以下几点：身体健康，在集体生活中情绪安定、愉快；生活、卫生习惯良好，有基本的生活自理能力；知道必要的安全保健常识，学会保护自己；喜欢参加体育活动，动作协调、灵活。学前儿童健康教育的实施需要：创设适宜的生活环境，提供多种多样的学习材料以激发幼儿的活动兴趣；组织多种多样的实践活动促进其健康发展；利用生活情境和问题引导幼儿学习和思考；引导幼儿用语言表达和归纳自己所获得的经验。上述内容的实现需要健康教育活动、非正规的健康教育活动、主体健康教育活动、日常生活和区域游戏活动等多种方式的实现，虽然组织方式和教育目标存在差异，但是教育内容之间可以相互延伸、交叉和拓展。

1. 正规的健康教育活动的设计

正规的健康活动是教师有目的、有计划地组织全体学前儿童，通过感知体验、动手操作获得健康知识、转变健康态度、提升健康素养的一项专门活动。其不是偶发和随机的，是经过教师缜密计划的活动；教育形式一般采用集体或小组活动相结合的方式，是学前儿童健康教育的主要活动形式。

（1）正规健康教育活动设计的原则。正规健康教育活动设计的原则应包括以下几点：首先，发展性原则。教师在设计教育活动时始终以促进幼儿身心健康发展为基本原则，教师需要充分考虑幼儿的身心发展特点和发展规律，教师还需要考虑目标的制订、内容的选择和材料的投放等是否能够促进幼儿发展。其次，主体性原则。幼儿应成为学前儿童健康教育活动的主体，为幼儿创设丰富的环境和材料，让幼儿能够充分地感知、体验、操作、分享和反思。再次，科学性原则。健康教育活动需要传递健康知识、转变生活习惯和提升自理能力等，在内容上需要保障其科学性，否则会影响幼儿行为习惯的养成和健康素养的提升。最后，系统性原则。教师应遵循健康教育本身的逻辑系统性原则，内容的安排不可过多和不可过难，应结合幼儿的身心发展特点和规律循序渐进。

（2）正规健康教育活动的设计要素。正规的健康教育活动设计一般包括以下几点要素：活动名称、活动目标、活动准备、活动过程、活动延伸等，每一项内容的设计都需要教师结合幼儿的身心发展特点和规律予以充分的思考。活动名称是指健康教育活动的名称，如“尝一尝、真香”“怎样吃饭更健康”。在健康教育活动中大多根据活动内容来界定名称，能够从名称上清晰了解活动的具体内容是什么。活动目标是指健康教育活动所要达到的具体的教育效果，目标的设计主要包括三要素：认知方面的学习、操作技能的学习、情感与态度的学习，例如《好朋友，陪我走》（中班）的活动目标分别是：初步学会与自己不同性格和爱好的小朋友交朋友，知道好朋友在生活中的重要角色；与其他小朋友之间发生小矛盾时，自己能够初步使用一些简单的方法，如彼此进行沟通等处理小矛盾；喜欢与自己性格爱好不同的小朋友做朋友，并且愿意与自己的好朋友分享快乐，深入体验与好朋友相处的快乐。从上述目标来看，目标中都列出了健康知识的学习、认知能力的培养和情感态度的提升。当前，目标表述主要有两种方式，分别是教师作为行为主体和幼儿作为行为主体，为了更清晰地呈现教育活动幼儿所带来的变化，一般以幼儿的行为变化来表述目标。活动准备一般包括幼儿前期经验的准备和物质材料的准备。幼儿前期经验的准备主要是分析和了解幼儿对于该目标已经掌握了哪些知识和技能，教师需要在幼儿已有水平的基础上，设定适宜的发展目标，即明确“最近发展区”，帮助幼儿建构新的知识和经验；而物质材料的准备主要是通过提供的图片、音乐、操作材料等帮助幼儿获得目标中的相关经验，是为了辅助幼儿更好地学习。无论是幼儿经验准备还是物质材料的准备均需要教师思考：所选的经验是否是健康教育的内容？所选的经验是否是幼儿所需要的？所选的经验是否便于幼儿理解？等等。活动过程主要分为活动开始部分、活动基本部分和活动结束部分。活动开始向幼儿介绍活动的内容和要求，往往会抛出问题或引导幼儿观察材料，激发幼儿的参与兴趣；活动基本部分则是通过层层递进的环节帮助幼儿树立和建构相关经验，主要采用集体活动、小组活动或者集体与小组相结合的形式开展；结束部分则是帮助幼儿回顾和梳理，并对幼儿在学习过程中的积极表现予以肯定和鼓励。教师在组织教育教学活动时需要注意以下几点问题：第一，教师应创设问题情境，激发幼儿的学习兴趣，例如，让幼儿感知不同的蔬菜和水果，可以采用“摸箱”活动中摸一摸、猜一猜的形式激发幼儿的好奇心和想象力；第二，在活动过程中给予幼儿充分的实践和空间，鼓励幼儿自主尝试发现和解决问题，教师则观察幼儿，在幼儿学习的过程中给以关键性的指导；第三，幼儿在活动中所获得经验需要教师帮助幼儿进行归纳、整理，幼儿个体的经验相对都是零散的，教师帮助幼儿梳理相关的健康知识、养成健康行为习惯都具有积极的推动作用。活动延伸，活动延伸的价值往往被教师所忽略，其是幼儿健康经验得以巩固和强化的阶段，例如《给小鲨鱼刷牙》，在幼儿了解刷牙的重要性和掌握正确刷牙步骤的基础上，活动延伸可帮助幼儿用正确的刷牙方法给自己刷牙，整合刷牙的相关经验。

2．主题活动中健康教育活动的设计

课程的整合是当前幼儿园课程改革的重要发展方向和发展趋势，主题活动是指在一段时间内围绕一个中心内容（即主题）来组织教育、教学活动。主题一般是来源于生活，围

绕生活中相关的现象、事物和故事等形成的系列主题而设计的教育教学活动。正是由于主题来源于生活，因而反映的是一个整体的、具体的世界，一个鲜活的现实世界。每一个主题不仅包含着多个领域的内容，还能让儿童对事物获得一个较为全面、较为生活化的印象。健康教育所涉及的内容是与幼儿生活息息相关的，因此，主题性的活动对幼儿健康教育发展具有重要意义和价值。

主题活动中，主题来源之一是以领域为分界线，即主题是以一定的领域为基础来设计的，例如“牙齿”“水果”“天气”等，在主题的设计和实施的过程中，又不限于某一领域，往往会将多个领域的内容整合其中。首先，全面分析和搜集关于健康教育活动的学习内容。主题活动在教学内容上往往更倾向于社会和语言领域，健康领域相对较少。很多老师甚至很困惑“健康教育的主题往往是穿插在其他的领域之中，单独开展有些生硬”。其实不然，健康教育中的诸多内容要素都可以成为主题健康教育活动，而与健康教育的相关内容也可以与诸多领域相互整合与渗透。例如大班主题活动“有用的交通工具”，其中不仅涉及不同种类交通工具的特点和使用方式，其中还包括不同的交通标识和交通规则，等等，例如小班“香香的蔬菜”、中班“有用的水”和大班“牙齿咔咔咔”等主题活动，在健康教育活动中不仅涉及了大量的健康教育内容，还蕴含了大量的数学、科学、社会和语言等领域的内容。其次，在主题活动中对健康教育活动的设计。教师在分析不同主题活动的过程中，还需要充分了解幼儿的发展特点和发展水平，结合幼儿已有的相关经验和兴趣点，以此为基础设计相关的健康教育互动，例如《我有一双小小手》主题活动中，就可以设计以下的教育活动：在卫生习惯的培养上，让幼儿饭前便后要洗手，并且遵守六步洗手法；在安全习惯养成上，让幼儿知道不触摸任何电源插口和电线；等等。

【想一想】

“汽车嘀嘀嘀”“我的身体”“好玩的纸”等主题活动中可以设计哪些健康教育活动？

3. 健康教育游戏活动的设计

当前，健康教育游戏活动的设计存在一些教学问题：教学目标单一，忽略幼儿的已有经验；游戏性不强，幼儿的学习兴趣不浓；教师语言不严谨，导致健康教育内容存在误区；健康游戏活动设计不合理，忽视评价的教育作用；等等。这些问题的存在都在一定程度上影响着健康教育活动的设计与实施，进而影响幼儿健康经验的获得与建构。在调研中发现，很多教师认为健康教育最难的就是游戏设计，认为游戏设计功能性不强，然而，游戏作为幼儿学习的主要方式，对幼儿健康知识的获得、习惯的培养和态度的转变都具有积极的推动作用和价值。

学前儿童健康游戏设计的一般步骤。首先，分析任务和确定目标。健康教育的目标是帮助幼儿获得健康知识，培养幼儿良好的生活习惯和自理能力，提高幼儿运动能力和身体素养，等等，这些都是健康教育游戏活动的关键目标和设计依据。其次，确定游戏形式。根据不同的任务要求可以设计不同形式的游戏。设计健康游戏也应该与其他类型的游戏设计一样，如个人游戏、小组游戏，注重同伴之间的交往和合作，为幼儿自主探索和探究提供更多的时间和机会；引入提升幼儿兴趣的元素，健康教育活动如果缺少一定的游戏元素很容易变成说教的形式，对幼儿兴趣的激发作用相对比较弱，因此，需要加入一些卡通人物、动画和材料等要素来提升幼儿学习的积极性和主动性，因此，健康教育活动的游戏化设计要符合幼儿的身心发展规律，符合幼儿的学习方式，是学前儿童健康教育实施的重要途径。

4. 日常生活中健康教育活动的设计

学前儿童日常生活是指幼儿从入园到离园的时间范围内所进行的各种活动，对幼儿发展具有重要的影响。幼儿一天的生活中涉及大量的关于健康教育的内容，而且这些是反复出现和发生的，因此，对幼儿会形成潜移默化和日积月累的影响。

（1）家庭生活中的健康教育。家庭是幼儿生活的第一场所，是幼儿学习的第一环境，充分利用家庭环境的育人功能，有助于帮助幼儿养成良好的生活习惯。生活中的健康教育往往是潜移默化的，这些教育内容大多是自然而然地发生的，如饭前便后要洗手，不浪费粮食，多吃蔬菜和水果，保持正确的坐姿，等等，这些都是幼儿生活中每时每刻都在发生的，如果家庭中忽视这些健康教育内容，对幼儿良好生活习惯和安全自护能力的发展均会产生不利影响。

（2）幼儿园生活中的健康教育。家庭环境并不能完全满足幼儿成长与发展的需要，幼儿园环境作为一个重要的环境系统对幼儿健康教育的学习起到关键作用。首先，合理安排幼儿的学习。幼儿园与家庭教育有明显的不同，家庭教育只是针对个别幼儿，且教育方法存在诸多差异，而幼儿园的健康教育需要充分考虑幼儿的年龄特点和发展水平，不然教育很容易出现诸多问题。其次，系统地安排幼儿的学习。健康教育的学习虽然具有很强的生活性，但是本身也具备自身的内在逻辑性和系统性。家庭的健康教育大多是零散的、不成系统的，而幼儿园的健康教育则会根据《指南》和健康领域关键经验等发展目标和发展内容有针对性地开展专门性的设计与实施。

由此可见，无论是家庭还是幼儿园都应珍视学前儿童健康教育关键内容和发展目标，重视日常生活中健康教育的渗透，促进幼儿健康知识的获得和态度的转变等。

5. 区域健康教育活动设计

区域健康教育活动是指教师根据教育目标和学前儿童发展水平有目的地创设活动环境，投放活动材料，让儿童按照自己的意愿和能力，以操作摆弄为主的方式进行个别化的学习活动。《幼儿园工作规程》中指出：“提供丰富的可操作性的材料，让每个幼儿都能运用多种感观、多种方式进行探索提供活动的条件。”对幼儿来说，区域游戏能够为幼儿提供更多的探索机会和可能。

区域环境的创设应充分考虑幼儿的年龄特点和身心发展水平，有计划、有目的地创设环境：静态环境主要是为幼儿提供的“看”的环境，如健康小故事、手指操、护眼操等。要求让每一面墙都能“说话”，可以适时地增加关于健康教育的内容，营造一种健康教育的文

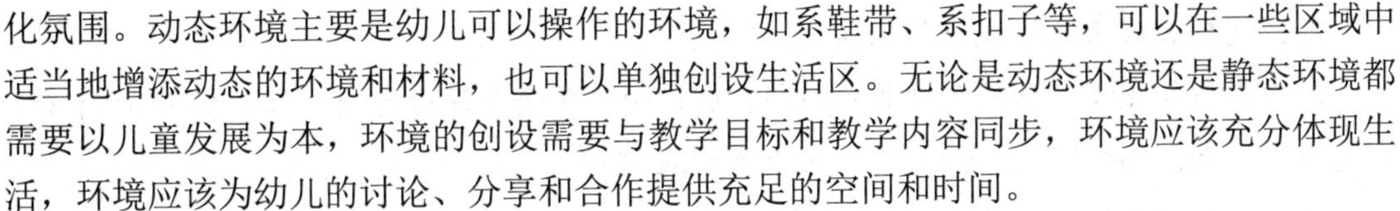

化氛围。动态环境主要是幼儿可以操作的环境，如系鞋带、系扣子等，可以在一些区域中适当地增添动态的环境和材料，也可以单独创设生活区。无论是动态环境还是静态环境都需要以儿童发展为本，环境的创设需要与教学目标和教学内容同步，环境应该充分体现生活，环境应该为幼儿的讨论、分享和合作提供充足的空间和时间。

三、学前儿童健康教育活动的范例和分析

【案例】

睡觉觉教学活动设计（小班）

一、活动目标

（1）喜欢并掌握“啪嗒啪嗒啪嗒，××来了，嘟，钻进了被窝。哇，床上真舒服啊！”的句型。

（2）在教师的帮助下，能够运用上述句型进行简单的表演和讲故事。

（3）体验大家一起睡觉的温馨感觉。

二、活动重点与难点

重点：喜欢并掌握“啪嗒啪嗒啪嗒，××来了，嘟，钻进了被窝。哇，床上真舒服啊！”的句型。

难点：能够运用“啪嗒啪嗒啪嗒，××来了，嘟，钻进了被窝。哇，床上真舒服啊！”的句型进行简单的表演和讲故事。

三、活动准备

背景图一张，背景图上有星星、月亮、大树和温馨的家；活动垫子若干；小娃娃、小猪、小羊、小白兔、小花猫等动物的图片和头饰

四、活动过程（呈现与教学视频相一致的、详细的教学活动过程）

1．导入

师：天黑了，晚上静悄悄的，月亮出来了，好困哦！该干什么了？

师：猜猜这张大床上有谁要睡觉啊？有什么感觉啊？

引导幼儿讨论。

2．呈现

讨论之后，教师轻声、安静、清晰地讲故事《睡觉觉》。

教师一边讲故事一边出示动物图片，帮助幼儿理解故事。例如一边出示小娃娃，一边讲述：啪嗒啪嗒啪嗒，谁来了？小娃娃钻进哪里了？哇，睡在床上真舒服呀！

师：还会有谁来呢？我说你们猜。

教师用语言或者动作提示动物的特征，引导幼儿感受并说出句型“啪嗒啪嗒啪嗒，（小白兔来了）嘟，（钻进了被窝）。哇，床上真舒服啊！”

最后，教师总结。

师：小娃娃、小猪、小羊、小白兔睡在一张大床上，盖着一个大被子，大家睡在一起真舒服啊！

3．操作

师：这是一个关于睡觉觉的故事啊！我们一起来说一说都有谁来睡觉觉啦？

教师与幼儿先共同看图说故事，让幼儿进一步感知并熟悉故事，然后，自己说半句，将句型的主语让幼儿补上，并请一些幼儿把动物图片贴到大床上。

4．巩固

师：你们想不想自己扮演动物来睡觉觉啊？

幼儿自愿举手，教师每次选择若干幼儿，让幼儿选择自己喜欢的动物图片进行故事表演，一个个睡到垫子上。其他幼儿与教师一起用轻柔的语气讲述睡觉觉的故事，强调“啪嗒啪嗒啪嗒，××来了，嘟，钻进了被窝。哇，床上真舒服啊”的句型。重复几遍后让幼儿想出新的动物，并编进故事。

5．结束

师：小朋友们都很爱动脑筋，把小牛（或小狗、小猪、小猫）也编进了故事，它们一定很开心！

师：你们还想请什么动物来睡觉觉啊？老师把这幅图放在这里，你们有空的时候可以自己去邀请喜欢的小动物，并说说它睡觉觉的故事，好吗？

附

故事《睡觉觉》

晚上，天都黑了，星星出来了，月亮也出来了，舒服的大床上一个人也没有。

啪嗒嗒啪嗒，小娃娃来了，嘟，钻进了被窝。哇，床上真舒服啊！

啪嗒啪嗒啪嗒，小猪来了，嘟，钻进了被窝。哇，床上真舒服啊！

啪啪嗒啪嗒，小羊来了，嘟，钻进了被窝。哇，床上真舒服啊！

啪啪嗒啪嗒，小白兔来了，嘟，钻进了被窝。哇，床上真舒服啊！

小娃娃、小猪、小羊、小白兔睡在一张大床上，盖着一床大被子，大家睡在一起真暖和（如果是夏天，可以改成真舒服）啊！

五、活动分析

1．活动目标

全面性：活动目标包括认知、情感和行为三个方面，比较全面完整。

适宜性：故事是根据幼儿的需要和兴趣选择的，也符合幼儿的学习特点和语言特点。为了解决故事较长的问题，教师提炼出了“啪嗒啪嗒啪嗒，××来了，嘟，钻进了被窝。哇，床上真舒服啊”的句型，故事的难度大大降低。

2．活动准备

幼儿的准备：教师根据幼儿的特点准备得很充分，对他们的分离焦虑、不习惯集体睡午觉、语言发展特点都进行了观察和分析，将午睡作为关键经验进行集体教学活动具有很高的活动价值。

教学内容的准备：对于睡觉觉的故事，教师进行了深度的分析，才发现了“啪嗒啪嗒啪嗒，××来了，嘟，钻进了被窝。哇，床上真舒服啊”这样的句型，从而简化了故事，提升了目标的适宜性。

环境和材料的准备：教师用平面图片进行故事讲述，用活动垫子和头饰进行真实的表演，准备充分且适宜。

3．活动过程

兴趣激发：教师运用情境营造、故事吸引、材料自主选择、问题引导、表演等多种方式有效地激发了幼儿的兴趣。

合理组织：在导入环节，教师并没有问“图片上有什么啊？还有什么啊？是什么时间啊？”之类的记忆类问题，而是直接用语言、图片和故事营造了晚上及睡觉的氛围，开门见山直接导入，却又调动了幼儿的已有经验，提出了睡觉觉的问题；在呈现环节，教师利用图片和故事讲述，呈现一幅幅画面，结合动物的动作加强故事的生动性和情境性，留出问题让幼儿自己解决，综合运用了画面呈现法、动作呈现法、悬疑呈现法和情境呈现法；在操作环节，主要用学练同步法让幼儿跟着教师一边讲述故事一边出示图片；在巩固环节，教师让幼儿自选头饰进行真实的睡觉觉故事表演，真实地体会睡觉觉的温馨感受，这样幼儿更容易将故事表演中的睡觉觉迁移到生活中去，对教师和小朋友的陌生感会有一定的缓解，有助于克服分离焦虑；在结束环节，教师主要用了画龙点睛的评价和激励，把图片放到区角，让有兴趣的幼儿去请自己喜欢的动物睡觉，增强了活动的效果。

第三节　学前儿童健康教育活动的实施途径

典型案例

新入园的豆豆特别喜欢喝带有甜味的水或饮料，特别不喜欢喝白开水。幼儿园教师单方面培养幼儿喝白开水的习惯，但是白天在幼儿园刚要有些好转，结果周六周日在家休息两天，再来幼儿园的时候依然很难再喝白开水。教师也多次跟家长讨论关于培养豆豆喝白开水的习惯，需要家长配合，使幼儿在家和在幼儿园的行为一致。家长和幼儿园同时开展

“魔法水”的游戏，帮助孩子养成良好的饮水习惯。

点评：不良的饮水习惯很难改变，在家总喝饮料的豆豆习惯了喝甜水，而没有味道的白开水却难以下咽，长此以往，势必会影响身体的健康发展。为了培养幼儿的良好的饮水习惯，幼儿园和家长需要密切配合。

幼儿健康教育目标的实现，不仅需要围绕健康教育的主要内容与核心经验，更重要的是需要考虑幼儿的身心发展特点，依托幼儿的实际生活，借助多元的形式有机地整合起来。学前儿童健康教育活动的实施途径主要有以下几点。

一、创设与营造良好的生活环境

陶行知认为：“生活教育是生活所原有，生活所自营，生活所必需的教育。”《幼儿园教育指导纲要》中也明确指出：“环境是重要的教育资源，应通过环境的创设和利用，有效地促进幼儿的发展。”因此，环境是促进幼儿健康成长与发展的重要因素。近几年，环境创设一直是学前教育领域的广泛议题，其对幼儿成长与发展的重要性和价值越来越凸显。究竟该如何为幼儿创设与营造良好的生活环境成为理论研究者和实践应用者不断思考的议题。成人应为幼儿创设良好的生活环境，其主要目的是促进幼儿的身心健康发展，减少外界不良因素对幼儿造成的伤害，将幼儿的健康教育始终放在基础性地位之上。

基于此，通过对已有文献和相关书籍的梳理，创设和营造良好的生活环境需要注意以下几个方面。

1. 创设安全的物质环境

幼儿园应为幼儿的成长发育创设安全的物质环境，提供必要的保护措施，充分保障幼儿的生命安全和身体健康，例如，幼儿园应配备符合幼儿年龄特点和发展水平的睡眠床、桌椅、运动器械、玩教具和盥洗物品；做好安全进园和出园的保障工作；确保户外场地的空间安全，防止幼儿运动受伤；做好消防、地震等相关内容的防护。

2. 创设卫生的物质环境

在《幼儿园工作规程》和《幼儿园管理条例》中，国家对幼儿园的卫生保健工作提出了明确的标准和要求，这是幼儿园管理与教育工作中的基础保障，因此，幼儿园要为幼儿提供卫生的生长环境，不仅保障幼儿的卫生安全，更重要的是培养幼儿良好的卫生习惯，例如：做好一日的班级整体消毒工作，需要对各个班级的卫生整理情况进行定期检查；应对幼儿就餐前的桌子和就餐餐具进行清洁和消毒；培养幼儿饭前便后洗手的习惯，坚持使用七步洗手法；培养幼儿饭后漱口的习惯。

3. 营造良好的心理环境

幼儿园要为幼儿园营造良好的心理环境，具体是指“每一位在园幼儿所处环境的氛围，包括幼儿的生活、学习、游戏和在群体中的人际关系等，这些因素对幼儿发展发挥着潜移默化、至关重要的作用”，因此，幼儿园要为幼儿营造一个轻松、舒适、愉悦的心理环境，

让幼儿在环境中感受到教师的理解、尊重、支持、关爱和接纳，让幼儿感受到同伴之间的友爱与帮助。作为教师应尊重幼儿个体发展存在的差异性，尊重每一名幼儿的发展水平，耐心地倾听幼儿的声音，了解幼儿的想法和感受，给予幼儿发展需求的支持。作为教师应在班级中建立同伴之间相互帮助和支持的氛围，引导幼儿能够在同伴遇到困难时提供帮助。上述措施都有助于幼儿产生愉悦、自信和安全的心理感受，有助于促进幼儿的心理健康。

4. 建立良好的一日常规

合理安排幼儿园一日生活，不仅有助于幼儿形成良好的生活习惯，更有助于保育和卫生保健工作的顺利实施，因此，幼儿园应科学、合理地安排和组织好幼儿的一日生活，例如：坐小椅子时需要身体坐正，不东倒西歪；盥洗时需要排好队不拥挤；上下楼梯时手扶小栏杆，眼睛看脚下，一个挨着一个走；户外运动前做好热身准备；睡眠时需要清除头部饰品，穿睡衣，不着过紧的衣物睡眠。

5. 挖掘自然与社区教育资源

幼儿园应充分挖掘和拓展生活中的自然资源和社区资源，为幼儿提供更为丰富和有趣的生活空间，例如，幼儿园可以组织参观博物馆、图书馆和展览馆等活动；可以开展户外越野定向等活动；还可以充分借助社区和家长资源，让“消防演练”走进幼儿园，开展消防安全课程，让卫生保健医生走进幼儿园开展卫生保健课程，让交通警察走进幼儿园开展交通安全课程，等等，总之，充分挖掘自然资源和社区资源对幼儿健康教育具有重要的推动作用。

二、重视幼儿日常生活中的渗透与引导

《幼儿园工作规程》明确提出：“幼儿园应当把安全教育融入幼儿的一日生活。”因此，作为教师应该充分把握幼儿在园一日生活的教育契机，将健康教育内容在幼儿的日常生活中不断地渗透和引导。

生活中蕴含着丰富的教育契机，作为教师应善于发现和把握教育时机，做好日常的随机指导和教育工作。一般来说，幼儿从八点入园到五点离园，一天大多数时间都在幼儿园。幼儿园在生活中的每个环节都包括了幼儿衣食住行等方面，这些看似简单的生活内容却蕴含着大量的教育内容和教育契机，需要教师善于捕捉幼儿成长发展中遇到的问题，让幼儿在日常生活中不断地去尝试和解决，如系鞋带、穿衣服等，幼儿在日常生活中通过反复的体验、学习和实践逐渐习得健康行为，提升生活能力，在日积月累的过程中慢慢形成健康意识、行为习惯和生活能力。

《指南》的健康领域的教育建议中，提出：“提醒幼儿要保持正确的站、坐、走等姿势。”“帮助幼儿学会恰当表达和调控情绪，如成人用恰当的方式表达情绪，为幼儿做出榜样，如生气时不乱发脾气，不迁怒于人。”“发现幼儿不高兴时，主动询问情况，帮助他们化解消极情绪。”“注意观察幼儿在新环境中的饮食、睡眠、游戏等情况，采取相应的措施帮助他们尽快适应环境。”“开展丰富多样、适合幼儿年龄特点的各种身体活动，如走、跑、跳、

爬、攀等，鼓励幼儿坚持下来，不怕累。”“引导幼儿生活自理或家务劳动，发展其手的动作，如练习自己用筷子吃饭、扣扣子，帮助家人择菜叶、做面食等。”“帮助幼儿了解食物的营养价值，引导他们不偏食、不挑食。少吃或不吃不利于健康的食品；多喝白开水，少喝饮料。”“指导幼儿学习和掌握生活自理的基本方法，如穿脱衣服和鞋袜、洗手洗脸、擦鼻涕、擦屁股的正确方法。”“告诉幼儿不允许别人触摸自己的隐私部位。”上述这些内容均体现了借助日常生活渗透和引导安全教育的价值理念，因此，成人应珍视生活中的教育资源和教育契机，善于发现和把握时机进行随机教育的指导与渗透。

三、组织适宜的健康教育教学活动

《纲要》指出：“教育活动的组织形式应根据需要合理安排，因时、因地、因内容、因材料灵活地运用。”因此，除了日常做好健康教育的渗透，幼儿园还需要组织专门的健康教育教学活动，有助于更具体、全面和深入地对幼儿实施健康教育指导，进而帮助幼儿获得健康教育知识、提升健康意识、培养健康行为与习惯，等等。

教育活动的设计与实施不仅需要充分考虑幼儿的年龄发展特点，还需要结合领域经验和实际需要制订适宜的活动目标，选择适宜的活动内容，做好充分的活动准备，设计有效的活动过程，最后还需要关注教学活动的延伸与评价。真正确保健康教育有目的、有计划地进行。此外，教师需要采取灵活多样的组织形式和方法，做好集体指导、小组活动和个别指导等方面的工作，帮助幼儿获得、丰富和完善健康领域的相关经验。

1. 了解与分析幼儿的年龄特点和发展水平

任何教育活动的开展都需要以幼儿的年龄特点和发展水平为前提和基础，忽视幼儿年龄特点的教育活动都没有真正有效地作用于幼儿经验的活动。究竟如何才能明确幼儿的年龄特点和发展水平？首先，教师要有扎实的理论基础，全面把握幼儿的年龄特点和发展水平的一般规律；其次，深入观察和调查幼儿的实际发展情况，具体需要深入的师幼互动实现对班级幼儿的了解，了解他们的已有经验、他们的兴趣点、他们的发展需要等。

2. 明确健康教育活动主题

健康教育的活动主题主要分为两种：一种是围绕一个主题所预设的生活的综合活动，如“图图生病了”“我是爱牙小卫士”“我是运动小达人”等，围绕“生病”“牙齿”“运动”等关键词所开展的系列的教育教学活动；另一种是单一的健康领域的主题，如“有害的细菌”“健康食谱”“防火知识我知道”等。

健康教育活动的主题来源需要考虑以下两点：首先，需要充分考虑幼儿的实际需要。教师需要重视对幼儿的日常观察，发现教育契机，进而生成教育教学活动；其次，教师需要充分把握健康领域的关键经验，充分借助领域经验选择和设计活动主题。

3. 制订适宜的活动目标

健康教学活动的目标是幼儿园健康教育总目标、幼儿年龄阶段以及健康教育内容的具

体化。活动目标的制订是为了明确活动设计具体需要帮助幼儿获得和建构的经验是什么，有助于指引整个活动的具体方向，是教育活动设计极为关键的一环。一个明确、具体、符合幼儿年龄特点的目标有助于经验的有效落实，反之，则往往会产生事倍功半的效果。因此，健康教学互动目标的制订应该符合明确、具体和可操作等几个原则，避免出现笼统、模糊的目标制订现象。此外，活动的目标的制订上需要协调好认知、能力与情感三要素，做到兼顾三者，避免出现只重视认知目标的现象；指明幼儿需要重点学习与发展的目标，哪些是幼儿较难实现的目标。

4．选择适宜的活动内容

健康教育活动内容的选择需要以活动目标的制定为依据，其是帮助目标实现的重要载体。需要注意的是活动内容的选择不仅需要考虑制定的目标，内容的选择更要符合幼儿的年龄特点和发展水平，因此，内容的选择要科学、明确和适宜，例如，小班《我会自己脱衣服》；中班的安全教育活动《好朋友，陪我走》、大班的安全教育活动《保护自己办法多》、《我是整理小达人》和《弟弟妹妹我来帮助你》等。具体的内容应符合不同年龄阶段幼儿的身心发展水平，需要教师结合不同年龄阶段幼儿发展目标和班级幼儿的实际发展水平。只有选择适宜的活动内容才能够有助于目标的有效实施和幼儿经验的有效建构。

5．提供充分的活动准备

充分的活动准备有助于教育目标的游戏达成和健康教育内容的有效落实。健康教学活动的准备主要包括以下三个内容：首先，教师要做好专业知识积累和经验上的准备，如教师对安全标志、防火安全等方面有正确和充分的相关知识经验，避免出现错误经验的引导；其次，教师要做好幼儿已有经验的准备，本班幼儿的发展水平以及最近发展，如小班主要以走、跑、跳等基本关键经验开展活动，中大班可以适度增加攀爬等活动内容，切不可以忽视幼儿的已有经验；最后，教师需要做好物质环境的准备，学前儿童获得经验的主要方式是亲身体验、动手操作、直接感知，教师需要提供大量的材料供幼儿去操作和体验，进而获得相关经验，因此，前期的物质准备尤为重要，既要激发幼儿的学习兴趣，又要有助于目标的实现和内容的落实。

6．设计有效的活动过程

健康教学活动的过程是将活动内容有效展开和具体运用教学方法的过程，这是教学环节中由设计到落实的体现，其目的是促进教育目标的实现，可谓健康教学活动尤为关键的一环。有效的活动过程主要包含以下几点：首先，活动过程紧紧围绕目标，教师需要做到心中有目标，明确各个环节设计的意图；其次，活动过程需要有层次性和递进性，活动由易到难，逐步帮助幼儿丰富经验；最后，活动过程要充分支持幼儿发展，教师要为幼儿提供充分感知、体验、操作、讨论和分享等方面的机会。

7．开展适度的活动延伸

以往教学活动大多存在一定的误区，认为一节活动结束就能够帮助幼儿获得知识经验和提升自理能力，然而，健康教学活动的目标不是一次活动就能够完成的，而是需要长期的、持续的体验、感知和操作才能够逐步获得关于卫生习惯、自理能力等方面的发展，因此，教师需要重视一节活动的延伸与拓展，可以将健康领域教学活动目标延伸至区域活动、日常生活之中，甚至可以通过家园合作帮助幼儿进一步发展和巩固。

8．重视科学的活动评价

教学活动结束后进行活动评价具有重要的意义和价值，有助于把握幼儿的发展水平和学习状况，而长时间开展活动评价的教师在专业成长和能力提升上也具有积极的推动作用。具体的活动评价内容可以是教师的活动目标是否达成、活动内容是否有效落实、活动是否适宜和充分等；活动评价的方法可以多元化，通过对幼儿行为观察、作品分析等途径都可以评价幼儿的学习效果。此外，教师可以采纳幼儿对活动的评价，通过与幼儿进行交流，分析和评价幼儿的学习及其发展状况。

四、开设丰富多样的区域活动

近几年，区域活动的教育价值得到越来越多的学前教育界专家学者的认可，由此可说明大家对幼儿自主性学习和自主性发展的认同，为幼儿提供了更多自主选择、自主操作和自主游戏的机会。《指南》中指出：“幼儿的学习是以直接经验为基础，在游戏和日常生活中进行的。要珍视游戏和生活的独特价值，创设丰富的教育环境，合理安排一日生活，最大限度地支持和满足幼儿通过直接感知、实际操作和亲身体验获取经验的需要，严禁‘揠苗助长’式的超前教育和强化训练。”而区域活动为幼儿自主性游戏、操作、感知和体验提供了重要的教育契机。《规程》中也指出：“幼儿园应当合理利用室内外环境，创设开放的、多样的区域活动空间，提供适合幼儿年龄特点的丰富的玩具、操作材料和幼儿读物，支持幼儿自主选择和主动学习，激发幼儿学习的兴趣和探究的愿望。”

当前，幼儿园普遍创设的区域主要包括角色区、建构区、益智区、科学区、表演区、美工区和图书区等，这些区域之中均蕴含着丰富的幼儿健康领域学习与发展目标，例如：幼儿在益智区尝试穿珠子可以促进幼儿小肌肉动作发展的协调性和灵活性；幼儿在建筑区专注地搭建建筑物时，可以促进幼儿手眼协调能力的发展；幼儿在角色区娃娃家、小医院、餐馆和邮局游戏时，可学习如何与同伴交往与合作，促进其社会性的发展；幼儿在表演区自由地表演时，是幼儿良好情绪体验和自信心建立的重要实践；幼儿在科学区体验各种有意思的科学小实验时，是幼儿脑部的认知快速获得刺激的机会，而这些区域游戏中均蕴含着大量的教育契机和教育内容，需要教师能够做到心中有健康教育的目标。

除了一些常见的区域游戏中蕴含着丰富的幼儿健康领域学习与发展目标外，幼儿园还可以创设专门的健康领域活动区，例如，在生活区中，为幼儿提供使用筷子夹物品、给娃娃穿脱衣服和鞋袜的材料，或者为幼儿提供种类丰富的生活用品，让幼儿尝试分类整理物品；还可以开设小餐厅，让幼儿能够尝试帮助客人合理搭配食物和为他人服务；开设交通区，帮助幼儿认识常见的交通标志，了解正确的行为规范，掌握基本的交通规则；等等。

五、重视健康领域与其他领域的有机整合

《指南》实施的基本原则之一是“关注幼儿学习与发展的整体性”，“作为自然人向社会人过渡的生命体，幼儿阶段需要完成的课题不仅是身体的发展，还有艰巨的心理发展任务；不仅需要发展他们的智力、才艺，还需要发展他们不可缺少的情感态度、行为习惯、能力技能等。而幼儿各个方面的发展并不是彼此孤立地进行的，各方面的发展之间，如认知发展与社会性情感的发展之间，身体健康与个性发展之间，语言发展与社会性情感发展、个性发展、认知发展之间，美感和表现能力与情绪情感、创造性思维、心理健康的发展之间等，都有着不可分割的联系”由此可见，幼儿的发展具有整体性，各领域之间是相互联系和相互支撑的，需要注重领域之间、目标之间的相互整合与渗透，进而促进幼儿的身心全面发展。

幼儿作为发展个体，幼儿健康领域的学习与发展同其他领域的学习与发展是密不可分的，与语言领域、社会领域、科学领域和艺术领域之间都是密不可分的。健康领域的发展为其他领域的发展提供了更多的可能和机会，如健康领域需要5～6岁幼儿在“情绪安定愉快”目标下达到“经常保持愉快的情绪。知道引起自己某种情绪的原因，并努力缓解”“表达情绪的方式比较适度，不乱发脾气”“能随着活动的需要转换情绪和注意”，而这些目标的实现才能够有助于幼儿在语言领域理解故事人物的情绪、在社会领域更好地与同伴交往等；在“手的动作灵活协调”维度上，5～6岁幼儿能够“根据需要画出图形，线条基本平滑”“熟练使用筷子”“沿轮廓线剪出由曲线构成的简单图形，边线吻合且平滑”“使用简单的劳动工具或用具”。只有手指具备了一定的动作灵活性和协调性，幼儿才能在科学领域穿珠子、垒积木，在艺术领域剪纸和完成更有难度的艺术创造，因此，健康领域目标的实现有助于促进在其他领域的探究、体验和操作等。

同样，我们也认识到，幼儿在其他领域的学习与发展有助于促进幼儿健康领域的发展。如幼儿在美工区、科学区和益智区（艺术和科学领域）等区域游戏时，教师和同伴之间的良好互动有助于促进幼儿积极情绪的培养，进而促进心理的健康发展；幼儿在建筑区拿、放和送积木的过程中有助于小肌肉动作发展的灵活性和协调性等，因此，除了重视其他领域的核心经验和教育之外，还需要明确各个领域中所蕴含的大量的健康领域的知识经验和发展目标。此外，幼儿健康知识的学习、健康态度的转变以及健康行为和习惯的养成都离不开各领域教育形式和教育内容的配合。

由此可见，幼儿健康领域的学习与发展不是孤立的，也不是一蹴而就的，需要其他各个领域之间相互结合、有机渗透。教师应该充分厘清各个领域之间的相互关系，整合各个领域的发展目标和实现途径，积极构建综合性主题课程，以促进幼儿身心全面发展为最终目标。

六、实现家园共育，协力促进幼儿健康成长

学前教育是渠道化、多样化和多层次的，各种环境以及人与物的生态因素不断地与幼儿相互影响。健康教育需要树立大教育观，借助不同的生态系统协力促进幼儿健康成长。

家庭作为社会中基本和最普遍的组织形式，家庭教育是整个教育工程的基础和起点，有研究者指出："在家庭中所获得的一种成功经验，其后可服务于激发另一些成功的经验。"家庭教育是儿童早期认识世界的重要通道和桥梁，是幼儿身心健康发展的保证，更是影响儿童性格雏形形成的关键所在。《幼儿园工作规程》中明确指出："幼儿园应当主动与幼儿家庭沟通合作，为家长提供科学育儿宣传指导，帮助家庭创设良好的家庭教育环境，共同担负教育幼儿的任务。"

因此，幼儿园虽然进行有计划、有目的、有组织的健康教育活动，效果相对比较明显，但是如果缺乏家庭对幼儿健康教育活动的支持和配合，那么幼儿在幼儿园所养成的良好的行为习惯和转变的健康态度则难以进一步有效落实，得不到巩固和提高，甚至会出现消退的现象。例如，幼儿从进入幼儿园开始就接受健康教育，自己吃饭、穿衣和整理玩具，幼儿的自我服务能力得到很好的锻炼，但如果在家庭中家长过于包办和代替，不但没有促进幼儿自我服务能力的提高，反而会造成幼儿"两面派"的现象，这无疑是对幼儿的成长十分不利的。因此，幼儿健康教育需要幼儿园和家庭相互协作，使幼儿在幼儿园得到的锻炼在生活中经常性地、持续性地和科学地得到强化与实践。那么，究竟家庭和幼儿园该如何协作才能促进幼儿健康教育经验的获得与发展？

首先，以观念一致为前提，推动认知升级。认知层面的科学育儿健康观是人们基于对健康教育认识而形成的心理倾向，更是制订教育目标、选择教育内容和制定评价标准的重要依据。家庭健康观直接影响健康教育的成效，因此，加强家庭对健康教育重视是幼儿园需要完成的重要责任和义务，只有幼儿园和家长观念一致时，才更容易获得育儿的共识。因此，需要幼儿园帮助家长认识到健康教育的重要性，具体可以采取多种家园合作的方式，如家长园地、家园联系册、微信公众号、专家讲座和宣传栏等宣传途径帮助家长获得健康教育的相关知识以及幼儿体质健康测查结果。

其次，积极策划健康教育活动，提升家园共育质量。观念上达成一致是促进健康教育有效落实的重要前提和基础，但是很多家长依然停留在不知道如何做的阶段，因此，需要双方通过积极的策划活动提升家园共育的质量。幼儿园和家庭加强双向的沟通与交流，甚至采用问卷调查的形式，了解家长在健康教育方面的具体困惑，结合这些问题，通过实践案例的分享帮助家长梳理健康教育的内容和具体实施办法，例如，请当医生的家长当助教走进课堂，请他们给幼儿讲讲身体卫生保健的常识；充分借助节日活动，让家长走进幼儿园，可以组织家长和幼儿共同参加亲子运动会、亲子采摘活动；开展家长座谈会、经验交流会，请有经验的家长现身说法，有助于发挥家长的自我教育作用。

最后，注重追踪家园共育质量，促进积极的反思与调整。虽然大多数的家园共育活动如火如荼地开展，但是缺乏对家园共育质量效果的评价与追踪，因此，幼儿园需要结合每个阶段的健康教育内容对家庭教育的质量进行了解，例如幼儿园保健医生对家长进行了幼儿合理膳食方面的培训，在培训过后可以采用家访或者问卷调查等多种形式及时了解幼儿在家的膳食情况，定时、定期进行沟通，而追踪家园共育活动质量有助于健康教育扎扎实实地落到实处，切实将幼儿身体健康和心理健康放在一切工作的首位。

总之，家庭教育是整个教育工程的基础和起点，是儿童早期认识世界的重要通道和桥梁，是幼儿身心健康发展的保证，更是影响儿童性格雏形形成的关键所在。幼儿园需要与

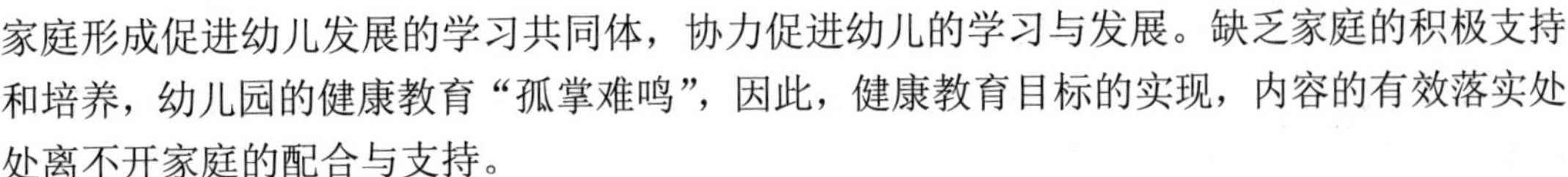

家庭形成促进幼儿发展的学习共同体，协力促进幼儿的学习与发展。缺乏家庭的积极支持和培养，幼儿园的健康教育“孤掌难鸣”，因此，健康教育目标的实现，内容的有效落实处处离不开家庭的配合与支持。

【想一想】

除了上述实施途径，还可以通过哪些方式实现家园共育，协力促进幼儿健康成长？

七、借助社区资源，共同促进幼儿健康成长

社区是指聚居在一定地域范围内的人们所组成的社会生活共同体。目前，城市社区的范围，一般是指经过社区体制改革后做出了规模调整的居民委员会辖区。社区学前教育是当地政治、经济、文化和教育事业的产物。《幼儿园工作规程》中明确指出：“幼儿园应当加强与社区的联系与合作，面向社区宣传科学育儿知识，开展灵活多样的公益性早期教育服务，争取社区对幼儿园的多方面支持。”《幼儿园教育指导纲要》在“总则”中再次强调：“幼儿园应与家庭、社区密切合作，与小学相互衔接，综合利用各种教育资源，共同为幼儿的发展创造良好的条件。”幼儿园作为社区中的一分子，社区是幼儿园的大家庭，社区得天独厚的地理位置和活动空间为幼儿学习与发展提供了丰富的教育资源。

【想一想】

借助社区资源促进幼儿健康成长的具体实施路径是什么？

在线测试

1. 学前儿童健康教育活动的组织形式有哪些？
2. 学前儿童健康教育活动的基本方法有哪些？
3. 请阐述学前儿童健康教育活动的实施路径。

真题训练

1. 幼儿教师要能接住幼儿抛来的“球”，并用恰当的方式把“球”抛回给幼儿，让活动能继续下去，这里所体现的教师角色是（　　）。（2019 年上）

A. 幼儿学习活动的指导者

B. 幼儿学习活动的管理者

C. 幼儿学习活动的设计者

D. 幼儿学习活动的合作者

2．父母陪伴对幼儿健康成长有何意义？（2017年下）

3．幼儿园集体教学活动和游戏的含义分别是什么？试述两者的区别与联系。（2019年上）

第三章参考答案

本章拓展阅读

3～6岁儿童健康领域的关键经验的实施路径

1．在课程理念中嵌入健康领域关键经验

（1）教师头脑中要有健康关键经验的意识。意识是行动的前提，如果教师自己没有健康的意识，就不可能提醒幼儿遵循和养成健康行为。

（2）要捕捉儿童关键经验的发展机会。每时每刻都是教育契机，教师要提升对儿童发展的敏感体验，视线与儿童对接，而不是追随课程文本，围绕关键经验生成课程，抓住健康问题的特殊时点，有的放矢地进行随机健康教育，及时进行行为培养。

（3）用关键经验扫描课程资源。教师应根据对关键经验的理解来搜索、选择、发掘课程资源，然后将关键经验分解到具体的课程资源设计和提供上，实现课程资源的多样性和有效性。

（4）围绕关键经验创设物质环境、心理环境和信息环境。物质环境的布置应从儿童的已有经验出发，心理环境应匹配儿童的内心情境，充分利用电化教育和传播媒体创设信息环境，避免环境创设流于形式、止于感性，以促成交互作用为效度，以生成关键经验为目的，如在水池处张贴洗手顺序图来帮助儿童对照学习与自我指导，给儿童留有足够的运动空间来体认自我，用多媒体动画来帮助儿童了解换牙的过程及有效刷牙的方法。

（5）在各领域中渗透健康关键经验，进行领域整合发展。健康领域与其他领域的整合是必要的，因为“学前儿童健康的价值和学前儿童成长的特点决定了托幼机构在进行任何领域的教育时都必须将维护和促进学前儿童的健康放在首位”，这需要教师真正持有健康第一的教育观念，自然地将健康领域与其他领域进行本质性融合。

2．在领域内将关键经验做深做透

（1）关键经验与主题内容有机结合。关键经验是领域教育的基础，主题活动是经验群的集合，教师在明确和把握健康领域自身固有的特点和规律的基础上，可以通过主题发展促进儿童关键经验的发展。

（2）将关键经验融入生活中。儿童健康教育的发展历史经历了由单一的日常生活教育或单一的健康教育活动向日常生活教育和健康教学活动相结合的发展，可见健康领域关键经验的落实离不开日常生活。

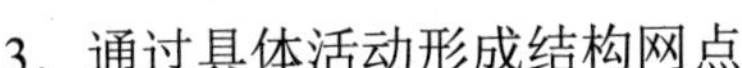

3．通过具体活动形成结构网点

（1）在活动中落实。活动是发展儿童关键经验的重要渠道，从活动准备、活动过程到活动延伸，都要紧紧围绕儿童经验，教师不仅应保证教案实施的完整，更重要的是应对儿童的现有经验，促进经验生长。

（2）在活动间隙落实。如可以利用活动间隙，针对个别儿童的问题进行差异教育，支持和保护儿童关键经验的连续性。

（3）拓展活动空间，进行活动整合。让每个活动成为一个结构网点，以点带面，撒网式铺设。

学习评价与反思

____

____

____

____

第四章　学前儿童身体保健和生活自理能力教育

本章导读

1987 年，七十五位诺贝尔奖获得者在巴黎聚会，有人问其中一位："您在哪所大学学到您认为最重要的东西？"那位老人平静地说："是在幼儿园。""在幼儿园学到什么？""学到吃饭要洗手；东西要摆放整齐；要排队……从根本上，我学到的最重要的东西就是这些习惯。"《纲要》中提出，要使幼儿"生活、卫生习惯良好"。幼儿生活卫生习惯的养成应该是健康教育的重要内容。

学习目标

1．了解学前儿童发展身体保护和生活自理能力教育的目的、作用和内容。

2．理解并初步掌握学前儿童身体保护和生活自理能力教育的途径与方法。

3．掌握学前儿童一日生活中身体保护和生活自理能力教育实施过程中各个环节及注意事项和原则。

学习重点

1．学前儿童发展身体保护和生活自理能力教育的目的、作用和内容。

2．学前儿童身体保护和生活自理能力教育的途径与方法。

思维导图

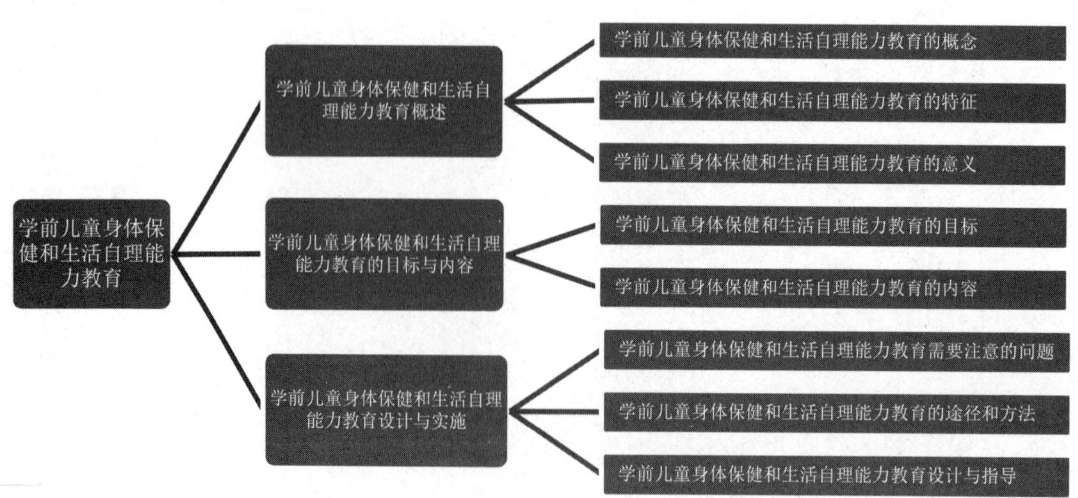

第一节　学前儿童身体保健和生活自理能力教育概述

典型案例

以前，南南小朋友做什么事情都让大人帮忙，穿衣穿鞋让大人帮，吃饭喝水让大人帮，总是“衣来伸手，饭来张口”。南南上了一个学期幼儿园后，妈妈欣喜地发现了南南身上的变化。南南现在的生活自理能力大大增强，而且养成了很多良好的行为习惯。

幼儿园里，教师对幼儿进行身体保健和生活自理能力教育，能促使学前儿童养成良好的生活习惯，掌握基本的生活知识、规则和技能，从而提高学前儿童的生活质量。

一、学前儿童身体保健和生活自理能力教育的概念

学前儿童身体保健和生活自理能力教育，主要是培养幼儿科学地认识、保护身体，形成良好的生活卫生、进餐、着装、睡眠、盥洗等基本生活能力。其主要形式是生活常规教育，即学前儿童在幼儿园的一日生活中应遵循的制度、规定。

学前期是儿童发展的关键时期。在这一时期，为幼儿创设良好的生活环境，帮助幼儿形成良好的生活与卫生习惯，培养幼儿掌握基本的生活自理能力，是幼儿园生活教育最根本的任务。这些行为习惯的养成，能让幼儿在未来的生活中选择健康的生活方式，更好地防范疾病、保护身体，保障自身的健康发展。

【想一想】

每天小朋友午睡起床后，卢老师就要像个陀螺一样忙个不停。一会儿一个小朋友说自己袜子不会穿，让卢老师帮忙；一会儿一个小朋友大喊裤子穿不上，叫卢老师帮忙；一会儿另一个小朋友又说鞋带开了不会系……卢老师很无奈，明明她已经教过很多遍了，还是有很多小朋友不能自理。

卢老师为什么每天都这么忙碌呢？请你帮卢老师想一想如何改变这一现状。

二、学前儿童身体保健和生活自理能力教育的特征

学前儿童身体保健和生活自理能力教育主要包含以下两个特征。

（一）长期性和反复性

学前儿童身体保健和生活自理能力的培养并不能一天就完成。在培养幼儿很多生活行

为习惯的时候，常常会出现今天学明天就忘了，或者坚持了一段时间又开始偷懒的情况，因此，幼儿园教师需要在每日生活中的各个环节对学前儿童进行长期的、反复的教育和指导，比如，教幼儿盥洗的步骤和注意事项。

（二）长时效性

学前儿童在幼儿园期间掌握的身体保健方法和生活自理能力常常会影响其一生，因此，学前期是儿童生活习惯养成的关键期，幼儿教师要重视对其进行身体保健和生活自理能力的教育。

（三）隐蔽性

幼儿吃喝拉撒睡、洗漱、衣着等反映生理需求的行为具有外显、直观的特点，容易引起家长和教师的注意，并使他们花费大量的时间和精力，然而，隐藏在这些行为背后的教育时机和作用很容易被忽略，幼儿园教师也容易忽略隐藏其中的养成教育。

三、学前儿童身体保健和生活自理能力教育的意义

（一）有利于动力定型的形成

当外部的条件刺激以一定的顺序不断地重复多次以后，它在大脑皮质的兴奋和抑制过程在时间、空间的关系就会固定下来，前一种活动可称为后一种活动的条件刺激，一种按一定顺序做出的反应也就越来越恒定和精确，这就是动力定型。对于学前儿童而言，当他们的一日生活按照一定的顺序多次进行重复之后，大脑对这些行为和活动的顺序做出的反应也会越来越恒定、精确，到了什么时候知道干什么，做完一件事知道接下来做什么，这就形成了动力定型。学前儿童身体保健和生活自理能力的教育对每个活动和环节都提出了具体的要求，有利于学前儿童形成良好的习惯，建立起动力定型。

（二）有利于学前儿童身体发育及健康

学前儿童身体保健和生活自理能力教育有利于幼儿身体各系统的健康发育，例如：幼儿在幼儿园里的午睡时间固定且充足，这有利于儿童各系统的发育，特别是神经系统的发育；幼儿在睡前漱口，有利于保护其牙齿。

此外，学前儿童身体保健和生活自理能力教育还有利于帮助儿童树立起正确的健康态度。学前儿童从幼儿园的一日生活安排以及身体保健方法中，逐渐将所获得的知识转化为积极的健康行为和态度，并在今后更加注意自己的行为和习惯。

（三）有利于学前儿童个性的形成

学前儿童性格和个性的培养渗透于幼儿园一日生活活动的每个环节中。与成年人相比，学前儿童的自觉性较差，在进行一日生活活动时，需要意志力和自控力的作用，也需要独立性、自信心等个性品质的支撑，例如，在日常生活中，吃饭、穿衣、盥洗等做得好的儿

童，会受到教师和同伴的肯定，有利于其自信心的培养，也有助于其独立性以及坚强品格的形成。此外，在一日生活活动里，幼儿需要跟教师、同伴进行沟通交流，幼儿逐渐习得合作、友好交往的技能，对其活泼开朗个性的培养有益，此外，儿童还会跟同伴互帮互助，有助于儿童同理心的形成。

幼教故事

三岁的丽丽是个乖巧、文静的孩子，进入幼儿园之后，孙老师发现很多同龄人能独立做的事情，如吃饭、洗手，丽丽都不会。丽丽平时对老师总是很依赖，而且变得有些自卑。

丽丽不能独立完成日常的生活活动，影响其自信心的形成，因此变得自卑。

（四）有助于建立良好的安全感

安全感与生活的稳定、可预期、可控制等有关。对于学前儿童而言，其生活需要有一定的规律性，让儿童觉得稳定、有秩序，这样才能形成安全感。合理的生活常规就是为幼儿营造稳定、有序、和谐的生活。

（五）有助于教师进行班级管理

在学前儿童身体保健和生活自理能力教育过程以及一日生活活动中，教师引导幼儿遵守合理的活动规则、养成健康合理的生活卫生习惯，从而形成良好的班级秩序。学前儿童身体保健和生活自理能力教育不仅是班级管理内容的重要组成部分，也有助于班级管理的有序展开，两者相辅相成。

第二节　学前儿童身体保健和生活自理能力教育的目标和内容

一、学前儿童身体保健和生活自理能力教育的目标

学前儿童身体保健和生活自理能力教育的目的是提高学前儿童的健康知识水平，改善学前儿童对待个人健康和公共卫生的态度，培养学前儿童各种健康行为和习惯。《纲要》和《指南》分别对学前儿童身体保健和生活自理能力两方面的内容提出了教育目标。

（一）学前儿童生活自理能力教育的目标

学前儿童身体保健和生活自理能力的教育，主要着力于：培养幼儿良好的作息习惯、睡眠习惯、盥洗习惯、整理习惯、饮食习惯等；帮助幼儿了解基本的身体保健常识；培养幼儿的生活自理能力。

《纲要》中对生活常规教育提出了“良好的生活与卫生习惯”“基本的生活自理能力”

的总目标。《指南》在此基础上，将目标的表述分为两点，并给出了各年龄段生活习惯与生活自理能力的目标指导（见表 4-1）。

表 4-1　幼儿生活常规教育目标

目标 1　具有良好的生活与卫生习惯		
3～4 岁	4～5 岁	5～6 岁
1．在提醒下，按时睡觉和起床，并能坚持午睡。 2．喜欢参加体育活动。 3．在引导下，不偏食、挑食。喜欢吃瓜果、蔬菜等新鲜食品。 4．愿意饮用白开水，不贪喝饮料。 5．不用脏手揉眼睛，连续看电视等不超过 15 分钟。 6．在提醒下，每天早晚刷牙、饭前便后洗手	1．每天按时睡觉和起床，并能坚持午睡。 2．喜欢参加体育活动。 3．不偏食、挑食，不暴饮暴食。喜欢吃瓜果、蔬菜等新鲜食品。 4．常喝白开水，不贪喝饮料。 5．指导保护眼睛，不在光线过强或过暗的地方看书，连续看电视等不超过 20 分钟。 6．每天早晚刷牙、饭前便后洗手，方法基本正确	1．养成每天按时睡觉和起床的习惯。 2．能主动参加体育活动。 3．吃东西时细嚼慢咽。 4．主动饮用白开水，不贪喝饮料。 5．主动保护眼睛。不在光线过强或过暗的地方看书，连续看电视等不超过 30 分钟。 6．每天早晚主动刷牙，饭前便后主动洗手，方法正确
目标 2　具有基本的生活自理能力		
3～4 岁	4～5 岁	5～6 岁
1．在帮助下能穿脱衣服或鞋袜。 2．能将玩具和图书放回原处	1．能自己穿脱衣服、鞋袜、扣纽扣。 2．能整理自己的物品	1．能知道根据冷热增减衣服。 2．会自己系鞋带。 3．能按类别整理好自己的物品

（二）学前儿童身体保健教育的目标

学前儿童身体保健教育，可以根据《纲要》和《指南》中提到的目标，结合不同年龄段儿童的特点，确定各年龄阶段的具体目标。

1．3～4 岁

能大致了解五官的不同功能，并能简单了解五官使用、锻炼和保护的知识；学会洗手、刷牙、漱口和洗脸，能独立如厕；起床后和睡前能在家长和教师的提醒下进行洗漱；形成正确的阅读姿势，看电视的位置和时间合理；不随意抠鼻挖耳；等等。

2．4～5 岁

大致了解五官的外部结构和正确使用、锻炼和保护的知识；了解自己听力、视力等的发展；注意身体保健；能在成人提醒下，认真做好盥洗活动；注意耳鼻口卫生；形成正确的阅读姿势；等等。

3．5～6 岁

进一步了解五官的结构功能和正确使用、锻炼和保护的知识；有初步的自我保健意识和发展视听的愿望；有独立盥洗的能力；初步养成五官卫生的习惯；等等。

二、学前儿童身体保健和生活自理能力教育的内容

学前儿童身体保健和生活自理能力教育主要涉及生活卫生习惯和身体认识与保护两大方面。

（一）生活卫生习惯

学前儿童良好的生活卫生习惯的养成对幼儿健康成长至关重要。教师应当以适当的方式培养学前儿童良好的生活卫生习惯和初步的生活自理能力，使学前儿童逐步以健康的习惯和方式生活。

生活卫生习惯的教育和培养主要有以下几方面。

（1）进餐。了解基本的食物营养成分，喜欢吃各类食物，不偏食，不挑食。形成良好的饮食习惯，定时定量，不暴饮暴食，少吃零食。进餐前要洗手，进餐时不要说笑，细嚼慢咽。使用自己的水杯和餐具。

（2）睡眠。良好的作息习惯和充足的睡眠对儿童身体各个器官、系统的生长发育有积极的作用。学前儿童的年龄越小，需要的睡眠时间越长。《指南》指出："要保证幼儿每天睡眠 11～12 小时，其中午睡应达到 2 小时左右；午睡时间可以随年龄增长而逐渐减少。"

（3）盥洗。饭前、饭后、便后或手脏时，能自觉使用正确的方法洗手，洗手后用自己的毛巾擦干并挂好毛巾。学习正确的洗脸刷牙的方法。饭后要及时漱口。

（4）大小便。根据自己的性别如厕。养成健康的排便习惯，不憋尿，定时大便。能够自己提裤子。

（5）着装。根据气温情况和活动量大小情况增减衣物。注意着装卫生，及时换洗脏衣服。能基本独立、正确地穿、脱、放衣服和鞋子。

各年龄段学前儿童生活卫生习惯的教育和培养具体内容如下。

1. 3～4 岁

（1）幼儿园一日生活环节及其规则要求。

（2）按时排便，知道厕所是大小便的地方，男女孩要分开如厕。

（3）在成人提醒下用自己的水杯喝水，每日饮水不少于四杯。

（4）按时进餐，用调羹吃饭，进餐时细嚼慢咽，不含饭，不挑食，不东张西望，在老师提醒下，进餐后漱口、擦嘴。

（5）饭前、便后和活动后必须洗手，掌握正确的洗手方法。

（6）掌握漱口、擦嘴、刷牙的正确方法。

（7）入睡前将衣裤放在固定位置，把鞋摆放整齐。

（8）玩具放回原处，保持玩具清洁。

2．4～5岁

（1）遵守作息时间和生活制度。

（2）掌握盥洗顺序和方法、使用手帕的基本方法。

（3）如厕后自己整理好衣裤。

（4）进餐时细嚼慢咽，不撒饭，不边吃饭边说话，餐后自觉漱口、擦嘴、收拾餐具。

（5）独立地穿脱衣服，整理衣服、鞋袜，入睡前后有顺序地穿脱衣裤和鞋袜；入睡前将脱下的鞋袜和衣裤叠好并放在固定位置；分清鞋子左右并摆放整齐。

（6）保持衣着及自身整洁。

（7）不乱扔物品，不在墙上乱涂乱画。

（8）以正确的姿势坐、站、行、阅读、画画等。

（9）会整理玩具和学习用具，保持玩具清洁。

（10）养成经常喝水的习惯，每日饮水不少于五杯。

3．5～6岁

（1）自觉遵守作息时间和生活制度。

（2）按时进餐，正确使用筷子，保持进餐的安静及良好的进餐姿势。

（3）主动收拾食物残渣、食具，摆放好桌椅，认真做好值日生工作，愿意为同伴服务。

（4）迅速、有序地穿脱衣服、整理衣服，单独或与小朋友合作可较熟练地整理床铺。

（5）保持自身仪表的整洁，会根据天气情况主动增减衣服。

（6）根据自身的需要喝水，每日饮水不少于五杯。

（7）良好的学习习惯。

（8）主动维护周围环境卫生。

（二）身体保健卫生

身体保健卫生是幼儿在进行身体保健和保护方面应养成的习惯。主要内容包括认识自己的五官，了解五官的名称、主要功能以及基本的保护方法；引导幼儿形成关注自己健康的意识和习惯，保证幼儿健康的生理发展。

1．眼睛的卫生保健

（1）了解眼睛的名称、基本结构和功能。

（2）掌握正确的眼保健操的做法，初步养成做眼保健操的习惯。

（3）用正确的姿势阅读、书写、画画；不边走边看书；不在运动的车上看书；看电视时距离适宜；每次看电视的时间不超过1小时；不用未洗过的手揉眼睛；异物入眼不用手揉搓。

（4）学习一些眼睛保健的常识；掌握相关营养知识，多吃胡萝卜等对眼睛有好处的食物；不与他人共用毛巾。

2. 鼻子的卫生保健

（1）了解鼻子的名称、基本结构和功能。

（2）不抠鼻子，不往鼻子里塞异物；掌握正确的擤鼻涕的方法；避开空气污浊的地方；打喷嚏时用纸巾捂住口鼻。

（3）掌握相关的营养知识，多吃油菜、柿子椒等对鼻子有好处的食物。

3. 牙齿的卫生保健

（1）掌握正确的刷牙方法；了解清洁口腔的重要性，培养幼儿进食后漱口的好习惯。

（2）了解定期检查牙齿的重要性，发现龋齿及时处理。

（3）了解龋齿产生的原因，养成少吃甜食以及吃了甜食后及时漱口的好习惯。

（4）预防牙齿不整齐，减少会让牙齿不整齐的行为，如不吮吸和啃咬手指，不托腮等。

4. 耳朵的卫生保健

（1）了解耳朵的名称、基本结构和功能。

（2）常清洗耳郭；不用硬物挖耳朵；防止水灌进耳朵；不长时间待在有噪音污染的环境。

5. 皮肤的卫生保健

（1）掌握基本的皮肤保健知识。

（2）勤剪指甲，勤清洁皮肤；保持皮肤干净清爽；每天用肥皂清洗身体裸露部分；掌握正确的洗手、洗脸方式。

（三）幼儿园一日常规

学前儿童身体保健与生活自理能力教育贯穿于幼儿园一日生活流程中。表 4-2 是幼儿园一日生活流程表样例。

表 4-2　幼儿园一日生活流程表样例

时　间	生活环节	时　间	生活环节
7:30—8:30	入园、晨检、盥洗	11:40—12:00	餐后自由活动
8:00—9:00	区域活动	12:00—14:30	幼儿午睡
9:00—9:20	教育活动	14:30—15:00	起床
9:20—9:40	室内操	15:00—15:30	间点
9:40—10:00	间点及准备	15:30—16:00	户外活动、游戏活动
10:00—11:00	户外活动、游戏活动	16:00—16:15	离园准备
11:00—11:10	餐前准备活动	16:15—16:30	幼儿离园
11:10—11:40	幼儿午餐		

幼儿园一日生活常规要求目的在于帮助幼儿了解生活和身体保健的基本知识、规则和

技能，形成良好的生活作息习惯。幼儿园一日生活常规主要包括入园、盥洗、喝水、进餐、如厕等环节。

1. 入园

（1）衣着整洁，愉快入园。

（2）接受晨检，告诉老师有无不舒服的感觉。

（3）晨间活动结束后，自觉将玩具、图书放回原处。

2. 盥洗

（1）盥洗时不拥挤、不打闹，自觉遵守盥洗规则、方法，动作迅速、认真；不玩水，不浸湿衣服和地板。

（2）掌握正确的洗手、洗脸的方法。饭前、饭后、便后洗手，洗手、洗脸后用自己的毛巾擦干并挂好。

（3）掌握正确的刷牙方法，饭前、饭后及时漱口。

3. 喝水

（1）用自己的水杯喝水，喝完后将水杯放回原处。

（2）按要求接适量的水，不浪费水，喝水时不说笑打闹。

（3）能自愿喝白开水，每天能定时喝水，口渴时能主动喝水。

4. 进餐

（1）用正确的姿势进餐，正确使用餐具，逐步掌握独立进餐的技能。

（2）进餐时不嬉戏打闹，不大声说笑。

（3）进餐时细嚼慢咽，饭和菜搭配吃，不吃汤泡饭。

（4）用餐时尽量做到不掉不撒，用餐后将残渣放到盘子里，清理桌面，并把餐具放到指定地方。

5. 如厕

（1）逐渐能够独立大小便，能够自己脱裤子、提裤子。

（2）学会正确的如厕方法。

6. 午睡

（1）午餐后散步、如厕、换拖鞋，不嬉戏打闹或高声讲话，安静走入寝室。

（2）有序地脱下衣服并叠放整齐，放到指定地方。

（3）不带物品上床，不东张西望。掌握正确睡觉姿势，不蒙头睡，不趴着睡。

（4）逐渐能在起床后独立地穿衣服、鞋子。

（5）逐渐学会整理床铺。

相关链接

幼儿园生活活动评价标准

项目	小　　班	中　　班	大　　班
盥洗	能在成人的提醒下做到便前、便后、手脏时洗手，不吃手	能做到便前、便后、手脏时洗手	能保持仪表整洁，能勤洗手、勤洗澡
	会正确地洗手，能保持手的干净	会正确地洗手和使用手帕、餐巾，能保持手的干净	能动手整理自己的生活场所，并保持整洁
	能做到不玩水和肥皂，洗完手迅速离开卫生间	能做到不浪费水和肥皂，洗手后将水甩到水池内	能节约用水并保持地面清洁
如厕	能在身体需要时告诉成人，并在成人帮助下自理大小便，会自己擦屁股	能在需要时主动大小便，不将大小便弄在池外，会自己擦屁股	会自理大小便，大便后会正确使用手纸，会洗手，并将衣服整理好，女孩会主动拿纸正确擦屁股
	便后能主动冲厕所并主动洗手	便后能主动冲厕所，并主动洗手，不在厕所内打斗，便后迅速离开	便后能主动冲厕所，并将衣服整理好
	能自己脱、提裤子，女孩能在成人提醒下擦屁股	女孩会在提醒下正确擦屁股	如厕有性别意识，便后能主动洗手
进餐	能自己独立进餐，会正确使用勺子，能在提醒下餐前洗手	能正确使用餐具，餐前主动洗手	能愉快、独立取餐盘、进餐，能主动餐前洗手
	进餐时不讲话、不哭闹，能在成人帮助下将餐具放在指定位置并饭后漱口	能安静进餐，饭后把餐具放到指定位置，能主动漱口、擦嘴	能安静、愉快进餐，能主动整理餐具、餐桌，能主动漱口
	吃饭时不东张西望，不撒身上，不掉饭粒	吃饭时细嚼慢咽，不随便讲话，不掉饭粒	吃饭时保持桌面干净、地面干净、身上干净、碗内干净
	能在引导下饭菜搭配吃，不挑食、偏食，喜欢吃瓜果、蔬菜等新鲜食品	不挑食、偏食，不暴饮暴食，喜欢吃瓜果、蔬菜等新鲜食品	能饭菜搭配吃，初步具备控制饮食的意识
喝水	愿意饮用白开水，能够在成人提醒下喝水	能够主动喝水，做到随渴随喝	有良好的喝水习惯，能够主动喝水，做到随渴随喝
	知道使用自己的杯子喝水，喝完后把杯子放回原处	能喝够定量的水，每次喝水量不少于半杯	能喝够定量的水，每次喝水量不少于半杯
	能自己取杯子接水喝，并在成人引导下喝足够量的水	能按顺序取放水杯，不挤不抢，不洒水	有文明的接水习惯，不争抢，不推挤，不洒水
午睡	睡觉时不吃手，不用被子蒙头	能遵守睡眠纪律，保持安静	有良好的睡眠习惯，会整理自己的床铺
穿衣	能在成人帮助下穿脱衣服，并放在指定位置，能在引导下正确睡觉，不趴着，不仰着，侧身睡觉	按顺序穿脱衣服，衣服脱下后放到指定位置，指导侧卧睡眠，不趴着睡	脱下衣服鞋袜摆放整齐，保持良好睡眠习惯，有正确的睡姿

第三节　学前儿童身体保健和生活自理能力教育设计与实施

典型案例

天气变冷了，中（1）班的李老师又开始为小朋友穿衣服的事烦恼起来。虽然李老师经常反复提醒幼儿要把秋衣毛衣塞到裤子里，把肚子包好，有的小朋友会主动塞裤子，但是有的小朋友只是把裤子往上一拉就算好了。后来，经过其他老师的提醒，李老师把塞裤子的关键步骤变成儿歌让幼儿配上动作反复练习，幼儿主动塞裤子的习惯比以前要好得多了。

在培养幼儿生活自理能力时，用儿歌让幼儿了解动手做的具体方法，能较好地激发幼儿尝试动手做的意愿，相比于教师重复提醒，这样的方式效果更好。

一、学前儿童身体保健和生活自理能力教育需要注意的问题

（一）根据幼儿的身心发展特点选择教育方法

不同年龄的学前儿童有不同的身心发展特点，因此，根据幼儿的身心发展选择适合的教育方法对于学前儿童身体保健和生活自理能力教育至关重要。一般来说，小班的儿童具有爱模仿的特征，行为具有强烈的情绪性，思维具有直觉行动性，因此，在对小班的儿童进行身体保健和生活自理能力教育时，比较适合采用游戏法、榜样法、练习操作法等。中班的儿童爱玩、活泼好动，思维具有形象、具体性，因此，在对中班的儿童进行身体保健和生活自理能力教育时，比较适合采用游戏法、观察法、操作练习法等。大班的儿童爱提问，好奇心强，语言能力逐渐增强，因此，在对大班的儿童进行身体保健和生活自理能力教育时，比较适合采用讲解示范法、情景表演法、操作练习法等。

（二）观察幼儿，及时强化和纠正

学前儿童身体保健和生活自理能力教育可以渗透于幼儿园生活的各个环节中，因此教师应该注意在各个环节观察幼儿。当幼儿在生活自理方面表现得好时，如能每次主动地饭前洗手，教师应当及时地给予鼓励，使幼儿的行为得到强化，而当幼儿做出不当的行为或表现出不良的习惯时，教师应当及时予以纠正。

（三）注重教育的长期性

学前儿童身体保健和生活自理能力教育具有长期性和反复性的特点。对于一些已学过的内容，受到时间推移等因素的影响，儿童可能又会做出错误的行为，因此，学前儿童身

体保健和生活自理能力的教育不是一两次就能奏效的，同一个内容的教育要通过不同的形式组织多次。

（四）以幼儿为主体，注重幼儿的动手操作

学前儿童的思维具有形象性、具体性的特征，教师在组织学前儿童身体保健和生活自理能力教育的时候，应避免过多采用言语教育，而是给予幼儿更多的机会进行动手操作。比如，在培养幼儿正确的洗手方式时，教师不应该太多地通过语言进行指导，而是通过图片、视频的形式，让幼儿自己动手实践，这样，幼儿的学习效果更好。此外，教育应该考虑到幼儿的主体地位。教师应该更多地去激发幼儿的学习兴趣，通过启发、引导、协助等方式发挥幼儿的主体地位，让幼儿在身体保健和生活自理能力的培养教育中具有自主性、主动性和创造性。

（五）注重教育的随机性和渗透性

学前儿童身体保健和生活自理能力教育与一般的教学活动不一样，教育的契机存在于幼儿日常生活的每个角落。只要教师留心观察，处处都有教育的机会，例如，在小班的幼儿去沙池进行活动之前，教师可以借机教幼儿如何脱袜子，并把袜子放好。学前儿童身体保健和生活自理能力教育不仅可以进行专门的集体教学活动，还可以在日常生活的每个环节中进行。教师可以在晨检、盥洗、进餐、午睡等环节渗透相应的教育理念，让日常生活中的健康教育成为健康教育活动的延伸。在主题健康教育活动中，幼儿很多时候只是在认识上有了提高，但是相应的行为习惯需要在日常生活中加以巩固。

（六）遵循相应的原则

1. 科学性原则

传授给学前儿童的健康知识必须科学、准确，避免模糊的、似是而非的，有时甚至是错误的概念或者方法，比如，学生牙齿长了龋齿，问教师是怎么回事，教师随口回答“因为你牙齿里有虫子”。幼儿在流鼻血的时候，有些教师会让幼儿仰起头在其额头拍冷水。这些都是不严谨甚至错误的解释和做法，不是科学严谨的健康教育。正确的做法如下。

（1）对于龋齿的正确解释是残留在口腔中的食物残渣在乳酸杆菌的作用下发酵产生酸，特别是如果摄入过多糖分，产生的酸更多，产生的酸腐蚀牙釉质，渐渐形成龋齿。

（2）流鼻血的正确处理方法应该是稍微低头并捏住鼻翼，进行压迫止血，同时用湿毛巾放在额头、鼻子处进行冷敷。

2. 重视个体差异原则

学前儿童身体保健和生活自理能力教育是面向全体儿童的，但是幼儿习惯养成的情况会存在个体差异，因此，教师要重视个体差异，比如小班有个别幼儿常常尿湿裤子，教师需要对这些幼儿采用个别化、个性化的指导方式，平时多对这些儿童进行鼓励和引导，提醒他们不要憋尿，及时去上厕所，因此，教师要细致观察，了解不同幼儿的情况。

3. 活动性原则

学前儿童身体保健和生活自理能力教育应突出以活动为主的特点，充分考虑教育者、教育环境、课程和教学方法，把相关内容渗透在灵活多样、富有情趣的活动中，注重活动的综合性、趣味性，寓教育于生活、游戏中，强调活动过程的教育性和科学性，让幼儿在参与体验中获得有关经验，得到成长与发展。在教育教学实践中，教师应该有意识地渗透身体保健和生活自理能力内容，为幼儿提供健康、丰富的游戏环境与材料。

4. 直观性原则

直观性原则要求学前儿童身体保健和生活自理能力教育目标与内容的确定、方法与措施的选择等都必须充分考虑幼儿的年龄特点及其发展规律，符合他们以直觉形象性思维为主的思维特点，通过具体、直观、形象的教具及各类游戏活动，尤其是利用现代化教学手段，引导幼儿开展多种形式的感知活动。在愉快的游戏活动中提高幼儿的学习兴趣和探索欲望，这样才能取得事半功倍的教学效果，因而，教师要了解幼儿的想法、愿望和行为表现，用简洁、明确、有启发性的语言，把幼儿已有的知识经验联系起来，最终以良好的行为习惯和个性品质表现出来。此外，生活自理技能的培养还应建立在幼儿自身的实践基础上，在操作中感知和发展，如穿衣服、整理玩具、拿筷子等。

二、学前儿童身体保健和生活自理能力教育的途径和方法

学前儿童身体保健和生活自理能力教育内容与幼儿的日常生活联系非常密切，教师和家长可以根据具体的教育内容和幼儿年龄特点，采取合适的途径和方法开展教育活动。

（一）学前儿童身体保健和生活自理能力教育的途径

开展学前儿童身体保健和生活自理能力教育的途径有多种，主要包括较为正式的集体教学活动，教师言行和幼儿园环境的默默渗透，以及家园合作。

1. 通过日常生活和教师言行进行教育

学前儿童身体保健和生活自理能力教育与儿童的生活密切相关，应当在入园、盥洗、进餐、如厕、午睡、户外活动等一日生活环节渗透相关的保健知识与理念，实施相应的教育策略。此外，还可以通过教师言行进行渗透。教师的言行影响着幼儿的发展，幼儿具有一定的模仿能力，他们会把老师当作榜样，因此，教师要在日常生活中体现出良好的习惯和健康生活的理念，成为幼儿的好榜样。

2. 通过幼儿园环境进行教育

幼儿园环境是非常重要的教育资源，对学前儿童有着潜移默化的影响。创设与学前儿童身体保健和生活自理能力教育相适应的环境，能够有效促进学前儿童的良好习惯养成和身体健康。幼儿园应创设一个科学、安全的物质环境，在幼儿园的不同角落设置与学前儿童身体保健和生活自理能力教育相关的图示与图标，例如，在幼儿园内设置各种安全警示

标志；在活动室的墙壁上张贴学前儿童活动的照片或他们自己设计、剪贴的一日生活制度图示，还可以张贴提醒儿童爱护身体、注意健康的卡通图片；在寝室贴穿脱衣服的示意图，在盥洗室贴洗手、刷牙的示意图，如图 4-1 所示。

图 4-1　幼儿园盥洗室洗手示意图

3．设计合理的集体教学活动

学前儿童身体保健和生活自理能力教育的教学活动要根据《指南》以及幼儿的实际，把教学内容进行合理的规划和设计，从而完成课堂教学任务，达到教育的目的，例如，在身体健康保健课程中学习“五官”的内容时，其中涉及四个问题：五官有什么、五官是什么样的、五官能为我们做什么、我们如何保护五官。在活动中，需要顺着问题的难易程度，把这些问题有机地衔接在一起，这样才能既符合幼儿能力发展水平，也符合幼儿从易到难的接受规律。这四个问题层层递进，由浅入深，让幼儿由知到行，从而真正认识自己五官的作用，进一步保护自己的五官，爱惜自己的身体，达到教学目标。

4．家园合作

家庭是幼儿生活和学习的第一场所，也是幼儿园的重要合作伙伴，家长是幼儿的第一任教师。家庭主动配合幼儿园的工作，不仅可以减轻幼儿园教师的负担，而且对幼儿的成长具有促进作用，因此，在对学前儿童的身体保健和生活自理能力进行教育时，家庭要主动与幼儿园配合，共同促进幼儿自理能力和健康意识的培养。

首先，家长可以主动参与执行家园联系表。家园联系表的作用是幼儿园在行为习惯方面对家长提出的具体要求，要求家长主动配合并严格督促幼儿执行，表扬有进步的幼儿，以此来帮助小班幼儿养成良好的生活自理行为习惯。家长可根据图示给幼儿评价，在备注里记录幼儿在家好的表现及有趣的事情，等等。家长要每天坚持详细认真地记录，教师认真细致地整理和统计，幼儿园每周进行总结，以光荣榜的形式对表现有明显进步的幼儿给予鼓励。这样家长及幼儿都会积极地参与到这样的一种活动形式中来，可以针对幼儿存在的不足及时给予帮助。

其次，家长可以设立良好的家庭环境进行教育培养。在幼儿及家里的房间里可以贴一些有助于幼儿练习自理能力的图片，例如小朋友穿衣服的图片，收拾玩具的图片等；也可以在洗手间里贴上小动物刷牙、洗脸的图片；播放幼儿生活自理和健康常识的动画片。通过这些形式使幼儿在潜移默化中养成良好的生活自理习惯以及身体保健意识。需要注意的是，家庭教育需要保持一致性，各家庭成员之间应该经常沟通、交流，保持对幼儿的要求和指导一致，这样才能给幼儿一个正确的指导方向和目标。

（二）学前儿童身体保健和生活自理能力教育的方法

学前儿童身体保健和生活自理能力教育的方法多种多样，教师应根据不同年龄的幼儿的特点以及具体的内容，选择合适的方法。

1．行为练习法

行为练习法是一种让学前儿童对已学过的生活技能、动作行为等进行反复练习，加深理解，从而形成稳定的技能和良好的行为习惯的方法。例如，教师在教幼儿叠被子的正确方法后，要让幼儿反复进行练习，在练习的过程中，教师要及时纠正幼儿错误的动作和行为，如图 4-2 所示。动作和行为练习法一般分为重复练习法、条件练习法、完整和分解练习法、循环练习法。

图 4-2　幼儿练习叠被子

2．讲解演示法

讲解演示法是教师边讲解边结合动作演示，或以实物、模型、图片等进行演示，具体而形象地向学前儿童传授有关的健康知识、卫生习惯和生活技能的方法。例如，教师给幼儿讲解并示范刷牙、穿脱衣服的具体步骤，但是，由于幼儿的言语能力及理解能力有限，教师在使用讲解演示法时需要注意以下问题。

（1）要运用具体、精确、幼儿能理解的语言进行讲解。

（2）讲解要确保准确性，并且要有趣味性。

（3）讲解要和演示相结合。

教师在演示的时候，要借助实物、模型等，用夸张的动作进行示范。

互动平台

教师：请小朋友张开小嘴巴，互相看一看，我们的牙齿有几排？上面的牙齿在哪里？下面的牙齿呢？牙齿里面呢？（引导幼儿根据教师的指令指出相应的部位）

教师：你们会刷牙吗？你们每天什么时候刷牙？你们是怎样刷的？谁来做给大家看看？（请个别幼儿示范）

教师：刷牙时，要沿着牙缝上下刷，上面的牙齿要从上往下刷，下面的牙齿要从下往上刷，里里外外全刷到。两边大牙的咬合面要从里往外来回刷。（教师边示范边讲解）

3. 情景表演法

情景表演法是指通过现场或录像向幼儿展示生活情景，让幼儿观察和分析情景中所涉及的身体保健或生活自理能力教育问题。由于情景表演的主题源自真实的生活，因而能较好地激发幼儿的兴趣，帮助幼儿认识生活中可能遇到的同类问题和冲突，树立健康的态度和生活习惯。

4. 游戏法

游戏法是指通过游戏的方式组织学前儿童进行身体保健和生活自理能力教育的方法。这种方法能将幼儿难以理解或枯燥的一些知识和动作变成有趣的模仿活动或游戏情节，提高幼儿学习、练习的兴趣，使儿童在愉快的气氛中学会知识和技能。

互动平台

“帮帮懒羊羊”游戏

（1）幼儿人手一幅食物图片，将垃圾食品和健康食品分类放在相应的区域，进行分类。

（2）教师设置情景：懒羊羊来到我们幼儿园时，很多喜欢他的人送了好吃的给他，他想请小朋友帮他把健康食品和垃圾食品分开。

（3）教师点评幼儿分类结果。

5. 感知体验法

感知体验法是让学前儿童通过看、听、摸、闻、尝等各种感官来认识和判别事物的特性，从而获得身体保健或生活自理能力的方法。这种方法能有效地激发幼儿参与活动和在活动中探究的兴趣，加强他们对知识、技能的印象，例如，教师在对学前儿童进行“不挑食”主题的教育活动时，可以引导学前儿童通过看和闻来说出不同食物的名称，再让儿童通过尝一尝了解不同食物的味道；让幼儿亲手操作，自主探究如何包饺子。

6. 讨论评议法

讨论评议法是指让学前儿童参与到身体保健或生活自理能力教育的过程中，通过让学前儿童提出问题、发表自己的意见和看法，共同交流，最终达成一致的方法。这种方法有效地帮助幼儿表达自己的真实想法，在讨论、评议中提高他们辨别是非的能力和对身体保健和生活自理能力的认知水平。教师可以让学前儿童先观察相关的图片、模型、录像等，再引导幼儿进行思考、讨论。由于该方法需要学前儿童具备一定的知识经验和较好的语言表达能力，因此比较适合在中班以上的年级使用，例如教师组织幼儿欣赏小朋友用手揉眼睛的图片，让幼儿讨论图片中小朋友的做法对不对，应该如何做，最后教师进行小结。通过讨论评议法，能提高学前儿童明辨是非的能力和对生活活动的认识水平。

三、学前儿童身体保健和生活自理能力教育设计与指导

学前儿童身体保健和生活自理能力活动可以通过教学活动、一日生活各个环节活动等途径进行，特别是教学活动，仍然是幼儿教师实施学前儿童身体保健和生活自理能力教育的主要途径。在对学前儿童身体保健和生活自理能力教育活动进行设计时，要对幼儿发展情况进行了解，对活动目标、活动准备、活动内容和活动过程等进行设计。

（一）学前儿童身体保健和生活自理能力教育活动设计的步骤及要求

学前儿童身体保健和生活自理能力教育活动的设计一般包含以下几个主要步骤。

1．了解和分析学前儿童的发展情况

首先要了解活动对象儿童的身心发展水平和特点，还要了解本班儿童身心发展的整体水平和特点。其次，分析所选择的活动内容是否符合该年龄段的儿童的发展特点。最后，分析所选择的活动形式和方法是否符合该年龄段的儿童的发展特点。

2．确定活动目标

确定活动目标是学前儿童身体保健和生活自理能力教育活动设计的关键，活动目标的恰当与否，直接关系到整个活动的效果。活动目标的确定需要参照《指南》和《纲要》，着眼于儿童的发展，详见本章第二节的内容。

3．选择活动主题和内容

活动主题和内容是获得目标实现的途径，是活动目标的载体。不同年龄学前儿童的活动内容存在差异，详见本章第二节的内容。

4．设计活动准备

活动准备包括物质准备和经验准备。物质准备包括活动过程中用到的图片、PPT、录像等资料材料，例如，小班“我有一双干净的小手”活动，教师在活动前要准备洗手的步骤图。经验准备包括学前儿童活动前的知识和能力方面的准备，例如，中班“小小营养师”活动，教师在活动前布置学前儿童搜集常见食物的营养成分的资料，为活动做经验准备。

5．设计活动过程

活动过程是为了达到活动目标、促进儿童发展而对活动内容的具体展开和教育方法具

体运用的设计。活动设计包含以下几个部分。

（1）活动导入设计。活动导入是在活动开始前，为了激发学前儿童的学习兴趣、吸引儿童的注意力而设置的一个环节。教师可以视具体活动内容用不同的方法进行导入。常用的导入方法如下。

① 直入式。直入式是教师运用直观的材料开门见山、直接导入新课内容的方法，例如，中班“我的牙齿”活动中，教师直接出示牙齿的图片导入活动。

② 谈话式。谈话式导入的方法是师幼在交谈中不知不觉地渗透新课内容，进而又自然而然地引入课题，例如，大班“我能自己穿衣服”活动的导入语：“小朋友，请你们说说自己每天起床之后都要做些什么事情，你们都是自己完成这些事情的吗？”让幼儿自由发言，教师小结：“哦，刚刚小朋友们都提到了穿衣服，那我们今天就一起来学一下怎么穿衣服。”

③ 谜语式。通过猜谜语能够概括事物的主要特征，帮助幼儿理解新课内容，启发幼儿的学习兴趣，例如，中班“保护我们的小眼睛”活动，教师通过呈现谜语“上边毛，下边毛，中间夹颗黑葡萄。上大门，下大门，关起门来就睡觉”进行导入。

④ 故事式。以故事的形式导入新课，能吸引幼儿的注意力，调动幼儿的学习积极性。例如，中班“蔬菜品种多”活动的导入语：“刚刚老师接到了一个电话，小朋友们想不想知道是谁打来的？是蔬菜王国的国王给老师打来的，它告诉老师说他们蔬菜王国给我们小朋友寄来了很多东西，放在了活动室里，小朋友们想不想去看看是什么？”

需要注意的是，导入部分的时间一般较短，教师要把握好时间，不要拖拉。教师在选择导入方式的时候也要考虑儿童的特点。

（2）活动主要过程设计。活动的主要过程是整个活动最重要的部分。在对活动主要过程进行设计时，要遵循以下原则：首先，主要活动过程的环节之间要环环相扣、层层递进，突出重点，例如，在小班活动“我有洁白的牙齿”中，教师可以设计三个主要活动环节：为什么要刷牙、什么时候刷牙、怎样刷牙。教师可以通过“显微镜下看牙齿”“牙齿细菌喜欢谁”“牙齿爱干净”三个活动组织，其中教师要把重点放在“牙齿爱干净”活动中，示范如何正确刷牙，接着组织幼儿进行练习。其次，活动方法和组织形式要根据活动内容的特点以及学前儿童的发展水平和特点，选择合适的活动方法和组织形式，例如，盥洗、如厕、刷牙、穿脱衣服等生活自理能力的教育活动涉及幼儿的技能学习，教师在活动设计时应包含讲解示范或动画演示，并给予幼儿自主练习的机会；在进行眼睛、耳朵、鼻子等的身体保健教育时，可以引导幼儿进行讨论，并借助模型进行讲解。活动组织形式应该尽可能地多样化，从而提高幼儿的学习兴趣。

（3）活动延伸设计。活动延伸部分的设置是为了保持教学活动的完整性、连贯性，从而更好地保证幼儿发展的完整性、连贯性，对学前儿童的发展具有重要影响。教师应该根据不同的活动设计内容以及目的确定选择活动延伸的方法。一般来说，活动延伸的方法包括以下几种：① 延伸到下一个活动。将内容较多的活动内容分成两个具有连贯性的活动进行。② 延伸到家庭中。将幼儿园比较难以实现的延伸活动，延伸至家庭，邀请家长配合完成。例如，在中班“蔬菜品种多”的活动中，设置的活动延伸是让幼儿回家和爸爸妈妈一起来制作蔬菜拼盘。这样的延伸方式也可以实现家园合作，共同促进幼儿的发展。③ 延伸到区角。例如，在中班“好吃的食物”活动的延伸活动是在区角投放更多类型的食品，给予幼儿更多操作的机会，让幼儿继续探索。

（二）学前儿童身体保健和生活自理能力教育活动案例

【案例 4-1】

我有一双干净的手（小班）

一、设计意图

孩子们现在最需要的不是知识的传授，而是能力的培养、良好习惯的养成。中国有句俗话“三岁看大，七岁看老”，可见幼儿期养成的良好习惯对孩子们后续发展带来的重要影响。三岁左右的幼儿，由于他们的能力有限，往往做不好自己想做的事，加上独生子女受家长过分溺爱，表现出自我生存能力与自我服务能力差的倾向。为此，我们设计了一组活动，通过激发幼儿参与生活活动的兴趣，培养他们基本的生活自理能力和良好的生活卫生习惯，使孩子们成为一个完整的社会人。

二、活动目标

1．学习正确的洗手方法。

2．养成饭前、便后、手脏时洗手的卫生习惯。

三、活动准备

幼儿操作材料“我有一双干净的手”（一）到（六）示意图。

四、活动过程

1．教师提问，引出课题

（1）小手脏了怎么办？引导幼儿说出：小手脏了应洗手。

（2）哪个小朋友知道该怎样洗手？启发幼儿说出洗手的顺序和方法。

2．幼儿观察画面

请幼儿观察操作材料，提出问题：洗手的顺序是什么？启发幼儿按洗手顺序观察画面，并用语言表述。

3．教师总结正确的洗手顺序

先卷袖子，打开水龙头淋湿双手，然后抹肥皂，再搓手，最后冲干净手上的肥皂沫，关上水龙头，用毛巾把手擦干，放下袖子。

4．教师教幼儿正确洗手的方法

（1）卷袖子。教师边示范边讲解卷袖子的方法：袖口一层一层向上卷或袖子向上推拉。

教师教幼儿念卷袖子的儿歌：

白衣袖，花衣袖，洗手前，快卷袖。一二三，四五六，不让水滴沾袖口。

幼儿边练习边念儿歌。

（2）抹肥皂、搓手。教师边示范边讲解抹肥皂、搓手的方法：抹上肥皂后，一定要搓出泡沫，才能把手洗干净。

教幼儿搓手的儿歌：

手心手心搓搓搓，手背手背搓搓搓；换只小手再搓搓，一二三，搓好了。

幼儿边练习边念儿歌。

（3）毛巾擦手。教师边示范边讲解用毛巾把手擦干的方法。洗完手后用自己的毛巾先将一只手的手心、手背擦干，再将另一只手的手心、手背擦干，最后放下卷起的衣袖。

幼儿反复练习几次。

5．游戏

教师说出某一洗手动作的名称，如“卷衣袖”“擦手”等，幼儿立即做出相应的动作。

6．教师提问

我们什么时候要洗手呢？启发幼儿说出饭前、便后、手脏时要及时洗手。培养幼儿爱清洁、讲卫生的好习惯。

五、活动建议

（1）此活动可作为专门活动开展起来并让幼儿练习，也可在午饭前洗手活动时进行。

（2）日常生活中，教师注意观察幼儿洗手的情况，提醒幼儿洗手和用正确的方法洗手。

（资料来源：张慧和，顾荣芳，薛菁华．健康（小班）[M]．南京：南京师范大学出版社，2000：36）

【案例 4-2】

蔬菜宝宝有营养（中班）

一、设计意图

在进餐环节中，个别幼儿有挑食现象，尤其不愿意吃蔬菜。幼儿正处于成长发展阶段，其营养状况如何将直接影响到成长，而且幼儿挑食会导致营养不良。《指南》中也指出：“帮助幼儿了解食物的营养价值，引导他们不偏食、不挑食，喜欢吃瓜果、蔬菜等新鲜食品。”设计此活动，意在让幼儿了解吃蔬菜有利于身体健康，逐步养成不挑食的好习惯。

二、活动目标

（1）喜欢吃蔬菜，知道吃蔬菜有利于身体健康。

（2）能说出蔬菜的基本特征，了解它们的种类。

（3）知道蔬菜有营养价值，并且逐步养成不挑食、不浪费的好习惯。

三、活动重点与难点

（1）活动重点：能说出蔬菜的基本特征，知道吃的是蔬菜的哪部分以及蔬菜的功用。
（2）活动难点：知道蔬菜的营养价值，逐步养成不挑食、不浪费的好习惯。

四、活动准备

实物西红柿、胡萝卜、青椒、菠菜、芹菜及多种蔬菜图片，沙拉和千岛酱，小碟和小勺，湿巾和湿纸巾，活动课件。

五、活动过程

1．创设情境，引起幼儿对蔬菜的兴趣，调动幼儿的已有经验

幼儿观看各种蔬菜图片或实物。教师提问：你们认识这些蔬菜宝宝吗？你喜欢吃哪一种蔬菜？这些蔬菜中可以吃的部分是什么？出示一幅完整的植物生长图，让幼儿知道植物的身体是由根、茎、叶、花、果实五部分组成的。

猜谜游戏，调动感官，引发幼儿了解多吃蔬菜有利于身体健康。

师：今天有三位蔬菜朋友和小朋友玩一个游戏，请你们仔细听一听，猜一猜他们是谁。

（1）“高高的个子，浅绿的衣服，闻一闻，香香的。”

教师运用变魔术的形式，让幼儿认识青菜的粗纤维，以芹菜的口吻说：“小朋友们太聪明了，我来给大家变个魔术，（把芹菜掰开）我的身体里长着这样的细丝，它们会像小刷子一样，把小朋友肚子里的脏东西刷下来，吃了我你们的大便会很通畅。”

（2）“矮矮的个子，深绿的衣服，肚子里长满许多小白子，闻一闻，清香的。”

以辣椒的口吻说：“我是辣椒宝宝，我有许多维生素C，给小朋友补充营养和水分，吃了我会使小朋友的皮肤非常滋润。”

（3）“穿着橘色的裙子，苗条的身材，闻一闻，也是香香的。”

以胡萝卜的口吻说：“我是胡萝卜宝宝，吃了我会使你的眼睛亮亮的。”

我们还带来了好多蔬菜宝宝，让它们和你们认识吧！

白菜：有清热解毒的功能，可以润泽我们的皮肤。我们应该吃它的哪一部分？（叶）

胡萝卜：含有丰富的胡萝卜素，具有抗衰老、增强免疫力的功能。我们应该吃它哪一部分？（根）

番茄：不仅酸甜可口，还可防治多种疾病，如治疗牙龈出血、中暑、退烧等。我们应该吃它的哪一部分？（果实）

土豆：通利大便，治疗消化不良、肠胃不和。我们应该吃它的哪一部分？（果实）

2．观看PPT，引导幼儿不挑食

师：小朋友们都喜欢我们吗？可是，有一位小朋友不喜欢我们，你们看！

教师播放课件，幼儿观看。

提问：他在干什么？他为什么这样做？如果你见到我们，你会怎么做呢？

3．游戏“我爱吃蔬菜”

请小朋友们选择自己最喜欢吃的蔬菜卡片，将它们贴在身上，并扮演所选的蔬菜。一人先开始，如扮演白菜的小朋友先开始，说“吃白菜吃白菜，吃完白菜吃番茄”，被叫到的人继续说，若未说出或慢则被淘汰，反复进行几次。

4．体验和感受制作蔬菜沙拉

幼儿自由选择喜欢的蔬菜作为材料制作蔬菜沙拉，通过操作，进一步提高幼儿对蔬菜的喜爱。

提问：你做的蔬菜沙拉里有哪些蔬菜？你做的是什么口味的？你喜欢吃吗？为什么？

六、活动结束

蔬菜的种类多，不同蔬菜有不同的营养，样样蔬菜都要吃，长身体需要这些营养，所以小朋友每天都要吃一两种蔬菜，我们和蔬菜做朋友会使我们健康成长。

七、活动延伸

请幼儿回家和爸爸妈妈一起做蔬菜沙拉，巩固对蔬菜的认识。

八、家园合作

与家长联系，让幼儿在家也要多吃蔬菜，养成幼儿不偏食、不挑食的好习惯。

（资料来源：哈尔滨市香坊区幼儿园，刘磊）

【案例 4-3】

牙齿上有小洞洞（大班）

一、活动目标

（1）知道酸会腐蚀牙齿，学习牙防五步骤，知道正确的护牙常识。

（2）能说龋齿三种以上的危害。

（3）养成良好的刷牙、护牙卫生习惯。

二、活动准备

（1）鸡蛋壳、饼干、杯子、醋、镜子。

（2）课前两天和幼儿一起将鸡蛋壳浸泡在醋里。

（3）产生龋齿的过程图片和牙防五步骤的图片。

牙防五步骤：

第一步：早晚刷，保护牙齿坚持刷。

第二步：氟泰好，氟泰牙膏防蛀牙。

第三步：刷头小，刷毛软，保健牙刷带回家。

第四步：少吃糖，健康饮食人人夸。

第五步：找牙医，定期检查别忘了。

牙防五步请牢记，健康牙齿笑哈哈！

（4）牙模型、牙刷各一。

（5）动画片《聪聪王子牙防历险记》。

（6）字卡若干。

三、活动过程

1．律动进场，引出情境表演

牙宝宝在哭，原来是他的小主人喜欢吃甜食，又不刷牙，时间长了，细菌在牙宝宝的身上钻了几个洞洞。

2．寻找龋齿产生的原因

（1）牙宝宝请小朋友吃饼干，然后漱口，观察干净的水有了什么变化。（知道人们吃完东西后会有食物残渣留在牙缝里）（出示图片）

（2）师：我们嘴里有一种细菌，会使这些食物残渣变酸（出示图片），如果时间长了，我们原来健康的牙齿会怎样呢？（出示图片）

（3）师：小朋友的桌子上有一个鸡蛋壳，用筷子轻轻地敲一敲，感觉怎样？（硬硬的）再看看杯子里是什么？那是我们前两天浸在醋里的鸡蛋壳，看看现在怎样了？

（4）讨论：为什么鸡蛋壳会变黑变软了呢？（醋是酸的，会腐蚀鸡蛋壳中的钙，所以鸡蛋壳就变黑变软了）

（5）小结：我们人的嘴里有一种细菌会使食物残渣变酸，时间久了，这些酸就会像醋腐蚀鸡蛋壳一样，将我们牙齿里的钙腐蚀掉，牙齿就会变黑，产生龋洞，也就是龋齿，我们也叫它蛀牙。

3．知道正确的护牙方法

4．做游戏“保护牙齿有佳佳”

方法：选一名幼儿扮演“蛀牙虫”，一名幼儿扮演“牙防卫士佳佳”，其余幼儿扮演“牙齿”跟在“佳佳”后面。“蛀牙虫”去抓“牙齿”，“牙防卫士”要拦住“蛀牙虫”保护“牙齿”。

（资料来源：王娟．学前儿童健康教育 [M]．上海：复旦大学出版社，2015）

在线测试

1．学前儿童身体保健和生活自理能力教育的意义有哪些？

2．学前儿童身体保健和生活自理能力教育的目标和内容是什么？

3．任选学前儿童身体保健和生活自理能力教育的内容，设计一个活动方案，并组织或模拟该活动。

真 题 训 练

1．新入园的小班幼儿在洗手时出现了许多问题：有的把袖子弄湿，不洗手背，冲不干净皂液；有的争抢或拥挤，玩水忘记洗手，擦手后毛巾乱放在架子上；有的握不住大块肥皂，有的因毛巾架离水池远，一路甩水把地面弄得很湿……

请针对上述问题，设计一份改进洗手环节的工作方案。要求写出对问题的分析、工作目标和解决各类问题的主要方法。（2012 年下）

2．小班赵老师发现幼儿进餐时存在各种问题：有的幼儿情绪不稳定，吃饭时哭着找妈妈；有的幼儿不会拿勺子吃，一定要老师喂；有的幼儿挑食，不吃这个，不吃那个；还有的幼儿吃一会儿，玩一会儿，饭凉了都还没吃完……

第四章参考答案

请设计一份解决上述问题的教育方案。要求写出对问题的分析、教育目标和解决问题的主要方法。（2013 年上）

本章拓展阅读

幼儿园健康教育中绘本资源的运用

1．合理取材，渗透健康知识

“教给幼儿一些简单的健康常识，培养他们良好的生活习惯和初步的生活自理能力。”这是幼儿健康教育的目标。 仅仅依靠开展一节健康教学活动，是不能使幼儿养成良好的生活习惯的，幼儿教师需要在幼儿的日常生活中时常给予提醒和督促。幼儿教师可以选用适合幼儿身心特点的健康教育类绘本对幼儿的日常生活进行鞭策，通过绘本中人物的行为、对话以及角色来渗透健康知识促使幼儿纠正自身错误的行为习惯，比如中班绘本故事《根本就不脏嘛》通过不洗手或者不知道洗手危害之前的小女孩子的辩白，和知道危害后小女孩的主动洗手作为对比，可以让幼儿深刻知道洗手的重要性。这本书以幼儿的口吻表达，还原了幼儿的真实想法。幼儿教师可以利用绘本中生动可爱的主人翁和亲切幽默的小情节让幼儿了解不洗手，手上会有许多细菌从而导致生病、打针、吃药的严重后果，帮助幼儿逐步养成爱洗手的良好习惯。

2．创设健康教育情境

3～6 岁幼儿以具体形象思维为主，为了促使幼儿主动探索绘本资源，而不是被动地接受指导，教师可以创设多样化的健康教育情境。教师可以选取绘本中合适的健康安全小知识粘贴在活动室墙面上，让幼儿在观察绘本的同时习得安全常规，如教师可以将绘本《苹果猪触电了》中的内容粘贴在教室的插座、电器旁，孩子们通过阅读认识到安全用电的重要性。此外，教师也可以在幼儿园相应的区角投放相关健康知识类绘本，比如，有的幼儿园会创设小餐厅、小饭店的区角，此时在投放各种食材的区域放上一本《我绝对绝对不吃番茄》。《我绝对绝对不吃番茄》这本绘本的主人翁是一个非常挑食的小姑娘劳拉，不过在负责喂饭的查理哥哥口中，劳拉的食物充满了奇幻色彩，有绿王国的绿雨滴豌豆，富士山顶的白云土豆泥，还有从海底超市买来的美人鱼常吃的海洋零食炸鱼块……于是，绝对绝对不吃饭的劳拉吃下了许多食物。幼儿可以一边读绘本一边通过色彩鲜明的图案认识不同的蔬菜，同时在吃饭时幼儿也可以发挥自己的想象力给食物取不同的名字，这样既增加了吃饭的乐趣，又能在潜移默化中帮助幼儿改变挑食的习惯。

3．家园合作，构建绘本健康教育的一致性

家园合作是幼儿园教育工作的重要组成部分，它不仅有利于促进幼儿园教育质量的提高， 同时能够促进幼儿身心全面和谐地发展，因此幼儿园在健康教育绘本资源的运用中也要充分发挥家长力量，确保绘本健康教育的一致性。幼儿园一方面通过提供园所使用的健康领域绘本巩固在园教师的教育成果，另一方面可以提供相同主题的其他绘本，鼓励家长进行亲子阅读活动，这样就可以让家长在平常的生活中也可以提醒和督促幼儿养成健康的行为习惯，与教师同步教育，促进孩子健康成长。比如，教师在幼儿园使用《小熊不刷牙》绘本帮助幼儿了解不刷牙的坏处和保护牙齿的重要性，在离园时教师可以在阅读角提供多本《小熊不刷牙》绘本供家长借阅，同时也可以提供《鳄鱼怕怕，牙医怕怕》《牙细菌大作战》《神奇牙膏》等同主题绘本供家长和幼儿开展亲子阅读活动，帮助幼儿从不同角度全面了解口腔健康的重要性。通过幼儿园和家庭的一致性教育，就可以强化各种健康知识、健康行为习惯，以促进幼儿的健康发展。

幼儿教师在健康教育活动中有意识地将绘本故事和生活结合起来，采取幼儿可接受的方式，引导幼儿将绘本故事的健康知识、行为习惯和情绪反应在生活中再现，并巩固强化幼儿的积极情感体验。幼儿教师要立足于幼儿的立场，避免功利化和过度开发绘本资源，让幼儿在自然、愉快的阅读氛围中提高健康意识，纠正错误的健康行为并培养健康习惯和健康心理品质。

学习评价与反思

____

____

____

____

第五章　学前儿童体育

本章导读

现代社会对儿童成才的问题越来越关注，学前儿童体育活动的开展无疑可以让儿童亲身体验运动中的无限乐趣，给予学前儿童强健的体魄与高质量的社会交往锻炼。体育游戏不同于角色游戏，需要儿童发挥想象力模仿扮演，也不似结构游戏那样要求儿童利用发展思维进行玩具搭建，它本身就存在于儿童的生活中。儿童喜爱体育游戏，更多由于体育游戏过程中的良好体验，其有助于儿童更好地追求身心的发展。可以说，学前儿童体育游戏是儿童最亲切、最需要的天然活动，而且，其活动中传递的精神与国家素质教育理念是完全吻合的，所以说，体育游戏是学前儿童生长发育、全面发展不可缺少的一项重要的活动，那么学前儿童体育活动的内涵、目标是什么？内容又有哪些？我们在设计和组织孩子开展体育活动的过程中又应该注意哪些问题？让我们一起来学习本章的内容，寻找答案。

学习目标

1. 了解学前儿童体育活动的含义和价值。
2. 知道学前儿童体育活动的目标和内容。
3. 掌握学前儿童体育活动的组织形式和规律。

学习重点

1. 知道学前儿童体育活动的目标和内容。
2. 能够运用所学理论组织幼儿园体育游戏。

思维导图

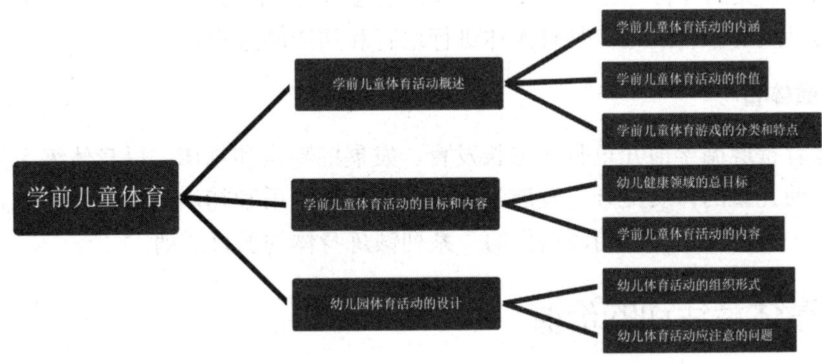

第一节　学前儿童体育活动概述

一、学前儿童体育活动的内涵

学前儿童体育游戏是具有游戏和体育两种属性的活动，学前儿童体育游戏属于游戏的一种，是根据儿童身体和心理的发展特点，以适当的体育锻炼为辅助手段，通过各种组织形式所形成的一种有组织、有计划、有目的的教育教学手段。学前儿童体育游戏对于社会个体的身体健康、认知发展、技能训练、思想道德以及社会交往能力的发展都有着极其重要的促进作用。任何游戏都包含着一定内容、环节、形式与规则，但学前儿童体育游戏因具有易于组织、便于开展、效果可观的特征，得到了教师及儿童的充分喜爱。

体育游戏还具有重要的教育功能，它能够对学前儿童进行有效的健康发展、生理机能教育与社会认知教育，成为促进学前儿童愉悦身心、自我调节、张扬个性与塑造健全人格的教育手段。同时，体育游戏能够提高学前儿童神经中枢的灵活性与协调性，并训练儿童对外界刺激随机应变的能力。学前儿童体育游戏是一项集走、跑、跳、投等多种动作的综合性活动，其形式多样、内容广泛、操作简单，正是体育游戏的这些特点，决定了学前儿童可以在日常生活中练习，教师可以在特定的场地进行组织开展。相对于学前儿童而言，体育游戏能够有效满足其身心的发展需求，因而，学前儿童体育游戏对儿童个性化全面发展尤为重要。

1．体育

体育是根据生产和生活的需要，遵循人体身心的发展规律，以身体练习为基本手段，达到增强体质，提高运动技术水平，进行思想品德教育，丰富社会文化生活而进行的一种有目的、有意识、有组织的社会活动。广义的体育是指以身体练习为基本手段，以增强人的体质，促进人的全面发展，丰富社会文化生活和促进精神文明为目的的一种有意识、有组织的社会活动。狭义的体育是指一个发展身体，增强体质，传授锻炼身体的知识、技能，培养道德和意志品质的教育过程，是对人体进行培育和塑造的过程。

2．学前儿童体育

学前儿童体育指遵循学前儿童身体生长发育、发展的特点和规律，以身体练习为基本手段，以促进学前儿童的体质提升，发展学前儿童的身体素质和初步运动能力，提高幼儿的健康水平和健康意识为主要目的而进行的一系列锻炼身体的教育活动。

二、学前儿童体育活动的价值

学前儿童教育是人生教育的启蒙，也是基础教育的开始，同时，这个阶段也是学前儿童社会心理与行为、个性心理、情绪情感与意志和认知形成和发展的关键时期。瑞士民主主义教育家裴斯泰洛奇将“教育心理化”原则应用于儿童的体育锻炼，他指出儿童体力发展的最简单要素就是各种关节的活动，对学前儿童的体育教育也是从简单的抓、握、蹬、搬运、旋转、摆动等动作开始的，并逐渐向复杂的动作转化。学前儿童体育是指以正处在人体形态、机能和生长发育阶段的 3～6 岁儿童为对象，为使学前儿童更健康地生长发育，并为未来的健康发展奠定良好而坚实的基础，而积极开展的以身体锻炼为手段的各种体育活动。它是根据儿童的年龄、生理、心理特点来安排的以体育游戏为主的活动。体育游戏是学前儿童体育教育过程中的主要表现形式。儿童教育学家蒙台梭利曾说过：“儿童对于活动的需求几乎比对实物的需求更为强烈。”这充分说明了体育活动是符合儿童特点、满足儿童需要的，是学前儿童教育中不可或缺的重要内容。

（一）体育活动在学前儿童心理形成过程中的价值

1. 体育活动有助于学前儿童身心发展

我国著名的教育家陈鹤琴曾说过：“小孩子生来是好动的，是以游戏为生命的。”的确，学前儿童正处于大脑发育旺盛的时期，适当的体育活动和心理活动的有机结合，有利于儿童大脑的发育。让孩子处于一个动态的体育活动中，尽情地发挥自己的能力和优势，让孩子的内在世界与外在环境相互作用、相互影响，在不断挫败、不断反馈中促进儿童的身心发展，特别是当儿童在游戏中体验到自己是独特的、有能力的，在游戏中不断地给自己定位，并进行自我引导，如此一来，孩子在感受环境的同时，环境也在不断地塑造孩子。在游戏活动中，儿童的心理不断成长，逐渐过渡到一个新的、更高的阶段。

2. 体育活动有助于学前儿童认知能力的发展

认知是儿童获得认知的过程，当儿童积极构建、理解以及改变他的环境时，认知便自然地发生。认知既来源于活动，同时又是儿童在和环境相互作用的过程中对活动的把握。儿童在游戏所设定的情境中通过切身的体验、观察，发挥自己的推断能力、行为能力和探索能力，知识和经验不断扩大，认知能力也就得到了提高。在体育活动中，由于环境和条件都是动态的、灵活多变的，儿童在感兴趣的游戏中积极主动地参与，对自己参与的游戏活动做出相应的判断和选择，这就为儿童创造性思维的发展提供了条件。体育游戏还可以促进儿童想象力、创造力和语言表达能力的发展。体育游戏使儿童在玩乐的过程中接受新知识，吸取新信息。现代教育学、心理学的研究成果揭示：游戏是儿童认识世界的道路，是儿童通过实际行动探索周围世界的一种积极活动。游戏适应儿童心理发展的需要，符合心理发展的水平，对儿童心理发展起着极其重要的作用。

3. 体育活动有助于学前儿童情绪情感的发展

儿童在活动中所表达出来的喜怒哀乐是他们对外界环境的理解、联系和回应，是儿童情绪情感的表达。在体育游戏中，儿童可以自由地表达自己的情绪体验，成功的喜悦，失败的沮丧，在这些情绪体验中逐渐培养自己的社会行为和自信心，消除自闭、畏缩的行为。

同时，在活动的过程中，成人只要细心观察就会发现孩子的个性特征，从而给予针对性的教育，对其个性的形成具有重要的意义。在体育游戏中，不同的动作会使儿童获得不同的感官刺激，大大加快体育运动的发展。体育运动的根本目的在于给人以健康、放松的生活方式，但是中国的地理环境决定了各地都有自己的乡土教材，正所谓学习有法，教无定法，只要能达到学生健康的目的，其主要分为以下几方面。

（1）充分开发和利用各种资源，拓展教学空间，给学生提供尽可能多的学习项目，以满足他们的学习和锻炼需求。

（2）将体育理论知识的教学重心从专项运动理论转移到科学锻炼身体和养成良好生活习惯上来，并要求学生将这些知识的学习运用贯穿在日常的练习过程之中。

（3）随着电子科技的发展，多媒体教学应当受到足够的重视，除了一些理论知识的教学外，还应该把观赏比赛引入课堂，使学生通过视频去发现动作的要点，多媒体在体育教学的运用，为学生进行体育学习提供了丰富多彩的画面和体育理论知识，不但改善了以往单调的师生教学的模式，也能从另一个角度提升学生上课的积极性。

4. 体育游戏有助于学前儿童社会性的发展

体育游戏对于学前儿童的社会性发展具有很大的促进作用，主要表现在：学前儿童自然的游戏伙伴关系有助于其社会性的发展。体育游戏中，一般都需要若干名儿童共同合作才能进行，并且他们之间的言语交往随时进行，也促进了学前儿童社会性语言的运用。体育游戏中，也有约定俗成的游戏规则，儿童在游戏中必须遵守这些规则，才能使游戏进行下去。富有情趣的体育游戏对儿童具有极大的诱惑力，这会促使学前儿童控制自己的行为，遵守游戏规则。在这个过程中，学前儿童会遇到许多问题，如人数多了或少了、大家对游戏规则的理解不一致了等。通过游戏伙伴的相互模仿、协调，儿童学会了遵守规则，与他人友好相处，学会了自己解决人际矛盾及控制自己的情绪行为。在游戏中，每个儿童都不断地更换角色。游戏伙伴中会很自然地产生“领袖”，这些“领袖”也会很自然地被淘汰。游戏这可以培养学前儿童的责任感和组织能力，同时教育了学前儿童要平等待人，树立团结协作的意识，克服任性、娇惯、唯我独尊等不良习气。

5. 体育游戏有助于学前儿童良好个性和意志品质的发展

体育游戏的一个重要的特点就是娱乐性，学前儿童在游戏中享有充分的自由，没有任何干预，自娱自乐；学前儿童的情绪是放松的，没有心理压力。体育游戏也带有竞争性，当儿童在游戏中获胜，则体验到成功的喜悦，使他们的心理得到了极大的满足，从而增加了自信心和成就感。同时在游戏中，儿童也会面临失败，这会使学前儿童产生挫折感，但有趣的体育游戏又吸引着学前儿童，使他们能忍受遇到的挫折，克服自身的弱点，继续参加游戏。在这个过程中，学前儿童承受挫折的能力及活泼开朗的性格得到培养。在游戏中，为了使游戏顺利地进行下去，参加游戏的每一个学前儿童都必须遵守游戏规则，这需要学前儿童学会自我控制。在游戏角色的分配上，学前儿童也在学着控制自己的喜好和行为，因此，体育游戏有助于培养学前儿童良好的意志品质。

三、学前儿童体育游戏的分类和特点

（一）体育游戏的分类

清晰地把握体育游戏的分类角度，并准确地认识各类体育游戏的特点，从而能按照学前儿童的发展水平及发展需要组合成一个合理的运动系统。从体能的角度考虑，可以将体育游戏分为走、跑、跳跃、攀登、钻爬、投掷等各种游戏。从使用器械的角度，可以将体育游戏分为滑滑梯、荡秋千、掷飞盘、转呼啦圈、球类、棋类等各种游戏。其中球类游戏又因为所用球的不同，可以分为皮球、足球、篮球、排球、乒乓球等各种游戏。从素质要求分，可以将体育游戏分为速度类、耐力类、灵敏类、柔韧类等。从情节性的角度来看，可以将情节性较强的游戏区分出来，称之为情节游戏；从是否扮演角色形象又可将有些游戏区分开来，称为角色游戏；从合作性与对抗性这两个角度，又可以将有些游戏区分开来，分别称之为合作游戏和对抗游戏。

（二）体育游戏特点的分析

儿童总是在游戏中不断成长的，特别是在体育游戏中。经过一代一代的发展和演变的体育游戏已经成为学前儿童教育中不可缺少的一个重要组成部分。与其他形式的游戏相比，体育游戏具有以下一些特点。

1．体育游戏具有较强的趣味性和娱乐性

体育游戏之所以在学前儿童中广泛地流传下来，很重要的一个原因是它具有浓厚的趣味性和娱乐性，这使得学前儿童在自发的状况下也乐于游戏。体育游戏的趣味性往往反映在游戏的内容、形式及过程中。体育游戏的内容一般较生动具体，形式也非常活泼、轻松，许多游戏中还配有节奏明快、郎朗上口的儿歌和口令，儿童在游戏中边玩边吟唱，情绪明快，始终处于欢乐之中。

2．体育游戏的开展具有很强的随意性

体育游戏的开展一般不受时间、空间、人数、年龄等条件的约束，不要求有整块的时间，也不苛求场地的大小，不论何时何地，只要儿童想游戏，愿意玩，就可以利用点滴时间自由地玩耍。

3．体育游戏易学、易会

体育游戏是根据儿童的发展需要而发展的一种由儿童自己创编的游戏活动，儿童在体育游戏中始终处于积极、主动的地位，从游戏的选择到进行游戏活动都由儿童自己来完成，这就使游戏符合儿童特点，因此这些游戏对于儿童来说，显得比较容易学会，易于开展。

第二节　学前儿童体育活动的目标和内容

一、幼儿园健康领域的总目标

（一）《纲要》明确提出了幼儿园健康领域的总目标

（1）身体健康，在集体生活中情绪安定、愉快。

（2）生活、卫生习惯良好，有基本的生活自理能力。

（3）知道必要的安全保健常识，学会保护自己。

（4）喜欢参加体育活动，动作协调、灵活。

（二）幼儿园健康教育的年龄阶段目标

幼儿园健康教育的年龄阶段目标是以 3～6 周岁幼儿的身心发展特征为依据而确定的教育目标。小、中、大各年龄班幼儿的身心发展有其典型特征，幼儿健康教育目标的制订应充分考虑不同年龄阶段幼儿的年龄特征，对 3～6 岁的幼儿提出不同层次的要求。

幼儿园健康教育总目标和年龄阶段目标都必须转化为具体的活动目标，才能落实到幼儿的发展中。

（三）幼儿园体育活动的总目标

（1）培养幼儿参加体育活动的兴趣和习惯。

（2）促进幼儿身体正常发育、机能协调发展，增强其体质，提高机体对环境的适应能力。

（3）激发幼儿活泼、愉快的情绪和乐观开朗的性格，培养幼儿坚强、勇敢、不怕困难的意志品质和主动、乐观、合作的态度。

（四）幼儿园体育教育目标

在教学目标体系中，最具体的、可操作的是课堂教学目标。课堂教学目标是对幼儿通过教学活动后能做什么的一种明确、具体的表述，它表达了幼儿通过学习后的一种学习结果，一般由教师根据《纲要》的教学内容和幼儿实际而制订。

（五）儿童体育的年龄阶段目标

1. 小班体育活动的目标

（1）能上体正直、自然地走和跑；能向指定方向走和跑；能在指定范围内四散跑、追逐跑；能步行一千米，连续跑约半分钟；能一个跟着一个走，走成一个圆；能较轻松地双脚交替跳着走。

（2）能较轻松自然地双脚同时向前跳、向上跳；能从 25 厘米高处自然地跳下。

（3）能双手用力将球向前、上、后方抛；能单手自然地将沙包等轻物投向前方。

（4）能在平行线（或窄道）中间走；能在宽 25 厘米，高（或斜高）20 厘米的平衡木（或斜坡）上走。

（5）能在 65～70 厘米高的障碍物（如绳子、皮筋、拱形门等）下钻来钻去；能手膝着地（垫）自然协调地向前爬；能倒退爬；能钻爬过低矮障碍物；能在攀登架上爬上爬下，或从网的一侧爬越至另一侧（必要时教师可以提供帮助）。

（6）初步学会听各种口令和信号并做出相应动作；能边念儿歌或边听音乐做模仿或简单的徒手操。

（7）会玩滑梯、攀登架、转椅等大型体育活动器械，并注意安全；会骑小三轮自行车；会推拉独轮车；会滚球、传球、抛接球和原地拍皮球；会利用球、绳、棒、圈等小型多样的体育器材进行身体锻炼。

（8）喜欢并愿意参加体育活动；初步掌握体育活动的有关知识和规则，团结合作，爱护公物；能合作收拾某些小型体育器材。

2. 中班体育活动的目标

（1）能听信号按节奏上下肢协调地走和跑；能听信号变速走、变速跑；能听信号变化方向走；能前脚掌着地走、倒退走；能跨过低障碍物走；能绕过障碍物跑；能快跑 20 米，走跑交替（或慢跑）200 米左右；能在一定范围内四散追逐；能步行 1.5 千米，连续跑约 1 分钟；能听信号切断分队走、一路纵队走。

（2）能自然摆臂连续纵跳触物（物体离幼儿举手指尖 20 厘米左右）；能双脚熟练地向前跳或双脚在直线两侧行进跳；能立定跳远，跳距不少于 30 厘米；能双脚站立由高 30 厘米处往下跳，落地轻；能助跑跨跳平行线，跳距不少于 40 厘米；能单、双脚轮换跳，单足连续向前跳。

（3）能肩上挥臂投掷轻物；能自抛自接低（高）球；能两人近距离互抛互接大球；能滚球击物；能左右手拍球。

（4）能在宽 20 厘米、高 30 厘米的平衡木（或斜坡）上走；能原地自转至少 3 圈不跌倒；能闭目向前走至少 10 米。

（5）能熟练协调地在 60 厘米高的障碍物（如圈、拱形门等）下较灵活地侧钻；能手、脚着地（垫）协调地向前爬；能手脚熟练协调地在攀登架、攀登网或肋木上爬上爬下，能团身滚。

（6）能较熟练地听信号集合、分散、排成 4 路纵队（包括切断分队），能随音乐节奏较准确地做徒手操和轻器械操。

（7）会玩跷跷板、秋千等各类大型体育活动器械；会骑小三轮车、带辅轮的小自行车；会用球、绳、棒、圈及其他废旧材料（如易拉罐、可乐瓶、报纸等）开展小型多样的体育活动。

（8）具有一定的抵御寒、暑、饥、渴的能力和抵抗疾病的能力。

（9）喜欢并能较积极地参加体育活动，初步养成参加体育活动的习惯，能较自觉地遵守体育活动的规则；互助合作，爱护公物，能及时收拾小型体育器材。

3. 大班体育活动的目标

（1）能轻松自如地绕过障碍进行曲线走和跑；能快跑 30 米或接力跑；能走、跳交替（或慢跑）300 米左右；能步行 2 千米，连续跑约 1.5 分钟；能听信号左右分队走。

（2）能原地蹬地起跳连续纵跳触物（物体离幼儿举手指尖 25 厘米左右）；能双脚熟练地改变方向（前、后、左、右、转身）跳；能从 35～40 厘米高处自然地跳下，落地轻稳；能立定跳远，跳距不少于 40 厘米；能助跑跨跳平行线，跳距不少于 50 厘米；能助跑跳远，跳距不少于 40 厘米；能助跑屈膝跑过高度约 40 厘米的垂直障碍，能连续向前跳跃多个高 40 厘米、宽 15 厘米的障碍。

（3）能半侧面单手投掷小沙包等轻物约 4 米；会肩上挥臂投掷轻物，并投准目标（如直径不少于 60 厘米的标靶，投掷距离约 3 米）；能抛接高球，或两人相距 2～4 米互抛互接大球。

（4）能在宽 15 厘米、高 40 厘米的平衡木上交换手臂动作（叉腰、平举、上举等）或持物走；能两臂侧平举闭目起踵自转至少 5 圈不跌倒；能两臂侧平举单足站立不少于 5 秒钟。

（5）能熟练协调地侧身、缩身钻过 50 厘米高的障碍物（如拱形门等）；能手脚交替协调熟练地在攀登架或肋木上爬上爬下，能在单杠或其他器械上做短暂的悬垂动作；能在攀登绳（棒）上爬高约 15 米；能熟练地在垫上前滚翻、侧滚翻。

（6）能熟练地听各种口令和信号并做出相应的动作；能听信号迅速地集合、分散、整齐列队、变化队形；能随音乐节奏有精神地做徒手操和轻器械操，动作有力、到位。

（7）会玩低单杠、秋千脚蹬车或其他大型体育活动器械，会踩高跷、跳绳（50 次以上）、跳皮筋；会运球、传接球、用脚踢（带）球；会用球、绳、棒、圈、积木、报纸、轮胎或其他废旧材料开展各种身体锻炼活动。

（8）具有较强的抵御寒、暑、饥、渴的能力和抵抗疾病的能力。

（9）热爱体育活动，有积极参加各种身体锻炼的习惯；能自觉遵守体育活动的规则和要求，合作、负责、宽容、谦让、爱护公物；有较强的集体观念；敢于克服困难，能体验克服困难取得胜利后的愉悦，能独立或合作收拾各种小型体育器材。

（六）具体体育活动目标的制订

体育活动的目标作为体育活动的出发点和归宿，直接影响着教师对体育活动内容的选择和编排，并影响着体育活动的过程、方法及环境和材料的布置和利用，也影响着体育活动的评价。制订具体的体育活动目标时，必须按照幼儿的发展水平和实际的条件，充分考虑体育活动的内容和形式的不同，有针对性地进行。制订体育活动目标有以下三个具体要求。

（1）一个个具体体育活动的展示及其目标的实现是达成年龄目标的必然环节，因此，在制订具体的活动目标时，应紧扣年龄阶段目标。

（2）活动目标的内容应从发展幼儿的认知、情感及动作和技能等方面全面考虑，体现活动功能的综合性，在表述时，每一方面尽量分别阐述，避免交叉，但也应考虑突出重点，不必面面俱到。

（3）表述要具体、明确，操作性强，宜采用幼儿行为目标表达方式，即以幼儿应习得的各种行为来表达活动的目标。

【案例 5-1】

“投沙袋”的活动目标（中班）

（1）练习正确地挥臂投掷沙袋的动作。

（2）发展幼儿动作的协调性和灵活性。

（3）在活动中体验与同伴友爱互助的快乐。

【案例 5-2】

“夹球走”的活动目标（大班）

（1）学习两人夹球走，学会控制和合作。

（2）通过球的一物多玩活动，培养幼儿对玩球的兴趣。

（3）开阔思路，发展幼儿的创造力。

二、学前儿童体育活动的内容

（一）基本动作的内容

学前儿童体育活动基本动作包括走、跑、跳、投掷、钻、爬和攀登等。

1. 走步

经常步行或进行一定距离的行走，可以有效地锻炼下肢部位的肌肉、骨骼、关节和韧带。走时，全身运动的肌肉占 60%，测定幼儿正常速度走时，心率可达 120 次/分左右，可促进幼儿的生长发育。

1）走的能力发展

（1）小班。小班幼儿头重脚轻，腿部力量差，靠上体前倾移动重心，步幅小，速度不均匀，因而走跑分不清，走的步伐不均，落地重，走时注意力分散，东张西望，不能形成整齐的队伍走。

（2）中班。幼儿上下肢较协调，动作较平稳，但步伐不匀，节奏感不强。

（3）大班。幼儿动作发展好，走得轻松、自然、平稳有力、协调，走时基本能控制速度，但不具备齐步走的能力。横队走不齐，纵队能走齐。

2）走的动作要领

上体正直，自然挺胸，目视前方，肩臂放松，以肩为轴，两臂前后自然摆动，弧度随步幅而定，步幅要大而均匀，抬腿的方向要向正前方，落地要轻而柔，脚尖向前（不要形成内八、外八）。

3）各年龄班走的要求及内容

（1）小班。

要求：上体正直，自然走，不要求整齐与规格。

内容：听信号向指定方向走，一个跟着一个走。

参考游戏：跟着小旗走，开火车，开飞机，找找小动物。

（2）中班。

要求：上体正直，上下肢协调走，两臂前后自然摆动，走得自然、轻松、有节奏，落地不要重，要轻。

内容：听信号有节奏地走，听信号变速走。

参考游戏：听鼓声走、信号灯，风声和树叶。

（3）大班。

要求：步伐均匀，有精神地走。

内容：听信号改变方向走，一对一对整齐地走。

参考游戏：看谁走得对，找朋友，两人三足。

4）教学建议

幼儿走须轻松自然，教学重点是腿的动作和躯干的正直，抬腿不过高，不过低，落地轻。胸挺直有利胸腔发育，姿势健美。采用多种手段和方法教学，发展幼儿走的能力。有情节、有角色地走（一般是听着音乐走）的体育游戏是幼儿感兴趣的活动，此外，可以根据不同的需要，变化多种走的形式，如用前脚掌走，轻轻走，倒退走，侧着走，大步走，模仿走，听着音乐走，朗诵儿歌走，踩着皮筋走，曲线走，走窄道，变速走，等等，激发幼儿练习的兴趣，还可以加上手的动作，不让幼儿感到单调，如图 5-1 所示。用散步、游览发展幼儿走的能力。在日常生活中要培养幼儿走路的正确姿势。

【案例 5-3】

找找小动物活动（小班）

一、活动目标

教幼儿听信号向指定方向走，要求幼儿自然地走，培养幼儿动作的协调性。

二、活动准备

（1）小鸭、小猫、小狗等动物玩具或者小围片若干（数量与幼儿人数相等）。

（2）在场地一端画上一条直线作为起跑线。

三、活动过程

（1）幼儿成一列横队站在场地一边，教师交代游戏名称与玩法。教师说："小动物们要和小朋友玩一个有趣的游戏'找找小动物'。现在，小朋友把眼睛闭上，小动物要去藏起来了。"教师迅速将玩具小动物分别放在场地另一端，然后说："小动物藏好了，请大家睁开眼睛走去找一找吧。”幼儿每人找一只小动物走回来，找小动物时提醒幼儿每人只找一个玩具。

（2）幼儿游戏 2～3 次，幼儿走回场地另一端，玩一会儿找回的小动物，然后交给教师，放回原位。

（3）简单小结：表扬做得好的幼儿。

图 5-1 幼儿按指定方向围圈行走

2. 跑步

幼儿在跑步过程中，能积累有关时间和空间的经验，从而促使时间知觉和空间知觉的发展。快跑心率达 180 次/分，慢跑心率达 140～150 次/分，强度变化大，是发展幼儿的速度、耐力、平衡及灵敏性的重要内容。

1）幼儿跑的能力发展

（1）小班。跑的步幅小，步伐不均匀，上下肢不协调，身体不平衡，速度慢，耐力差，跑动中控制身体的能力差，不易立刻停止、转弯、躲闪障碍。

（2）中班。动作协调、自然，能听信号改变方向，速度快。

（3）大班。灵敏，协调，控制力强，转、停顿灵活。

2）跑的动作要领

上体前倾，两手半握拳，曲肘在体侧，前后自然摆动，眼向前看，呼吸自然有节奏，腿向后蹬地有力，向前摆腿方向正，幅度大，膝关节放松，前脚掌先着地，脚尖向前，落地轻。

3）各年龄班跑的要求及内容

（1）小班。

要求：自然跑。

内容：沿场地周围跑；听信号向指定方向跑（见图 5-2）；在指定的范围内四散跑。

参考游戏：跑跑跑，跑成一个大皮球；老猫睡觉醒不了；小孩小孩真爱玩：踩影子。

图 5-2　幼儿听信号赛跑

（2）中班。

要求：上下肢协调，轻松跑，摆臂好。

内容：一路纵队跑；四散追逐跑；快跑，10～20 米；走跑交替，100～200 米。

参考游戏：老狼老狼几点钟；捉星星；抓尾巴：红绿灯。

（3）大班。

要求：上体稍前倾，两手半握拳，屈肘在体侧，前后自然摆动，用前脚掌着地跑。

内容：听信号变速、改变方向跑；快跑，20～30 米；走跑交替，200～300 米。

参考游戏：走地道；人、枪、虎；扎绳解绳比赛。

4）教学建议

（1）跑的内容和教材要多样化。

（2）不同形式的跑，其教育作用是不同的。

（3）20 米快跑主要为了发展速度。

（4）接力跑主要为了培养集体荣誉感和协同活动能力。

（5）四散追逐跑可发展速度、耐力、灵敏性。

（6）跑的教学重点是腿的动作。“步子大，落地轻”是腿动作的基本要求。

（7）跑要遵循人体活动规律，跑之前应充分做好准备活动，以防受伤；跑后要充分做好放松、整理活动，以利于幼儿消除疲劳。

（8）跑的过程中观察孩子，掌握好活动量。

（9）跑的游戏活动中，要随时观察幼儿脸色、情绪、呼吸、汗量等，以便调节、掌握好运动负荷；特别是体质差的孩子，要培养他们掌握正确的呼吸方法；口鼻混合呼吸，呼吸时不要张大嘴巴，逐渐使呼吸自然而有节奏。

（10）注意跑的方向。在圆形跑道上靠近圆心的一侧腿负担较重，如果只顺着一个方向跑，日久天长容易造成脊柱两侧肌肉和下肢发育不均衡，因此，要经常变换圆圈跑的方向。小班的孩子不要求速度和节奏。要通过各种游戏进行跑的活动，小班一般不竞赛，中、大班可多组织些竞赛活动，培养积极性和进取心。

【案例 5-4】

捉星星活动（中班）

一、活动目标

在一定范围内四散追逐跑，提高躲闪能力；发展灵敏素质。

二、活动准备

（1）宇宙飞船头饰一个。

（2）事先学会儿歌《小星星》。

三、活动过程

（1）交代游戏名称。教师讲解，请一个幼儿当小科学家，戴上宇宙飞船头饰，站在场外，其余幼儿扮小星星，四散地站在操场上。

（2）游戏开始，“小星星”一起念儿歌：“小星星，在天空，一闪一闪眨眼睛。”“小科学家”接着念：“我坐宇宙小飞船，飞到天上捉星星。”说完最后一句话，“小科学家”就跑进场内捉星星，“星星”四散跑着躲闪。被捉到的星星站到场外，捉到数颗“星星”（据情况而定），游戏结束。

（3）游戏重新开始，更换“科学家”。

3．跳跃

幼儿通过参加各种跳跃活动，可以增强腿部的肌肉力量，发展弹跳力、爆发力以及身体的灵敏性、协调性等多种身体素质，另外对视觉运动能力的发展也有积极的作用。

1）幼儿跳的能力发展

（1）小班。起跳难，两脚不容易同时离开地面，四肢配合不好，摆不起来，腾空时间短，落地易失去平衡。

（2）中大班。跳跃能力发展很快，动作协调，能熟练掌握立定跳远，双脚向上、向下跳，单双腿连续跳，但落地动作不好。

2）跳的动作要领

跳跃动作包括预备、起跳、腾空、落地四个阶段。预备阶段包括原地和助跑两种方式。原地预备动作是屈膝、体前倾、两臂后摆；助跑动作要求中速、短距、步不乱。起跳有单脚和双脚两种：单脚起跳时，起跳腿用力蹬直，后腿很快跟上去；双脚起跳时，两腿用力蹬地，摆臂跳起。腾空阶段要保持身体平衡，落地要屈腿缓冲，保持平衡。

3）各年龄班跳跃要求及内容

（1）小班。

要求：轻轻跳起，自然落下。

内容：双脚同时向上跳；在高度为 15～25 厘米处向下跳；双脚向前行进跳。

参考游戏：铃儿响叮当，小鸟找食，小白兔种青菜，小白兔采蘑菇。

（2）中班。

要求：屈膝摆臂，蹬地跳，落地轻，保持平衡。

内容：原地纵跳触物（物体距离幼儿高举的手指尖 15～20 厘米）；双脚在直线两侧行进跳；双脚立定跳远（距离不少于 30 厘米）；双脚站立在 20～30 厘米处向下跳；助跑跨跳不少于 40 厘米的平行线。

参考游戏：种萝卜，小青蛙跳田埂，老虎捉猴子，玩溜溜布。

（3）大班。

要求：屈膝、摆臂，用力蹬地跳起，保持平衡。

内容：原地纵跳触物，物体离幼儿高举的手指尖 20～25 厘米；从高 30～35 厘米处向下跳；立定跳远不少于 40 厘米；助跑跨跳不少于 50 厘米；助跑屈腿跳过 30～40 厘米的高度；跳绳、跳皮筋。

参考游戏：小伞兵，小青蛙捉害虫，跳房子。

4）教学建议

（1）跳跃教学的重点是起跳和落地。

（2）起跳是决定跳跃距离和高度的主要因素。

（3）落地轻、稳，保持平衡，是保证活动安全的重要条件。

（4）全面完成教育任务。

（5）不同的跳跃内容，对幼儿所起的作用不一样，如从高处向下跳，可改进落地动作和提高平衡能力。

（6）跳绳可发展弹跳力、动作速度；侧跳、跳皮筋除发展弹跳力外，对发展灵巧性也有较好的效果。

（7）跨跳可以较好地培养幼儿的勇敢精神。

（8）克服孩子害怕的心理，保护安全。年龄小、体质差的幼儿跳跃时，常会产生一些畏惧心理，如从高处向下跳怕摔倒，跳“小河”怕掉到“河”里，跳高怕被绊倒等，教师要帮助幼儿克服这些心理障碍，培养勇敢、果断等意志品质。

【案例 5-5】

玩瓶子活动（大班）

一、活动目标

发展幼儿跳的动作。

二、活动准备

（1）装有沙子的塑料饮料瓶（数量与幼儿人数相等）。

（2）小椅子 4 把。

三、活动过程

（1）幼儿分散进行跳瓶子活动。幼儿人手一瓶，围在教师周围。教师：“今天我们要用瓶子练习跳，你们可以单足跳、双足跳、向前跳、向后跳、向侧跳，看谁跳得多。”幼儿分散练习跳法，教师观察并指导。

（2）集中讲解后，学习围圈练习跳。集合幼儿围成圆圈，教师请跳得好的和跳法多的幼儿示范，然后将幼儿分成四组练习围圈跳，让每组幼儿将瓶子搭成一个图形（三角形、正方形、圆形、房子等）练习跳，跳的方法不要一样，幼儿按组在指定地点围合成形后依次练习跳的动作，教师指导。

（3）跨跳瓶子比赛。集合幼儿成四路纵队，进行跨跳瓶子比赛，指导幼儿布置场地，布置完成后，教师请一名幼儿示范跑跳方法：从起跑线开始，跑到瓶子前跨跳过瓶子后跑至椅子处绕椅子一圈，跑回原地拍一名幼儿的手，拍到手的幼儿用前一名幼儿的方法练习跑跳。示范后，幼儿先分组练习 1～2 次，再进行比赛，看哪组幼儿先完成游戏。

4. 投掷

幼儿园投掷活动内容包括滚、抛、传、接、拍、击、拨等内容，这些内容里，像滚球、拍球等动作，并不是投掷的典型动作，但是，因为幼儿投掷器材大部分是小球、小棒等，所以把一些非投掷的典型动作列入投掷教材。

1）幼儿投掷能力的发展

（1）小、中班。幼儿掌握的投掷动作还很少，动作不够协调，多余动作多，力量小，不准确，做肩上挥臂投掷动作时，往往只是靠一臂之力，出手晚，投不远。

（2）大班。幼儿投掷能力逐步有所提高，逐渐能用上转体和蹬地的力量，动作比较协调，但出手角度仍偏小，投掷方向不稳定。

2）跳的动作要领

（1）肩上投掷。左脚在前，右脚在后相距一小步距离，重心落在后脚上，右手握住投掷物高举过头，然后右腿蹬地，身体重心移到左腿的同时，迅速挥臂投物。

（2）拍球。两脚自然站立，腿稍弯曲，上体稍前倾；带球时手在球的后上方，球在身体侧面。

（3）接球。看准来球的方向主动迎球，要有正确的手势，接球后要注意缓冲。

3）各年龄班投掷的要求及内容

（1）小班。

要求：滚、抛、拍和接滚动的球。

内容：滚接大皮球，双手抛皮球，拍皮球。

参考游戏：熊猫滚球，学拍皮球，快快接住它。

（2）中班。

要求：肩上挥投掷物和接抛来的球。

内容：自抛自接高、低球，两人近距离抛接，投远，左右手拍球。

参考游戏：投过小河，运西瓜，火箭上天。

（3）大班。

要求：行进间拍球，变换形式拍球和集体接力拍球，肩投不仅要投远而且要投准。内容：相距 2～4 米抛接大球；花样拍球；边跑边拍，边走边拍；投远，投准（距离 3 米左右，范标直径 60 厘米）。

参考游戏：花样拍球，打雪仗，皮球真听我的话，看谁投得准。

4）教学建议

（1）常讲多练，运用各种游戏方法。运用多种游戏形式和方法发展幼儿上肢、腹、背等部位的肌肉力量，并注意与跑、跳等动作相结合进行练习，这样，不仅提高了练习兴趣，还增加了运动负荷，同时又使身体得到全面锻炼。

（2）贯彻循序渐进的原则，逐步提高难度。在投掷游戏活动中，既要注意投掷物由轻到重，又要注意投掷距离由近及远，靶子由大到小，逐步提高要求。例如抛接球动作应先由教师在近距离抛接，稍有弧度，球正好落在幼儿手中，待幼儿初步掌握接球的手形，再逐步增加远度和变化落点。

（3）不能长期运用一只手抛、投掷。游戏活动中，应尽可能让幼儿双手都得到锻炼，使之均衡发展。常变换投掷物，增加孩子的兴趣。为了提高幼儿活动积极性，可不断变化投掷物和投掷目标，如投掷物可用沙包、小球、纸标、纸团、玩具手榴弹、塑料片、木棒等，目标物可用各种不同的图像。

【案例 5-6】

熊猫滚球活动（小班）

一、活动目标

学会与同伴两人一起相互滚接大皮球，锻炼手部肌肉力量，发展投掷能力。

二、活动准备

（1）活动前幼儿已学会（大皮球）的儿歌。

（2）大皮球若干（为幼儿人数的一半）。

（3）相关音乐 U 盘。

三、活动过程

（1）幼儿四散站在教师周围，教师交代游戏名称，并告诉幼儿：“熊猫妈妈为小熊猫们买了新皮球，让大家和好朋友一起来滚着玩。”

（2）教师和一名幼儿边示范边讲解滚接球的要领：两人分开面对面站好，滚球时两手把球用力向前推出去，再两手分开接球。

（3）幼儿随“找朋友”音乐边唱边去找一个好朋友。

（4）两人一起到场地边拿一个大皮球，找空地方边念儿歌边进行游戏，儿歌为：“大皮球，圆溜溜，推一推，滚一滚，你滚给我，我滚给你，大家玩得真高兴。”教师指导，及时提醒幼儿调整两人间的距离。

（5）请玩得好的幼儿两人合作表演。幼儿再次游戏，体验共同游戏的快乐。

5．钻爬与攀登

钻爬与攀登是生活中重要的实用技能，是幼儿所喜爱的体育活动。

1）幼儿钻爬、攀登能力的发展

（1）小班。爬得自然、协调，有兴趣，钻时容易碰着障碍物，攀登手脚不协调，有危险性，很容易在中途放手。

（2）中、大班。钻爬与攀登动作协调、灵活，速度快。

2）动作要领

钻的方法一般有两种：正面钻和侧面钻。正面钻的要求是：面向障碍物，低头、弯腰、屈腿，身体尽量缩小，两脚交替向前移动，从障碍物下面钻过。侧面钻的要求是：身体侧向障碍物，屈膝下蹲，腿前伸，低头、弯腰，移动身体重心，同时转体钻过障碍。

爬的动作种类很多，有手膝着地爬、手脚着地爬、肘臀着地爬以及俯卧在地上的匍匐前进等。无论哪种形式的爬，都要求做到抬头，动作灵活、协调。攀登动作可以由两手握上一格横木，然后两脚先后登上同一格横木练习开始，逐步过渡到两手两脚交替向上攀登。

3）各年龄班钻爬与攀登的要求及内容

（1）小班。

要求：能低头过障碍，能手膝协调向前爬，能在攀登架上爬上爬下。

内容：钻过 70 厘米高障碍物（橡皮筋或绳子），两手两膝着地向前爬，在攀登架上爬上爬下。

参考游戏：小猫钓鱼，蚂蚁搬豆。

（2）中班。

要求：低头缩身，手脚协调地钻爬和攀登。

内容：钻过直径为 60 厘米的圈，手脚着地屈膝爬，手脚协调地攀登。

参考游戏：小猫搬家，网鱼。

（3）大班。

要求：在中班基础上，身体协调灵敏地钻爬和攀登障碍。

内容：巩固提高。

参考游戏：小猴摘桃，猫捉老鼠，钻山洞。

4）教学建议

（1）钻、爬和跑跳相结合。钻、爬时四肢和躯干肌肉负荷较大，在教学和活动时宜与跑跳等活动结合起来，这样既可提高活动兴趣，又可调节运动负荷，避免身体局部疲劳和增加全身的运动负荷。

（2）注意安全，攀登有一定的危险性，教学和组织活动时一方面注意安全保护，另一方面要通过示范和语言提示等方法增强幼儿的信心和勇气。

（3）利用现有的地形、场地，多给孩子练习钻、爬的机会。如果老师不能做示范，就要请能力强的孩子做示范。

【案例 5-7】

小猫搬家活动（中班）

一、活动目标

练习钻过直径 60 厘米圈的能力。

二、活动准备

（1）有架座的图 8 幅，玩具小鱼或折纸（数目与幼儿人数相等）。

（2）布置好场地。

三、活动过程

（1）幼儿站在线后。教师："今天小猫要搬家了，它要把喜爱吃的鱼也搬走，路上它要钻山洞，过草地。"

（2）教师示范讲解侧面钻的动作要领。侧钻，团身将一只脚先从圈中伸出，然后低头钻过，身体不能碰到圈，然后请一能力强的幼儿示范，纠正幼儿动作。

（3）全体幼儿练习钻的动作一次。提出游戏规则：如果山洞碰倒要赶快扶起再钻，每次只能送一条鱼。游戏时，小猫要钻过山洞，爬过草地将鱼送到新家，然后从右侧跑回站在队伍最后。当第一只小猫钻过第二个山洞时，第二只小猫才可以钻，直至最后一名幼儿跑回，先搬完的为胜队。游戏 2～3 次。

【案例 5-8】

小消防队员活动（大班）

一、活动目标

练习跑步和攀登动作。

二、活动准备

（1）攀登塔（或六面掌登架）一座，布娃娃若干个，红布条（或红色塑料绳）若干条。

（2）布置场地。以攀登架代替楼房，把红布绑在塔上表示火焰；塔顶上搁置布娃娃代替客房。

三、活动过程

（1）将参加游戏的幼儿分成人数相等的三队，分别站在攀登塔三面5～6米的起点线后。

（2）游戏开始，教师站在楼房前给消防队打电话："喂，消防队吗？有幢房子着火了，请你们赶快来救火！"各组消防队员齐声说："是，立即出发！"排头的幼儿边发出"呜呜"的声音，边跑向"楼房"，攀上攀登塔，取下一块红布，表示消灭一处火焰。然后往回跑，拍一下第二名幼儿的手。游戏依次进行，最后一人攀到塔顶，救出布娃娃跑回起跑线上，以最快的一队为胜。

【想一想】

活动中，给每个孩子一个呼啦圈，请同学们积极动脑探索它的多种玩法。

呼啦圈是圆环形的，像个方向盘，可以用来"开汽车"；可以放到地上滚动；还可以运用身体各部分转动；手腕、手臂转，腰部转，膝盖转；双圈、单圈交替摆小路，进行单、双脚跳练习；还可与球、沙包配合玩，一个人举圈，一个人投篮，与地垫组合进行钻爬练习，如图5-3～图5-6所示。

图5-3 投"篮"比赛

图5-4 比一比谁投得准

图5-5 攀爬网

图5-6 钻"山洞"

6. 平衡

平衡能力是指在任何变化的条件（情况）下，身体保持相对稳定的能力。它不是单一的动作练习，而是通过多种动作练习所形成的一种基本能力，平衡能力的强弱，又将直接影响人们其他活动能力的发展。

1）幼儿平衡能力的发展

在坐、立、行、跑、跳等各项身体活动中，都离不开平衡，对安全特别有好处。一般情况幼儿平衡能力差，越小越差，特别是重心位置提高了，就更害怕。五六岁幼儿平衡能力发展很快，能滑冰，骑双轮自行车。

2）动作要领

窄道走要求上体正直，不晃动，头正颈直，眼往前下看，两臂自然摆动，动作自然。旋转要求两脚转换作轴心，可加手的动作。单脚站立要求膝关节直，另一脚离开地面，腿自然弯曲。其中，窄道走、旋转属于动力性平衡练习，单脚站立属于静力性平衡练习。

3）各年龄班的要求及内容

（1）小班。

要求：自然走，身体不左右摇晃。

内容：在宽 15～25 厘米平行线内走，在 15～20 厘米斜坡上走上走下。

参考游戏：收玩具，小鹏吃草，走小路。

（2）中班。

要求：上体正直，上下肢协调。

内容：原地转 1～3 圈；闭眼走 5～10 步；在高 20～30 厘米、宽 15～20 厘米的平衡木上走。

参考游戏：小小侦察兵，唐老鸭盖房子，种小树。

（3）大班。

要求：上体正直，步子均匀，上下肢协调，动作自然。

内容：单脚站立 5～10 秒；单腿站，闭眼转；在有间隔的物体（砖、木板、硬纸等）上走，在平衡木上变换动作走。

参考游戏：小小飞行员，学体操。

4）教学建议

（1）通过各种有情节的游戏进行，让幼儿被情节所吸引，减少孩子的紧张，提高效率。

（2）在有一定高度时，鼓励孩子勇敢，又要有一定帮助。

（3）在有间隔物上走，以孩子的小步为宜。

（4）创造、利用现有的条件、环境，多给孩子练习。

（5）坚持循序渐进的原则。使用的器械由低到高，由宽到窄；练习动作由易到难，由简到繁，由少到多；旋转速度由慢到快，旋转圈数由少到多，逐步提高要求。不可操之过急，否则，不仅会使幼儿产生害怕心理，而且还可能出现伤害事故。

【案例 5-9】

小小侦察兵活动（中班）

一、活动目标

教幼儿闭眼向前走，发展平衡能力。

二、活动准备

（1）能遮眼的头饰若干（数目与幼儿人数相等）。

（2）场地上两条相距 10 米的横线。

三、活动过程

（1）组织幼儿跑步站成面对面的两列横队（相距 8 米左右），学习闭眼向前走 5～10 步，教师示范、讲解动作要领："侦察兵的本领真大，能在黑夜里找朋友，今天我们也来学习黑夜走路的本领。走的时候，我们每人都用头饰遮住眼睛，要用前脚掌着地向前走，勇敢地向前跨出去。"

（2）与对面幼儿双手相拉结成一对后，一对对进行练习：闭眼的幼儿向前走 5～10 步，睁眼的幼儿两臂张开向后退，边退边告诉闭眼幼儿怎么走，每人轮换练习几次。

（3）黑夜找朋友。幼儿站成面对面的两排，相距 10 米左右。一排幼儿先戴上头饰遮住眼睛，对准对面的小朋友走去，另一排幼儿在原地双手接走过来的幼儿，并叫他的名字，找到朋友，两人就高兴地拉拉手，一起说："我的朋友找到了。"

第三节 幼儿体育活动的设计

一、幼儿体育活动的组织形式

幼儿园体育活动的任务是通过体育课、户外体育活动、早操等组织形式实现的。各种组织形式共同承担《纲要》规定的体育任务，都有一定的教学因素，各有特点，又相互联系。

（一）体育课

体育课是一种有目的、有计划、有组织的体育活动，它以身体的练习为主要内容，注重幼儿身体的全面发展，有目的、有计划地提高幼儿的身体素质，发展幼儿的基本活动能力，增强幼儿的体质，同时也包含一定的教学活动，重视促进幼儿智力和良好个性品质的发展，因此，幼儿体育课是实现幼儿体育任务的基本途径之一。幼儿体育课不仅需要认识的参与，更需要幼儿身体的直接参与，在幼儿的体育教学活动中，既要考虑和遵循幼儿认识的特点和发展规律，还必须遵循人体生理机能活动变化的规律以及动作技能形成的规律。幼儿体育课还必须符合幼儿的生理、心理特点和发展水平，以游戏作为主要的活动方式；要增强每个幼儿的体质，愉悦身心，使每个幼儿的体质在原有水平上得到一定的提高，没有统一的达标要求。

体育课的主要任务是：全面锻炼身体，增强幼儿体质；传授简单的体育知识和技能；发展幼儿智力，培养优良品质，锻炼意志，发展个性，完成一堂课的教学任务。上好一堂课要通过备课、上课、课后辅导和复习，对教学效果的检查和评定等教学环节，上课是中心环节，备课是关键，复习巩固、检查和评定也是不可缺少的环节，它们是一个有机的整体。

1. 备课

备课是上课前的准备工作。一堂课的成败，与备课质量有直接的关系，它是上好课的关键。备课包括了解情况，钻研教材、教法、编写课时计划、小助手的培养和教学物质条件的准备等工作。

（1）了解情况。要了解幼儿人数、年龄特点、个性特点、健康状况、体能水平、智力和学习能力以及行为表现等；要了解包括场地、器材、气候、环境等教学条件。

（2）钻研教材、教法。对教材的性质、任务、内容、重点、难点、教法与其他教材的关系等，都要认真钻研，熟练掌握。

（3）编写课时计划（教案）。要在深入研究各个教学因素的基础上，编写课时计划，要确定课的内容、目标要求、组织教法和合理安排运动负荷，以及场地、器械的布置等。编写课时计划是备课中深入、具体、落实的重要环节，教师要十分重视。由于有些教学因素是在不断变化的，因此在上课前、上课中要根据实际情况的变化，做必要的、灵活的变动。课时计划的格式包括活动内容、活动目标、活动准备、活动过程、活动效果分析。

（4）小助手的培养和教学物质条件的准备。如果有的动作限于教师自身的条件不便亲自示范，可请幼儿做示范，但应在事前帮助幼儿将动作做正确；有些动作由于器械高度和宽度不适合教师做示范，也可事前培养幼儿做；教学物质条件包括场地、器械、教具、幼儿佩戴的标志、饰物等，物质准备要有利于教学，保证安全；教师的服装、鞋要便于教学和注意对幼儿的教育；幼儿衣帽、鞋子课前也要检查。

2. 上课

上课是课堂教学的中心环节，是完成既定教学任务的最重要的一步。根据体育教学任务的多样性，需要有多种类型的课。目前幼儿园的体育课，最普遍的是综合课，这与幼儿体育课任务的多样性、综合性有关。所谓综合性，是既教授新教材又复习旧教材，在复习巩固已学过的教材的基础上，增加一部分新的内容，这样有利于全面完成教学任务。课的结构是指组成一堂课的几个部分及其相互关系，还包括各个部分教学内容安排的顺序和层次以及教师和幼儿活动的组织等内容。体育课的结构设计要参考人体生理机能能力变化规律，知识、技能教学规律，课堂幼儿心理活动变化等规律。人体生理机能能力变化规律是涉及任何体育课的结构所必须遵循的主要规律，这是发挥和提高人体生理机能，掌握动作技能，全面完成体育教学任务的客观需要。

目前，体育课中的细微结构虽然各有不同，但在总体上都遵循一定的规律；课的结构设计还要根据课的任务、内容、幼儿人数、场地器材等条件来进行；课的结构各个部分都要承担锻炼身体、进行教育的任务，各个部分在内容、运动负荷、时间等方面都有一定的联系，但所用的教材的性质、特点，对幼儿身心的影响，练习顺序，教师和幼儿活动的组合，所占用的时间都不尽相同，上一个部分是下一个部分的准备，下一个部分是上一个部分的自然延续或发展，各部分之间既有联系，又相互制约；课的结构既有共性，又有个性，共同组成一个有机的整体。目前，体育课多采用“开始—基本—结束”的结构，现对三个部分做介绍。

1）开始部分

（1）任务。迅速将幼儿组织起来，集中注意力，并从生理和心理方面做好准备和动员工作，激发幼儿学习和活动的兴趣，使他们精神振奋、情绪活跃，使身体各器官能较快进入工作状态，为基本部分做好生理和心理上的准备。

（2）内容。集合幼儿，整队，向幼儿简要说明课的内容要求，进行排队和变换队形练习、走步、慢步跑、徒手操和轻器械操等，以及提高身体素质的练习——一些动作简单的、负荷量不大的身体运动内容。生理方面的准备活动，主要指让幼儿做一些身体运动练习，提高身体机能的活动能力，使其身体各器官系统的机能逐步进入工作状态，为基本部分开展较大活动量的身体运动做好准备。心理方面的动员工作，主要是指调动幼儿参与活动的积极性和愿望，使他们精神振奋、情绪饱满、跃跃欲试。教师要用自己的言行感染和影响幼儿，要通过本人的情感和姿态吸引幼儿的注意力，使他们产生参加体育活动的兴趣和欲望。开始部分的设计最好新颖简短，需要根据幼儿的特点、基本部分的目标、气候等因素来确定活动的内容和时间，一般以占总时间的 10%～20%为宜，幼儿的年龄越小，所占的时间越少。

2）基本部分

（1）任务。实现本次体育课的主要教育和教学的活动目标，即通过一定的身体动作练习，提高幼儿的身体素质，发展基本动作的活动能力；学习粗浅的体育知识和技能，培养优良的品德和良好的性格，发展智力。

（2）内容。以《纲要》所规定的内容为主，选择和安排要符合科学规律，如果此节课有新的教学内容，就应该根据幼儿认知活动的特点，将此内容安排在基本部分的开始阶段，以便使幼儿能有较集中的注意力、饱满的情绪和充沛的体力去学习和练习。至于能引起幼儿高度兴奋或活动量较大的游戏活动，则应该放在基本部分的后半段，以便使之与幼儿身体机能活动的水平相适应。全课的运动负荷高峰，一般出现在基本部分，教学时要掌握好负荷的节奏，基本部分活动的时间一般约占总时间的 70%左右。

3）结束部分

（1）任务。有组织地结束一节课，使幼儿身心高度兴奋或紧张的状态得到舒缓，较快地恢复常态，并要进行简单的小结。

（2）内容。一般包括两个方面，一是做一些身体放松的游戏或动作，帮助幼儿放松肌肉，消除疲劳，使幼儿的身体和情绪由高度的紧张、兴奋、激动状态逐渐过渡到相对平静的状态；二是进行本节课的简单小结，肯定和称赞幼儿的努力和成功，同时要继续激发和保持幼儿对身体活动的兴趣和积极性，并组织幼儿整理教具，养成做事有始有终的好习惯。结束部分活动的时间约占总时间的10%左右，并视具体的活动情况而增减。课的结构没有固定的模式，应从有利于更好地完成课的任务出发，根据影响课的结构的各种因素，以及教师本身特点而灵活变化。在写教案时，可以不写开始部分、基本部分和结束部分这些字，但组织过程要体现出来，不可缺少。

3. 课后辅导和复习

课后辅导和复习是课堂教学的必然延续，是不可缺少的环节，因为首先，无论是知识技能的掌握、优良品德习惯的形成，还是体力的增长，都需要逐步不断地加以强化。幼儿园体育课时短，间隔时间长，应更加注意课内外的密切配合。其次是，幼儿存在着个体差异，而课堂上贯彻区别对待的原则有局限性，需要课后予以个别辅导，才能较好地使幼儿共同前进、发展个性。再次是幼儿自学能力和独立性差，课后需要教师组织复习、指导。

4. 检查和评定

上课后应对备课和上课的全过程进行回顾，应对课堂中所获取的信息进行分析和研究，以进一步了解幼儿特点，总结教学经验，探索教学规律，它是提高教师教学能力、提高教学质量不可缺少的环节。课的分析和评定，按参加分析评定的人划分为自我分析和互相分析。自我分析是每节课后都应进行的，互相分析在互相听课和集体听课后进行。两类分析课又可以分为综合分析和专题分析。综合分析是指对课的质量进行全面的分析和评定，进行全面分析的方式有很多，可按问题进行分析，也可按教学过程进行分析，还可以把两者结合起来共同分析；专题分析是指对课的某一方面的质量进行分析和评定，有利于对教学中的问题进行深入的研究。课的分析和评定，应力求做到具体、全面、深刻、辩证。

【案例5-10】

好玩的易拉罐

一、活动目标

（1）让幼儿积极探索易拉罐的多种玩法。

（2）发展幼儿的走、跑、跳等多种技能。

（3）培养幼儿的想象力和创造性，体验与同伴合作的乐趣。

二、活动准备

（1）各种硬桶、易拉罐若干（幼儿至少人手两个）。

（2）音响、U盘。

三、活动过程

（一）开始部分

准备活动。大家一起来做操。（自编）

幼儿每人拿两个易拉罐，跟老师一起做操。在做操的过程中教师带幼儿手握易拉罐随着音乐敲敲打打。

（二）基本部分

1. 引导幼儿自己玩易拉罐

（1）激发幼儿玩易拉罐的兴趣。教师："刚才我们拿着易拉罐做了一段操，老师觉得你们做得太棒了！你们喜欢玩易拉罐吗？请你们想一想、试一试易拉罐可以怎样玩。"

（2）幼儿自由探索易拉罐的多种玩法，教师巡回指导。

（3）请幼儿演示易拉罐的玩法并小结：头顶易拉罐走；用脚踢易拉罐；脚踩在易拉罐上练习平衡；一个易拉罐立在地上，用另一个易拉罐投掷；等等。

2. 引导幼儿与同伴合作玩易拉罐

（1）提出要求："刚才小朋友玩易拉罐的时候都是自己玩的，我们能不能把更多的易拉罐合在一起玩呢？试一试，说不定它们还能玩出更多的花样。"

（2）幼儿自由结合，合作玩易拉罐，教师观察指导。

（3）演示多人合作玩易拉罐的方法并小结：把易拉罐摆在地上走梅花桩；间隔适当距离摆成一排练习双脚跳跃障碍、走或跑S形路线；把易拉罐堆成一堆练习打保龄；把易拉罐一个一个往上探高；等等。

（三）结束部分

放松活动，把易拉罐摆在地上成一排，听音乐走S形路线（做各种放松动作）。

四、活动延伸

户外活动时为幼儿提供易拉罐，引导幼儿继续探索易拉罐的多种玩法。

五、活动评析

把易拉罐当作体育器械来玩，是一个比较新颖的活动内容，在整个活动的过程中，孩子们的积极性、主动性都特别高。他们探索出的有些玩法（如掷准、用头顶着走等）非常有创意，在小组探索的过程中，幼儿充分体验到了与人合作、与同伴协商共同参与活动的乐趣，不知不觉中，也培养了幼儿的团队精神。这是一次一物多玩的探索活动，也是一个引导幼儿变废为宝，让幼儿自娱自乐的游戏活动。活动结束之后，从幼儿的表情中可以看出他们余兴未了，以后我们还将为幼儿提供更多的机会，让幼儿进一步探索废旧物品的多种玩法。

（二）户外体育活动

《规程》中明确规定："幼儿每日户外体育活动不得少于一小时。"因此，户外体育活动是幼儿园体育的重要组织形式之一。它具有活动内容丰富、活动时间长、灵活性大、幼儿自主性强等特点，有利于教师发挥主导作用和贯彻区别对待等教学原则，也有利于发挥幼儿的主动性、积极性，更好地培养他们的独立性和创造性。同时，能充分利用自然力量——空气、阳光进行体育锻炼。

1. 意义

幼儿在户外活动，不仅能锻炼身体，而且能直接受到阳光、空气和温度等自然因素的刺激，对幼儿运动系统、呼吸系统、循环系统、神经系统的健康发育尤为重要。户外体育活动这种形式还能弥补早操和体育课的不足，以分散的小组和个人活动为主，可以充分考虑和兼顾幼儿的不同兴趣、爱好和能力水平；幼儿还可以自选活动项目和运动器械，在活动中发展自己的动作和身体素质，幼儿不会感到有什么压力，从而能轻松、愉快、自由地尽情活动；尊重幼儿的选择，也可以培养幼儿独立性、自主性和创造性；幼儿自由结伴游戏，有助于幼儿社会性的发展。

2. 内容

（1）基本体操。可以教授新操或准备运动会、节日表演的体操。

（2）基本动作。较多的时间是复习巩固体育课已教的内容，也可以从实际情况出发，有计划地教授新内容。

（3）游戏。选用《纲要》中的、教师自编的、幼儿自创的游戏，还可以选用一些适合户外体育活动中做的游戏。

（4）各种大中小型器械练习。大、中型固定的运动器械（如综合运动器械、攀登架、跳跳床、滑梯等），移动的小型器械（如三轮车、自行车、积木等），可拿在手上的小型器械（如球、圈、沙袋、彩带、绳等），利用环境的自然力锻炼；三浴锻炼、爬山、过小桥以及赤脚在草地上、鹅卵石上走、跑等；组织观看体育题材的电视、录像，或者听、讲有关体育、卫生保健方面即促进身体健康方面的故事，一般在雨雪天，室外不能进行体育活动时开展。

3. 组织

根据幼儿心理、生理特点，户外活动一般安排上、下午各一次。具体时间可根据不同地区、不同季节，灵活安排。根据幼儿园的场地类型（草地、沙土地、塑胶地、水泥地等），器材大小、数量的不同，班级数不同等各种客观因素，组织的形式也不完全相同，要对班级、场地、运动器材进行合理的安排和分配，使它们充分发挥各自的作用。户外体育活动，一般由教师带领全班幼儿进入指定的活动场所，根据活动的内容和要求进行布置（包括器材名称、玩法、器材交换、活动范围、活动时间、集合信号等），然后，采用教师直接指导下的集体体育活动，或间接指导下的分散体育活动。幼儿活动时，教师给予全面观察和一定的指导，指导包括对幼儿进行鼓励、启发、引导、参与、帮助、保护、纠正等。

【案例 5-11】

龙舟快快跑活动（中班）

一、活动目标

（1）继续练习蹲着向前行进，增强幼儿动作的协调性。

（2）提高互相配合、协作动作的能力。

（3）能够运用棉棒、圈、沙包创造性地设计出各种不同的玩法。

二、活动准备

（1）鼓一面、小旗四面及用纸盒制成的龙头龙尾各四个。

（2）自由活动器械：圈、沙包、棉棒。

三、活动过程

（1）准备活动，练习听鼓点有节奏地做动作。① 随意地四散站开，听鼓点，跟随教师做动作（鼓点的节奏一致，不宜过快）；② 准备动作先做四套上身及手臂的动作，接着做两套下蹲运动，最后接四组蹲着向前行进的动作（最后一组动作要求幼儿动作快慢一样）。

（2）教师与幼儿共同回忆游戏“赛龙舟”的玩法，并进行游戏：① 根据上次游戏情况，与幼儿讨论“怎样不使龙舟断开”；② 幼儿开始比赛，随着击鼓的节奏向前进，以先到终点拿到小旗的一组为获胜者；③ 幼儿游戏 2～3 次（注意幼儿对游戏规则的遵守情况）。

（3）幼儿自由活动（器械由幼儿自由选择）。① 自由活动前请幼儿观察今天的户外活动器械，并且与幼儿回忆以前都有过哪些不同的玩法；② 鼓励幼儿再创造出和以前不一样的玩法，教师在指导过程中引导幼儿与他人结伴游戏，启发幼儿将各种器械结合运用。

（4）游戏结束，幼儿整理器械、玩具，做放松活动：① 值日生将器械、玩具整理整齐；② 教师带幼儿一起做全身的放松活动（如拍拍腿、甩甩胳膊、相互捶肩等）。

四、活动评析

本次户外活动是第二次玩这个游戏，幼儿兴趣仍然非常浓厚。游戏中幼儿对下蹲向前行进动作再次进行练习，动作明显比上次游戏中的动作协调。游戏前，我引导幼儿讨论游戏中如何相互配合的问题，结合上次游戏的经验，游戏中幼儿明显地对用指定的技术完成动作的能力增强，动作技能的形成是一个复杂的过程，是条件联系的建立与巩固的过程。激发活动者的兴趣，提高其活动的积极性，使大脑皮层处于最适宜的兴奋状态，并且具备掌握该动作所需的基本素质和技能，是形成动作技能的重要条件。实践证明，动作技能的形成与提高，大致包括粗略地掌握动作，改进和提高动作，动作趋于巩固、运用自如等相互联系的三个阶段。要加速幼儿掌握动作技能的过程，取得动作技能形成的良好效果，就必须遵循动作技能形成的规律。

（1）粗略地掌握动作阶段。此阶段的主要特点是：对动作有了初步印象，大脑皮层的兴奋过程广泛扩散，内抑制不够，因而在动作上表现出肌肉过分紧张，不协调，不准确，有多余动作，做动作有力不从心的感觉，肌肉感觉迟钝，主要依靠视觉表象来控制和调节动作。教学中，首先要激发幼儿学习兴趣，鼓励其学习信心。对胆小、体能差的幼儿更要给予鼓励和帮助；要抓住动作的主要环节进行必要的示范和讲解，使幼儿对动作的整体性有一个初步的、全面的直觉和印象；要给幼儿提供较多的练习机会，让幼儿亲自去体验和实践，初步学会动作，不要过多强调动作的细节或者过多纠正幼儿错误动作。

（2）改进和提高动作的阶段。此阶段的主要特点是：经过反复练习和观察分析示范动作，以及听老师的讲解，初步形成了动作概念。大脑皮质兴奋和抑制过程逐渐集中，特别是分化抑制有了发展，由泛化进入分化。在练习过程中，动作比较放松、协调、连贯和准确，多余动作逐渐消失，但动作还不够熟练，遇到新的刺激动作易变形，多余动作又会出现。教学中，教师应运用多种教法，帮助幼儿掌握动作的细节部分和技术关键，逐步建立正确的动作概念；此阶段幼儿掌握动作程度有明显差别，要针对不同情况，找出错误原因及改进办法，通过反复实践和练习，使幼儿能轻松自如地、协调正确地完成动作，使动作日渐完善。

（3）巩固和运用自如阶段。此阶段的主要特点是：动作概念明确，大脑皮层兴奋和抑制的过程更加集中，动作的动力定型已牢固地建立，动作协调、准确、熟练，在复杂变化的条件下能较为熟练地运用。教学中，要继续巩固和提高已掌握的动作，经常加以复习和巩固，不断变化练习条件和动作组合，使动作更加熟练和不断提高；根据幼儿运动能力发展水平和具体情况改进动作细节，提高身体素质，以不断提高动作质量。上述三个阶段是有机联系的，阶段划分是相对的，各个阶段之间并没有明显的界限，是逐步过渡、逐步发展的。每个阶段的出现、持续时间的长短，与幼儿的水平、特点以及教材的内容、教师的教学方法有很大的关系，不能统一规定、要求。教学工作应从实际出发，灵活运用并遵循此规律。

二、幼儿体育活动应注意的问题

设计幼儿体育活动，应根据幼儿生理、心理的发展水平及幼儿园体育活动特点进行。如何使所组织的活动适合幼儿并有成效，要注意以下六个方面的问题。

（一）日常性

日常性的含义是幼儿体育活动应该合理安排在幼儿的每日生活的各个环节。《纲要》中明确规定：“幼儿每日户外体育活动不得少于一小时。”“幼儿教师必须让幼儿在户外进行各种体育活动，使他们的身体得到锻炼。”在每周一次的体育课中，只能重点指导幼儿正确地练习各种基本动作，教授新操和新的体育游戏，而大量的复习、练习、巩固和提高，特别是身体素质的练习，必须重复安排在日常户外活动时间进行。要注意：首先，每日都应该让幼儿进行适当的体育活动。每日在早操及户外活动时间里，让幼儿适当地参加一些身体活动，满足幼儿身心发展的需要，提高机体的适应能力，激发幼儿愉快、积极的情绪，使幼儿活泼开朗，精神饱满；其次，注意幼儿一日生活中动与静的交替安排，为了保证幼儿的身体健康，避免幼儿神经细胞过于疲劳，在幼儿较安静或活动之后，尤其是智力活动以后，应该安排幼儿参加一些体育活动，从而使幼儿的生活有节奏、有规律，富于变化。

（二）适量性

适量性的含义是幼儿体育活动的运动负荷（活动量）要按幼儿的生理、心理特点进行设计。人体功能的改善与提高，必须在适当的运动负荷的刺激下才能实现。负荷量的大小直接影响到幼儿身体的发育与发展，影响到幼儿体育活动的成效，若运动负荷过小或停留在同一水平上，则人体的机能就不能进一步得到提高，增强体质的效果不大，也不利于动作技能的掌握；若运动负荷增加过猛、过快，运动的刺激超出了幼儿身体所能承受的限度和范围，不仅不能增强体质，反而有损幼儿身体正常的发育，甚至有害健康，还会降低幼儿对体育活动的兴趣，对练习产生畏难情绪，丧失信心，有时还会发生伤害事故。只有适宜的活动量，才能使幼儿的身体承受适宜的生理负荷，从而有效地增强幼儿身体器官、系统的适应性，提高幼儿机体的功能，促进幼儿的生长发育和身体健康。在身体运动过程中，人体不仅要承受一定的生理负荷，还要承受一定的心理负荷，因为身体的运动并非是单纯的人体运动，它还伴随着人的认知、情感和意志等方面的心理过程。影响幼儿的心理负荷的因素是多方面的，主要包括心理活动的强度和时间，如注意的强度及持续的时间、记忆的质量与广度、思维的水平、意志的努力、情绪的变化等；还有教材内容的难易程度，教师的教态、教育方式方法，教学的环境及用具等。

教学中，首先要合理地制订体育活动计划，并认真组织每次活动。不仅要合理搭配体育活动内容，还要根据不同季节、场地器械条件等因素，使体育活动各方面的工作均贯彻适量性原则；其次，要注意保持幼儿适度的心理负荷。活动过程中，幼儿的心理负荷不应过大，教师要充分发挥和利用身体运动对儿童心理发展的，使幼儿达到身心和谐发展的目的。

（三）多样性

多样性的含义是幼儿体育活动的组织形式应该是多种多样的，选用的指导方法也要丰富多彩。它的作用主要有两个：一是充分发挥各种组织形式和指导方法的优势，更好地完成体育活动任务；二是通过运用多种形式和方法，提高和激发幼儿参加体育活动的兴趣、积极性和主动性，丰富幼儿的生活。幼儿园最常见的体育活动组织形式有早操、体育课和户外体育活动，还有区域活动、室内活动、体育游戏、小型运动会、远足和短途旅行等，它们都具有各自的特点、任务和目标，任何一种组织形式都不可能完成全部的幼儿体育活动任务，必须依靠多种组织形式的相互补充和相互配合，才能丰富幼儿的生活，扩大幼儿的视野，更好地促进幼儿身体的发展和心理的健康，共同实现幼儿体育活动的目标。

各种幼儿体育活动的组织形式都带有一定的局限性，同时又都具有一定的价值，无所谓好坏、优劣之分，关键在于能互相补充、相互配合、相互促进，以求全面实现幼儿体育活动的任务，促进其身心和谐的发展，因此，幼儿体育活动的组织形式应该是丰富多彩的。

（四）循序渐进

循序渐进的含义是指教学的内容、方法和运动负荷等方面的安排，都要根据人们认识事物的规律，由易到难，由简到繁，逐步深化，不断提高。在安排教学内容时，首先，要注意方式方法，要由易到难，由简到繁。教学过程中，简和繁、易和难都是相对的，同一内容，对身体发展水平不同和掌握动作程度不同的幼儿来说，会有不同的感受，因此，教师要紧密联系实际，全面考虑，统筹安排，以达到全面发展的目的。其次，教学内容要有系统性，要注意教学内容的互相联系性和连贯性，做好计划备好课，新授教材和以前学过的内容合理搭配，达到逐步提高的目的。再次，要有节奏地逐步提高运动负荷。在体育活动过程中，要特别注意负荷的加大是渐进的，它是贯彻循序渐进原则的重要体现。根据人体发展的规律和超量负荷原理，运动负荷由小到大、由弱到强，可以使机体产生良好的适应性。不同负荷的体育活动内容可以有节奏地按照人体生理机能活动变化的规律安排在一学年、一学期或一定的活动阶段，运动负荷应该保持一种总的提高趋势。

（五）兴趣性

幼儿园体育活动主要是通过幼儿感兴趣的体育游戏或游戏的其他形式进行的。体育游戏既是教材，又是手段。我们在设计幼儿体育活动中，首先应考虑到根据不同年龄幼儿的特点选择教材，研究教法，有目的地发展幼儿各项基本动作技能，提高幼儿参加体育活动的积极性、主动性和兴趣，促进幼儿身体的正常发育，增强体质，全面锻炼幼儿身体，例如，在基本体操的教学活动中，就可以创编一些模仿操，对各种动物的动作进行模仿，还可以增加角色的表情和故事情节，使做操过程更具有趣味性，从而引起幼儿学习的兴趣，因此，在幼儿体育活动设计中合理运用兴趣性原则，是调动幼儿积极主动学习和活动的一个重要手段。

（六）安全性

安全问题是体育锻炼中最重要的问题，由于幼儿体力较弱，独立活动能力较差，缺乏运动经验，特别是运动中卫生和安全的教育，自我感觉和反应能力低，情绪高涨时容易忽视安全问题和不遵守规则，因此，安全问题在幼儿体育教学和其他体育活动中显得更为重要。必须采取必要的安全措施，防止发生伤害事故。教学和活动中，要思想重视，认真钻研教材，了解运动卫生知识，研究伤害事故产生的原因和规律。制定必要的制度、规则，并教育幼儿认真遵守，如玩攀登架、滑梯等运动器械的规则，还可在醒目位置悬挂提示语，等等。活动中注意运动生理卫生，活动时要掌握正确的呼吸方法，运动负荷要适量，注意个体差异，饭前饭后不做剧烈活动，等等。选用的运动项目性质和动作的难度要符合幼儿年龄特点和活动能力。加强组织教法的严密性，如投掷时不要面对面投，从高处向下跳、爬越障碍时要进行保护或提供帮助，场地小、人数多时可采用分组练习、依次练习等方法，以免发生碰撞。幼儿情绪激动时或注意力分散时要及时加以调节；注意场地、器械、服装、环境方面的安全卫生等。保证场地平坦、不起尘土，各种器械齐全、清洁、牢固，不应带有尖、棱角，检查幼儿服装，不穿过多过厚的衣服，裤带、衣扣系牢，口袋里不装硬物，等等。

【案例 5-12】

好玩的绳圈活动（中班）

一、活动目标

（1）能双脚跳过自己摆放的不同形状的绳圈（重点）。

（2）会一物多玩，并能用简单的语言表达，发展创造力。

（3）乐意与同伴合作玩，体验共同游戏的乐趣。

二、活动准备

绳圈若干，天线宝宝头饰，烤面包围片，录音机，磁带。

三、活动过程

1．准备活动

与天线宝宝一起做全身运动，激发宝宝参与活动的兴趣。教师边喊口令边与宝宝做运动，如头部运动、弯腰、屈臂等，重点练习跳和上肢的动作。教师：“跳、跳，天线宝宝原地跳，还可以怎样跳？”引导幼儿向前跳，向后跳，向左跳，向右跳，单脚跳，等等。

教师：“绕绕臂，天线宝宝绕绕臂，还可以怎样绕？”同上。

2．引导幼儿设计不同形状的绳圈，练习双脚跳

（1）“宝宝们，看地上有什么，看起来像什么？”

教师扮演小波示范双脚跳绳圈；“小波本领可大了，他能跳过绳圈摇的小池塘。”

教师强调双脚跳的要领：双脚并拢大胆向前跳。

请天线宝宝练习双脚跳过小池塘。

（2）请宝宝自己摆不同形状的绳圈练习双脚跳。

教师及时鼓励幼儿，引导他们选用不同的摆法，并引导幼儿多次尝试。

（3）与教师一起跳同伴摆的小山、小河……

（4）请天线宝宝分组合作把自己的绳圈摆成不同形状，交换练习双脚跳：① 请宝宝分成四组摆绳圈；② 介绍自己摆出的绳圈像什么；③ 与教师一起跳各组摆的绳圈。

（5）游戏“寻找宝宝烤面包”：① 教师以游戏的口吻引起宝宝找烤面包的兴趣；② 介绍游戏路线及规则；③ 幼儿寻找烤面包，小结跳过障碍的情况；④ 提新的要求，返回宝

宝乐园。

3．继续探索绳圈的多种玩法

教师："刚才宝宝会双脚跳绳圈了，其实绳圈可以玩出好多花样，你们再玩玩，看还可以怎样玩。"

要求宝宝边玩边说，教师及时小结并引导幼儿模仿新的玩法，鼓励幼儿想出不同的玩法，和幼儿合作玩绳圈。

4．放松活动

与天线宝宝自由地跳跳舞放松一下。

四、活动延伸

在户外活动中继续探索绳圈的多种玩法。

五、活动评析

活动以天线宝宝为主角贯穿游戏始终，孩子们对活动的积极性很高，他们探索出了多种绳圈的摆法、玩法，如把绳圈摆成自己喜欢的动物、水果、物品、小路进行双脚跳。把绳圈打开，玩捉尾巴、钻山洞、跳高、追蛇等游戏，身体各部分动作都得到了锻炼，同时培养了幼儿一物多玩的能力，发展了创造力。在与同伴合作摆绳圈、跳绳圈的过程中，幼儿体验到了合作游戏的乐趣，在今后的活动中还可以引导幼儿继续探索绳圈的多种玩法。

【案例 5-13】

体育游戏"萝卜回来了"活动（中班）

一、活动目标

（1）练习双脚在直线两侧行进跳。

（2）增强幼儿动作的灵活性。

（3）培养幼儿相互关心的良好品德。

二、活动准备

（1）幼儿熟悉故事（萝卜回来了）。

（2）小黑兔、小白兔、小灰兔头饰各若干，硬纸卡做的萝卜若干个（数目是幼儿人数的三分之一）。

三、活动过程

1．准备活动，交代任务

（1）教师交代任务："今天妈妈要带孩子们出去玩，我们一起做游戏吧。"

（2）小兔带上头饰找朋友结伴跟着音乐游戏：拉大锯、推小车、摇小船、拾蘑菇等。

2．师生共同游戏

（1）“跟着妈妈练本领。”教师示范、讲解动作要领：双脚并拢向前，在直线两侧行进跳，前脚掌轻轻落地，幼儿分组练习2～3遍。

（2）在幼儿练习时，教师注意纠正幼儿的错误，个别指导。

（3）幼儿分成人数相等的三组，各站成一路纵队站在自己家里。

（4）兔妈妈对小白兔说：“我们种的萝卜长得真好，现在先送给小黑兔吃好吗？”小白兔拿着萝卜一个跟着一个双脚在直线两侧行进，跳向小黑兔的家，把萝卜送给小黑兔后，回到自己的家里。

（5）依次进行，最后萝卜回到小白兔家，兔妈妈高兴地说：“孩子们能相互关心，妈妈真高兴，现在请你们一起吃萝卜吧。”小兔子一起跳到中间，吃萝卜，游戏结束。

（6）重新开始游戏，依次换作小黑兔、小灰兔先递萝卜。

3．结束部分

（1）教师做活动评价，鼓励跳得好的孩子。

（2）兔妈妈说：“你们今天相互关心真好呀，妈妈就再带你们做个游戏吧。”音乐响起，一起做找朋友游戏。

四、活动评析

在讲述完故事《萝卜回来了》以后进行游戏，便于幼儿理解游戏内容和熟悉游戏玩法、规则。在做小兔跳的时候，幼儿对于把手放在头顶向前行进跳，感到非常不舒服，动作也不好看，在我们经过体验以后，将这一动作改为放在胸前较为合适。游戏在宽松愉悦的氛围中进行，幼儿再一次感受到相互之间的关心所带来的美好感觉。

在线测试

一、单项选择题

1．幼儿园适宜开展的体育活动是（　　）。

A．拔河　　B．长跑　　C．走平衡木　　D．长时间悬吊

2．安排儿童常规体育活动，应于饭前、饭后至少间隔（　　）分钟以上。

A．20　　B．30　　C．40　　D．50

3．学前儿童体育活动运动负荷的特点是（　　）。

A．强度较小，密度较小，时间较长　　B．强度较大，密度较大，时间较短

C．强度较小，密度较大，时间较短　　D．强度较小，密度较大，时间较长

4．学前儿童体育活动中品德教育侧重于培养儿童的（　　）。

A．道德认识和道德行为　　B．道德行为和道德情感

C．道德情感和道德意志　　D．道德行为和道德意志

5．根据不同的练习环境、条件及不同的动作组合而进行的练习法，称之为（　　）。

A．分解练习法　B．变换练习法　C．重复练习法　D．循环练习法

6．在动作技能形成过程中，最早建立巩固的动作动力定型的阶段是（　　）。

A．动作学习的泛化过程阶段　B．动作学习的分化过程阶段

C．动作学习的巩固过程阶段　D．动作的自动化过程阶段

7．下列不属于学前儿童身体形态，生长发育最基本测查指标的是（　　）。

A．坐高　B．头围　C．胸围　D．呼吸差

8．蹦蹦床属于固定性运动器械中的（　　）。

A．摆动类　B．旋转类　C．弹跳类　D．钻爬类

9．儿童最早发展的是身体的中部动作，然后是双臂和腿部动作，最后是腕、手及手指动作，这表明儿童动作发展遵循了（　　）。

A．由首至尾和由近及远的规律　B．由首至尾和由粗到细的规律

C．由近及远和由粗到细的规律　D．由近及远和由细到粗的规律

10．学前儿童体育活动最基本的组织形式是（　　）。

A．早操活动　B．体育课　C．户外活动　D．三浴锻炼

11．体育游戏的分类一般应选择（　　）。

A．按动作性质分类的方法　B．按游戏情节分类的方法

C．按运动负荷分类的方法　D．综合分类的方法

12．增强学前儿童体质最有效的途径是（　　）。

A．课堂教学　B．家庭环境　C．体育锻炼　D．劳动锻炼

13．下列活动中，最能促进儿童身体两侧肌肉力量协调发展的是（　　）。

A．抛接球　B．摇马　C．平衡板　D．攀登

14．调整幼儿体育游戏的活动量最主要应考虑（　　）。

A．幼儿生理变化　B．幼儿活动兴趣

C．幼儿对游戏的掌握程度　D．幼儿对游戏的参与程度

15．儿童对自抛自接球和短距离相互抛球的掌握一般在（　　）。

A．托班　B．小班　C．中班　D．大班

16．体育课中合理运用的时间与课的总时间之比，指的是体育课的（　　）。

A．一般密度　B．运动密度　C．练习密度　D．单一密度

17．科学安排学前儿童运动量应遵循的原则是（　　）。

A．以大运动量为主　B．适量性

C．由大到小　D．高难度

18．对中班儿童而言，下列口令要求适宜且正确的是（　　）。

A．立正时，上体正直，两臂自然下垂，眼睛正视前上方

B．稍息时，两脚平行站立，两臂自然下垂，眼睛看前方

C．原地踏步时，上体正直，上下肢协调地踏步

D．齐步走时，上体正直，自然向前走，两臂前后自然摆动

19. 徒手操中，幼儿的上肢动作是指（　　）。

A. 举、振、转、绕等动作　　B. 举、振、转、屈、伸等动作

C. 举、屈、伸、转、绕等动作　　D. 举、振、屈、伸、绕等动作

20. 儿童身体器官的惰性相对较小，机能活动能力上升较快，因此（　　）。

A. 准备活动的时间可短些，活动量可稍快增大

B. 准备活动的时间可长些，活动量可稍快增大

C. 准备活动的时间可短些，活动量可稍慢增大

D. 准备活动的时间可长些，活动量可稍慢增大

二、填空题

1. 体育游戏中具有定向作用的是____________。

2. 目前体育课多采用“开始（或准备）—____________—结束”课的结构。

3. 三浴锻炼中的“三浴”主要指空气浴、日光浴和____________。

4. 所谓“体质”，就是人的____________质量。

5. 小班儿童学习新的体育游戏时，主要角色一般由____________担当。

6. 耐力素质体现了肌肉耐力、____________耐力和全身耐力的综合状况。

7. 练习法是指儿童在教师的启发和指导下，根据体育目标和具体要求，有目的地反复进行____________的方法。

8. 儿童平衡练习应以____________平衡练习为主。

9. 模仿操是学前儿童按照____________的操节顺序和要求，选用一些模仿形象化的动作组成的。

10. 体育活动主要是通过____________来实现其教育任务的。

三、名词解释题

1. 身体素质。

2. 动作技能。

3. 体育游戏活动方式。

4. 体质群体评价。

5. 体育课的结构。

四、简答题

1. 简述提高学前儿童身体素质的意义及应注意的问题。

2. 如何选编幼儿徒手操？

3. 简述走、跑、跳、投掷等基本动作练习的指导重点。

4. 简述开展游泳活动的指导建议。

5. 测定学前儿童身体素质和基本活动能力发展的项目指标有哪些？

五、论述题

1. 请论述学前儿童体育活动的目的和任务。

2．请阐述在设计和指导儿童进行体育活动的过程中，教师应如何贯彻从实际出发的原则。

六、案例分析题

在某园的一堂主题为《跳跃》的体育公开课上，小（2）班的王老师为了把课开好，想了不少办法。整堂课从开始到结束始终在紧张、活泼的游戏氛围中进行，既有集体的游戏，如青蛙妈妈（由教师扮演）带领小青蛙（由幼儿扮演）一起练习本领（随着音乐做蛙跳动作），也有分散游戏，如组织幼儿玩民间“跳房子”（在地上划上方格，幼儿在其中蹦跳）等。课后，观摩的老师们发现，绝大多数孩子满头大汗，许多孩子嘴里直叫：“哎呀，真好玩，可就是累死我了。”

请指出这节公开课的不足之处，并说明理由。

真 题 训 练

大一班自由活动时间，个别幼儿用泡沫拼板（30 厘米×30 厘米）当滑板玩，许多孩子也想玩，但有的幼儿滑不起来，有的只能滑一点点。请根据幼儿利用泡沫拼板滑行的兴趣，为大班幼儿设计一个体育活动。要求写出活动名称、活动目标、活动准备、活动过程和活动延伸。

学习评价与反思

____

____

____

____

第六章　学前儿童安全教育

本章导读

幼儿期是一个需要成年人精心保护和照顾的时期。好奇是学前儿童的天性。他们对一切未知的新奇事物都要探究一番，但是又缺乏生活经验，对周围环境中潜在的不安全因素判断力差。好动是学前儿童的又一大特征。他们喜欢用行动来感受和认识事物，喜欢奔跑打闹，情绪很容易处于亢奋状态，但是他们的思维和行为活动带有明显的随意性，并且控制、调节自己心理活动和行为的能力很差，很容易给自己和其他幼儿带来伤害，因此幼儿期更易发生安全事故。

《纲要》明确指出："幼儿园必须把保护幼儿的生命安全和促进幼儿健康放在工作的首位。"对学前儿童进行安全教育，采取有效措施消除安全隐患，也是整个学前教育的重要组成部分。

学习目标

1. 学前儿童发生安全问题的原因。
2. 学前儿童安全教育的目标、内容、实施途径和方法。
3. 学前儿童常见的安全问题及预防。

学习重点

学前儿童安全教育的目标、内容、实施途径和方法。

思维导图

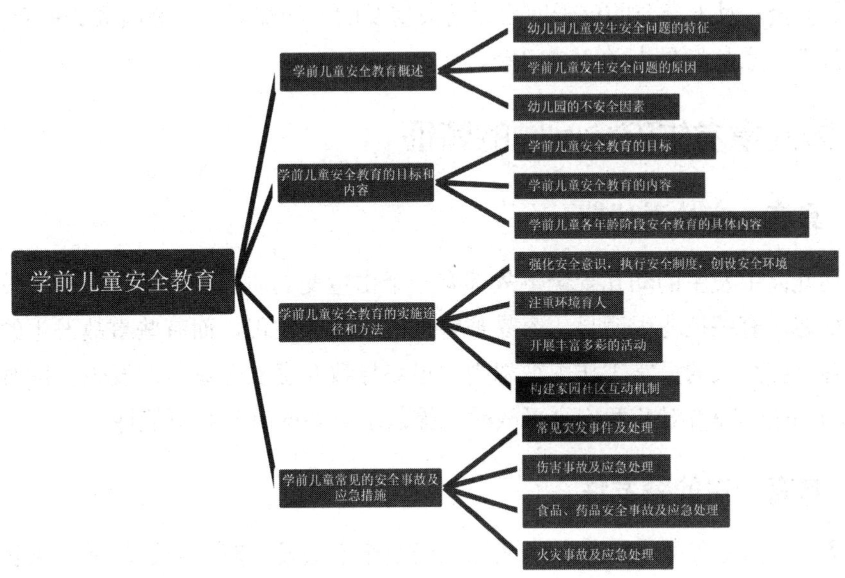

第一节　学前儿童安全教育概述

典型案例

淘淘是个聪明可爱的小女孩，现在入小班一个多月，深受老师和小朋友的喜爱，很多小朋友都愿意和她玩，有好东西也愿意和她分享。这天，浩浩把爸爸从日本带回来的巧克力豆带来和淘淘一起分享，淘淘实在太喜欢巧克力了，爱不释手，就连午睡也不放过，在其他小朋友都睡着的时候，她还偷偷躲在被子里玩巧克力豆，玩出了新花样，可吓坏了值午睡的老师。淘淘把巧克力豆放进了鼻孔里，幸好巡视的刘老师及时发现，才避免了危险事故的发生。由此可见，幼儿园的安全事故无处不在，幼儿老师要对安全工作高度重视并时刻保持警惕。在对幼儿实施安全教育时，应注意哪些问题呢？《纲要》指出："幼儿园必须把保护幼儿的生命和促进幼儿的健康放在工作的首位。"这充分表明了安全教育对幼儿发展的重要性。幼儿期是人一生发展的重要时期。幼儿在这一时期表现出了好奇、好动、好探索的特点，而幼儿身体机能发育的不完善导致了幼儿在活动探索中存在诸多的安全隐患，因此，幼儿期的教育应把安全放在首位，采取有效措施对幼儿进行安全教育是提高幼儿生命质量的重中之重。

据报道，中国每年有 45 万～50 万名儿童因意外受伤，有 2 万名儿童因意外非正常死亡，即每天约有 50 名少年儿童因意外事故失去生命。更令人触目惊心的是，中国中小学、幼儿园儿童意外伤害的发生率正以每年 14%的速度递增。意外伤害已经成为导致儿童死亡的第一因素。这一组组惊人的数字提醒我们：关心孩子的安全问题，重视对孩子的安全教育迫在眉睫。安全，对于当今的孩子而言，是最重要的一种需要，是健康成长的首要问题，也是幼教工作者及家长们最为关心的问题。

一、幼儿园儿童发生安全问题的特征

（一）具有一定的潜伏期

大多数幼儿园中发生的幼儿安全事故都有一个由量变到质变的过程。在事故发生之前会出现一些征兆，有些征兆很明显，容易被管理者或教师发现，而有些事故发生的征兆并不明显，很容易在烦琐的日常工作中被忽视，最终导致儿童安全事故的发生，同时潜伏期的存在也给幼儿园管理者对儿童安全事故研究提供了更多的时间和可能性。

（二）具有一定的突发性

由于儿童安全事故发生的征兆并不明显，当安全事故发生时，会让教师、家长觉得很突然，手忙脚乱，因此，安全事故应急处理预案要贯穿在幼儿园日常管理工作中。

（三）具有很大的伤害性

儿童的自理能力较差，儿童安全事故往往会给尚无自我保护能力的儿童带来身体及心理的严重创伤，对其一生的健康发展造成影响，但这些伤害性并不都是有形和即时的，需要教师及幼儿园管理者对儿童的心理伤害及时进行干预和治疗，避免造成终身的身心创伤。

（四）具有一定的延续性

延续性有两方面的含义，一是指儿童伤害事故或状态的延续性。虽然儿童安全事故表现为突发事件，但安全事故的形成往往是一个动态发生的过程。二是指儿童安全事故一旦发生，需要家长及幼儿园管理者和教师对儿童提供一系列的帮助。

（五）具有可预防性

学前儿童安全事故的发生，是从量变到质变的过程，因此，幼儿园教育者可以采取积极措施加以预防，使儿童更健康地成长。

二、学前儿童发生安全问题的原因

儿童在幼儿园的安全状况形势依然严峻。幼儿安全事故数量较大，种类繁多。引起幼儿安全事故的原因主要有以下几个方面：一是学前儿童自身的因素。二是家长、幼儿园方面，如：家长安全意识淡薄；幼儿园安全管理制度不健全，安全管理不到位，领导对安全问题不重视；幼儿园安全教育时间没有保障，安全教育形式单一，教育内容脱离幼儿生活实际。三是环境和设施有安全隐患。

（一）学前儿童自身因素

儿童期的孩子处于身心逐步发展的阶段，活泼好动，有强烈的好奇心，动作的灵活性和协调能力较差，缺乏生活经验和安全意识，自我保护能力差，不能预见自己行为的后果，对突发事件不能做出准确的判断。

（二）安全意识缺乏，安全措施落实不够，安全教育内容单一

研究发现，学前儿童出现安全问题一方面是由于父母、长辈的安全意识缺乏，安全措施落实不到位。“望子成龙”是父母的心愿，尤其是独生子女，家长期望他们早成才、快成才，片面追求幼儿知识的积累，忽视了他们的生存需求。有些家长意识到了外界存在着的一些不利因素，采取了事事包办代替、全方位的保护策略，忽视了他们内在的主动自护能力，殊不知这样做只看到了孩子眼前的利益，剥夺了他们通过实践提高自我保护能力的机会，从而阻碍了幼儿自我保护意识和能力的发展。

另一方面是因为幼儿园的教师疏于对孩子的关注和照顾。儿童生命教育和自护教育并没有引起老师们的足够重视，多数幼儿园没有专门的自我保护教育课程。安全教育虽然纳入了健康教育领域，但幼儿园在选择课程内容时，自护教育内容涉及较少，即便有也是比较零碎的，缺乏系统性和针对性。安全自护教育出现了片面强调成人对幼儿被动保护的状态，忽视了对幼儿主动自护的积极引导。

（三）环境和设施因素

学前儿童生活的环境以及社会或幼儿园设施也是导致安全事故的重要因素，例如：社会环境不安全，治安混乱；幼儿园内安全设施（如消防器材等）欠缺，安全出口少且狭窄，电器设备或线路老化，建筑物中的门窗或栏杆不坚固，危房，活动器材、玩具陈旧并具有伤害性。

幼教故事

玩滑梯受伤了

某幼儿园大型木质滑梯的一颗钉子冒出了一点。教师发现后及时向主管工作的副院长汇报。副院长因为忙，没有来得及找人维修，也没提醒家长。

一天，一位妈妈接女儿走过滑梯时，女儿说："妈妈，我好长时间没有玩滑梯了，我想玩一会儿，好吗？"妈妈就从后面把女儿抱上滑梯。女儿高兴地对妈妈说："妈妈，接着我！"说着便张开双臂往下滑。突然，一声痛苦的尖叫让妈妈脸上的笑容凝固了。原来，那颗没有修理好的钉子在女孩的腿上划了一道20多厘米长的伤口。

三、幼儿园的不安全因素

（一）"显性"不安全因素

"显性"不安全因素指教师平时能看到、想到的因素，如上下楼梯、饮水、洗手、上下床、户外活动、危险物品、碰伤、摔伤、烫伤、电源插座等，这些显而易见的不安全因素，教师可以时时强调以提醒孩子。

（二）"隐性"不安全因素

"隐性"不安全因素指教师无法估计、无法看到、不可预知的不安全因素。看似安全的地方，却隐藏着不安全的因素，如：儿童在玩踩水车时脚踩空了，脸上连皮带肉碰了个洞；玩蹦蹦床时腿骨骨折；等等。这些因素很容易给孩子造成一些无法弥补的伤害，给孩子带来的是身心的痛苦，还有的不安全事故甚至会影响孩子的一生。"隐性"不安全因素往往是教师防不胜防的，因此，在活动过程中，教师必须予以足够的重视。

幼儿园园舍建设安全标准

（1）儿童厕所：每个厕所的平面尺寸为 0.8 米×0.7 米，沟槽式槽宽为 0.16～0.18 米，两侧用防滑砖；坐式便器高度为 0.25～0.3 米。

（2）儿童盥洗池：高度为 0.50～0.55 米，宽度为 0.40～0.45 米，水龙头间距为 0.35～0.40 米。

（3）儿童通道：在儿童安全疏散和经常出入的通道上，不应设台阶，必要时可设防滑坡道，其坡度不应大于 10 度。

（4）楼房建筑的楼梯、扶手、栏杆和踏步应符合以下规定：楼梯除设成人扶手外，应在靠墙壁一侧设儿童扶手，其高度不应大于 0.6 米；楼梯栏杆垂直线饰间的净距不应大于 0.11 米，当楼梯净宽度大于 0.2 米时，必须采取安全措施；楼梯踏步的高度不应大于 0.15 米，宽度不应小于 0.26 米，室外安全疏散楼梯应有防滑措施。

（5）楼房走廊宽度应符合下列标准：教学生活用房双面布房的不小于 1.8 米，单面布房的不小于 1.5 米；服务供应用房双面布房的不小于 1.5 米，单面布房的不小于 1.3 米。

（6）儿童活动用房宜为暖性、弹性地面，卫生间应为易清洗、不渗水并防滑的地面；幼儿经常出入的门宜平滑、无棱角，在适宜处设儿童专用拉手，不应设门槛和弹簧门。活动室、寝室、音体活动室应设双扇平开门，其宽度不应小于 1.20 米。疏散通道中不应使用转门、弹簧门和推拉门。

（7）活动室、音体室的窗台距地面高度不宜大于 0.6 米，距地面 1.3 米内不设平开窗；阳台、屋顶平台的护栏净高不应小于 1.2 米，护栏宜采用垂直线饰，其净空距离不应大于 0.11 米。

（8）儿童经常接触的 1.3 米以下的室内墙面不应粗糙，室内墙面宜采用光滑易清洁的材料，墙角、窗台、暖气罩、窗口竖边等棱角部位必须做成小圆角。

（9）建筑防火和抗震设防等必须符合国家现行的有关设计规范和强制性标准。幼儿园抗震设防类别应不低于重点设防类。

第二节 学前儿童安全教育的目标和内容

典型案例

北京师范大学教育学院刘馨、李淑芳在天津、山东等八省调查发现，在近三年内幼儿园发生过的幼儿安全事故中，发生范围较广、频率较高的安全事故为同伴咬伤、打伤、坠落、摔伤、跌伤、烫伤、烧伤、运动器械致伤和尖锐物品戳伤等，食物中毒、药品中毒、破损玩具致伤、拥挤致伤、动物咬伤、体罚致伤、走失、交通事故、溺水等安全事故也占一定比例。由此可见，幼儿安全事故形势十分严峻，应引起普遍关注。

一、学前儿童安全教育的目标

教育目标是教育活动、教育过程设定的要在受教育者身上反映的规格指标，是所有教育工作的出发点和最终归宿。安全教育的目标必须符合学前儿童的年龄特征。《纲要》中认为儿童安全的目标是知道必要的安全保健常识，学习如何保护自己。《指南》中对学前儿童健康领域的安全教育目标是学前儿童应具备基本的安全知识和自我保护能力，具体从表 6-1 中的几个方面进行阐述。

表 6-1　学前儿童应具备基本的安全知识和自我保护能力

3～4 岁	4～5 岁	5～6 岁
1．不吃陌生人给的东西，不跟陌生人走； 2．在提醒下能注意安全，不做危险的事； 3．在公共场所走失时，能向警察或者有关人员说出自己和家长的名字、电话号码等简单信息	1．知道在公共场所不远离成人的视线单独活动； 2．认识常见的安全标志，能遵守安全规则； 3．运动时能主动躲避危险； 4．知道简单的求助方式	1．未经大人允许不给陌生人开门； 2．能自觉遵守基本的安全规则和交通规则； 3．运动时能注意安全，不给他人造成危险； 4．知道一些基本的防灾知识

结合《纲要》和《指南》，学前儿童安全教育目标的定位应是：让儿童懂得珍惜生命，掌握一些基本的安全保健知识和相应的自护、自救方法，学会保护自己；自觉锻炼身体，增强体质；养成有利于安全的行为习惯；在意外事故发生时敢于呼救，尽可能保护自己，使身体免受或少受伤害。安全教育目标是分为三层逐步深入的：首先通过感知生命的重要，帮助儿童树立安全意识；然后引导儿童学习必要的安全保健常识，提高自我保护意识和能力；最后帮助儿童养成良好的行为习惯，减少安全事故的发生。

（一）从行为习惯的养成入手，增强学前儿童自我保护意识

心理学家认为“习惯是在一定情景下自动化的动作系统”。人的行为只有养成习惯才具有稳定性和一贯性，它反映了习惯的养成与否及养成的程度。儿童期的神经细胞反应时间短，容易形成条件反射，教师应抓住这一教育契机，探索有效的方法，将规则渗透在明确的要求中，多进行正确行为的练习，积极向家长宣传幼儿园养成教育的重要性，并与家长配合，反复强调，长期坚持，使儿童形成习惯，如培养儿童轻拿轻放桌椅，轻开关门，主动排队，不拥挤，上下楼梯靠右走等生活习惯。

（二）掌握必要的安全常识，提高自我保护意识和能力

安全常识是人们在经历灾难后，对灾难缘由的规律性认识及采取的必要防护措施。在自然和社会灾难中，学前儿童往往受害最大，因此，向儿童普及意外自护常识已势在必行，

结合日常生活，应从防毒、防电、防火、防交通事故、学救护等几方面中选择对儿童有益、便于儿童掌握的基本常识作为教育内容，如教育儿童有雷电时不看电视，认识各种危险和安全标志，熟记求救号码、自家地址和电话号码，遇到危险会用电话求救。儿童一旦掌握了自护常识，有了防范和抗灾的本领，再加上教师、家长的照料，社会的重视和关心，就会遇事不慌，受到伤害的概率会大大降低。

【案例 6-1】

预防触电

一、活动目标

（1）认识电的用途和防电标志，了解电的危险性。

（2）培养安全意识，自己预防触电。

（3）激发积极探索的意识，养成认真观察、主动参与的良好学习习惯。

二、活动准备

（1）知识准备：让幼儿在家时与家长一起查找资料，初步了解电的特性和用途。

（2）环境准备：电教室。

（3）材料准备：实物投影仪、图片“小刚触电了”“防触电标志”、教学片《保护自己防触电》等有关操作学具。

三、活动过程

（1）老师出示图片“小刚触电了”。

（2）引导幼儿观察图片并提问。

图 1：家里有谁？他们在干什么？（客厅里，妈妈开着电风扇，在拖地板，小刚在地上玩电动小爬虫）

图 2：小刚怎么了？妈妈发现后怎样处理？（小刚突然躺倒在地上，捧着手喊疼。妈妈知道小刚触电了，马上关掉总开关）

图 3：小刚为什么会触电？（原来小刚洗手后，没有擦干手就玩电动小爬虫。小爬虫“爬”到电风扇旁边，小刚伸出湿手取爬虫，不小心触到电插头，所以触电了）

（3）组织幼儿讨论。

① 老师问：电有什么特性和用途？（幼儿与同伴交流，分享经验）

② 电有什么危险性？怎样才能防止触电？（幼儿与同伴交流，分享经验）

（4）幼儿观看教学片《保护自己防触电》，讨论并小结。

① 让幼儿知道电的危险性及对人的伤害。（受伤或死亡）

② 让幼儿了解防触电的方法：不玩电线，不用手、小刀、钢笔等去触捅插座；不用湿手去开灯、关灯或触动其他电开关；不进有“防电标志”的场所玩（不在高压电线下玩）；放风筝注意安全，防止因风筝碰到电线而触电；雷雨天气，不要在大树下避雨；发现电器着火，不用水灭火，应及时通知成人；在室外玩时，不爬电线杆，远离所有从高处垂下的电线。

四、延伸活动

让幼儿进入活动区域操作学习，提问题判断对错，巩固认识，强化安全用电常识，懂得在日常学习生活中如何防触电。

五、活动分析

活动采用了讨论法、演示法和操作法，调动了儿童学习的主动性、积极性。活动中，儿童积极思考，讨论热烈，操作积极，对保护自己防触电有了较深刻的认识。

（三）以开展实践活动为载体，培养学前儿童良好的安全自护行为习惯

在传统的教学模式中，教师往往以讲授、灌输为主要方式，忽视了儿童学习的主动性。然而，简单的说教难以产生持久的影响，如果创造机会让儿童参与实际操作，变被动理解为主动内化，在做中学、在做中体会和感悟，不仅能够激发他们的兴趣，更能在活动中培养学前儿童的安全自护行为习惯。教师要有计划、有目的地创设各种情境，帮助幼儿认识在社会中可能遇到的问题，并做出合乎社会规范的行为反应，例如“一个人在家的时候”活动中，通过观看真实的情境知道独自在家时哪些行为是危险的，应该注意什么；在“迷路时怎么办”活动中，教师将迷路的几种应急方法设计成情境表演，让儿童自然而然地了解迷路时应该怎样做。在这样一次次以情境表演贯穿始终的自我保护教育活动中，教师没有一句说教的语言，儿童完全融入了情境，获得了自我保护经验，巩固了自我保护的技能。通过多种安全自护行为的强化练习，帮助儿童养成良好的行为习惯，矫正不良习惯，从而减少意外伤害事故的发生。

二、学前儿童安全教育的内容

儿童安全教育所涉及的内容较为广泛，主要有同伴玩耍安全、交通安全、饮食安全、运动安全、活动安全，防摔伤、防烫伤、防触电、防走失、防传染病、人际交往安全等。这表明与儿童在园生活十分密切的方面已成为幼儿安全教育的主要内容，但是与儿童居家生活、躲避自然灾害、防止性侵害等相关的安全教育在幼儿园开展相对不足。表 6-2 主要介绍学前儿童常见的安全教育内容。

表 6-2 幼儿园安全教育的内容

同伴玩耍安全	防止性侵害
交通安全	应对自然灾害
运动安全	防雷击
活动安全	防溺水
防摔伤	消防安全
防触电	防烫伤
防走失	防传染病
人际交往安全	

（一）交通安全教育

情境 1：某儿童在马路上脚踩踏板车追赶行驶中的汽车，被迎面而来的大货车撞出 5 米多远。

交通事故是目前现代化大城市发生率最高的安全事故之一，因此，对儿童进行交通安全教育不容忽视，主要从以下几个方面进行。

（1）让儿童了解基本的交通规则。学前儿童常常因不懂得或不遵守交通规则而发生车祸，要通过教育让儿童了解诸如“红灯停，绿灯行”“行人、车辆各走其道”“上街行走靠右行”“不在马路上玩耍，不横穿马路”等一些最基本的交通规则。

（2）让儿童认识常见的交通标志。教儿童认识常见交通标志，如人行横道、红绿灯等，知道这些交通标志的作用。

（3）让儿童养成遵守交通规则的习惯。在初步形成交通安全意识的基础上养成遵守交通规则的习惯。

（二）防触电、防溺水教育

触电是日常生活中常见的意外伤害。教育儿童不摆弄电器，不拉电线，不用剪刀剪电线，不触弄电源插孔等，不随意开启电器，尤其是电熨斗、电取暖器等，避免由此造成的伤害。

据统计，溺水在少年儿童意外死亡中的比例是最大的，儿童平衡及自救能力差，误入水中无挣扎及自救能力，很容易溺水，因此要教育孩子不能擅自到水边玩耍，更不要私自去游泳，看到同伴落水时，要及时就近呼叫成人抢救。

（三）消防安全教育

对孩子进行消防安全教育主要包括：① 让孩子懂得玩火的危险性。② 让孩子掌握简单的自救技能，如教育孩子一旦发生火灾要马上逃离火灾现场，并及时告诉附近的成人。发生火灾时自己若被烟雾包围，要用防烟口罩或干、湿毛巾捂住口鼻，并立即趴在地上，在烟雾下面匍匐前进。③ 带孩子参观消防队，看消防队员的演习，请消防队员介绍火灾的形成原因、消防车的作用、灭火器的使用方法及使用时应注意的事项等。另外，可以进行火灾疏散演习，事先确定各班安全疏散的路线，让孩子熟悉幼儿园的各个通道，以便在发生火灾时，能在老师的指挥下统一行动，安全疏散，迅速离开火灾现场。

（四）食品药品安全教育

情境 2：据载，一女孩趁妈妈不在，翻弄妈妈的化妆品。看到鲜艳的口红，想起妈妈天天“吃”，也想尝尝，结果造成中毒。儿童大多喜欢吃零食，也喜欢将各种各样的东西放入口中，因而容易引发各种中毒，为此幼儿园及家庭应做到以下几点。

（1）建立严格的药品保管制度。内服药、外用药均需标签清楚，分开放置，专人保管，不给儿童造成随手能拿到的机会。

（2）安全用药。在给幼儿用药前，一定要仔细核对姓名、药品、剂量，切勿拿错药或服用过量。

（3）妥善保管消毒剂和杀虫剂等有毒物品。不得让儿童使用或帮助拿消毒剂、杀虫剂等。

（4）妥善保管化妆品，勿让儿童拿到手。化妆品颜色鲜艳，常诱使孩子品尝它的滋味，以致中毒。

（5）不让儿童随便食用不明食物。

（五）儿童玩具安全教育

情境 3：随着令人揪心的一声尖叫，一个五六岁的男孩双手捂住脸部，鲜血从指缝中渗出来，一起做游戏的孩子都惊呆了。原来小男孩的右眼被塑料子弹射中了……

游戏是孩子的天性，玩具是孩子生活中的亲密伴侣，玩具以其可爱的形象、鲜艳的色彩、幽默的造型、奇特的性能、悦耳的声响再现生活中的各种事物，深受孩子喜爱。玩具是幼儿的“教科书”，在一日生活中，儿童几乎有一半时间在和玩具打交道，因此，玩具的安全问题至关重要。

首先，制作玩具的材料必须环保，要无毒和便于清洗消毒。其次，要避免有锋利的边角以免扎伤幼儿，音响刺耳的玩具也不可取。另外，一些带子弹的仿真玩具枪及锋利的刀、箭、剑等玩具要禁止孩子玩耍。

（六）生活安全教育

情境 4：某班正在进行户外活动，突然，小明的手被捡起的碎玻璃划破了，鲜血直流。儿童喜欢捡一些小物件，如小剪刀、碎玻璃、小石子、野花野草等，有时把小物件放到口中吸吮，偶尔还会把小钢珠、豆粒、纸团等放入耳、鼻中，常因此发生割破皮肤、误服有毒植物、异物等意外伤害事件，因此，我们要在幼儿园和家庭做到以下几点以防意外。

（1）让儿童了解哪些事情不能做。

（2）提供安全材料，引导儿童学习和学会正确使用常见的生活用具，如为儿童提供的塑料粒、珠子等活动材料要足够大，材质要安全，以免造成异物入气管、铅中毒等伤害。在幼儿手工活动时为他们准备安全剪刀。为幼儿示范拿筷子、握笔的正确姿势以及使用剪刀、锤子等工具的方法。提醒幼儿不要拿剪刀等锋利工具玩耍，用完后要放回原处。

（3）注意运动中的安全。

（4）学会与陌生人正确交往。

为孩子提供一个安全的生活环境，对儿童进行各种安全教育，是家长和幼教工作者应尽的职责。

三、学前儿童各年龄阶段安全教育的具体内容

（一）小班安全教育内容

（1）知道保护五官的方法。如：不挖鼻子，不把东西塞到嘴巴、耳朵里等。

（2）不随便要陌生人的东西和乱吃陌生人的东西。

（3）不随便跟陌生人走，不让陌生人触摸自己的身体。

（4）上下楼梯不推挤，靠右边一个跟着一个上下，不滑扶手。

（5）知道自己的姓名及父母的姓名、电话。

（6）不做爬窗、跳楼梯、玩门、从高处往下跳等危险动作。

（7）不玩插座、电器。

（8）不随身携带玩具、刀、牙签等锐利的器具。

（9）不拿玩具和同伴打闹，更不抓、咬、打同伴。

（10）在运动、游戏、游乐场玩时听从老师的安排，遵守纪律，有序活动，不互相追打、乱跑碰撞。

（11）外出活动听从大人或者老师的安排，不随便离开集体。

（12）远离变压器、建筑工地等不安全的地方。

（13）懂得玩火、玩电、玩水的危害，不玩火、玩电、玩煤气。

（14）不拿电话当玩具玩，不乱拨电话。

（15）受到伤害时懂得及时告诉大人。

（16）不到马路上玩耍，走路靠右边，没成人带领时不自己过马路。

（17）不随便逗猫、兔、狗等小动物玩。

（18）不在电梯上玩耍。

（19）不喝生水，不吃腐烂变质、有异味的东西。

（20）不玩开水、药品，不乱吃药。

【案例 6-2】

安全玩滑梯

一、活动目标

（1）教幼儿学会正确的玩滑梯方法。

（2）让幼儿知道用不正确的方法玩滑梯容易造成伤害，初步培养幼儿的安全意识。

二、活动准备

（1）小兔、小熊胸饰若干，照相机。

（2）编排情境表演。

三、活动过程

（1）导入活动，激发兴趣。兔妈妈："今天天气真好，孩子们，妈妈带你们出去玩。那是谁？它们（小熊）在干什么？"（滑滑梯）

（2）观看情境表演，向幼儿介绍滑梯及其玩法。① 熊妈妈是怎样教小熊玩滑梯的？为什么要这样玩？② 人多的时候应该怎样玩滑梯？

小结：玩滑梯人多时要先排好队，一个跟着一个，不拥挤推拉。从楼梯上去时两手扶稳，一层层地往上爬。眼睛看好楼梯，爬到顶，坐稳后，两手扶着滑梯两边，两条腿并拢，再滑下来。如果不这样好好玩滑梯，做不正确的动作，就会发生危险。

（3）幼儿练习玩滑梯，教师指导幼儿按正确的方法玩滑梯。① 兔妈妈："刚才我们看了小熊滑滑梯，你们会不会像它们那样玩？"② 兔妈妈："孩子们，你们想不想再玩一遍？这次，你们玩的时候，妈妈给你们每人拍张照，看谁滑得最好。"（及时纠正幼儿不正确的动作，鼓励幼儿用正确的方法玩滑梯。）

四、活动建议

（1）此活动宜安排在开学初进行，让幼儿一开始就掌握玩滑梯的正确方法。

（2）日常生活中幼儿玩大型运动器具时一定要有成人保护，引导幼儿正确地玩各种运动器械，逐步在活动中培养幼儿的安全意识。

（二）中班安全教育内容

（1）记住自己的姓名、家庭住址、父母的全名及工作单位，知道在遇到危险时如何拨打紧急呼救电话。

（2）一个人留在家里时，如有陌生人来访不要开门。

（3）不用湿手去摸电器的开关、插头，更不将手指、别针、回形针等放进插座，以免触电。

（4）在家中不攀爬登高，更不在阳台、窗边及楼梯口嬉戏，以免坠楼和滚下楼梯。

（5）清洁用品或杀虫剂不可触摸，捉迷藏时不躲在柜子、箱子里。

（6）大人不在家时，不独自进浴室玩水，更不在浴室里推、拉、打、跳，随意开启热水龙头。

（7）不用塑料袋或棉被蒙头，不把绳子绕在脖子上，也不把花生、纽扣、弹珠等小东西放进鼻孔或嘴巴里。

（8）不开启煤气开关，更不用手去摸明火。一旦发生火灾懂得如何自救，如何迅速逃离或等待大人施救。

（9）吃东西前先征得大人同意，地上或桌上的东西不可随便捡来吃。吃东西时不边吃边跑。

（10）爱惜玩具，懂得同小朋友分享彼此的玩具，以免因抢夺玩具受伤或受到破损玩具的伤害。

（11）了解消火栓、灭火器的用途，知道幼儿园的安全通道出口；到公共场所懂得消防标志和疏散方向标志。

（12）知道报警电话 110、120、119 的区别，懂得如何打电话报警。

（13）下午放学后拉着大人的手走路，不自己到处跑，不停留在幼儿园玩耍。

（14）不轻信陌生人的话，未经允许不跟陌生人走，不让陌生人触碰自己的身体。

（15）在家不自己动手反锁门，不触碰煤气、炉火、打火机、开水壶、饮水机、药品等危险物品。

（16）没有成人带领不独自过马路，过马路时遵守交通规则，走人行横道，不在马路上停留和玩耍，上街走路靠右边。

（17）单独在家时不随意开门，听到敲门声不开门，懂得想办法对付，以防窃贼趁大人不在时闯入家中行窃。

（18）到野外旅行或散步时不随便采摘花果、捕捉昆虫。

（19）初步了解雷电的危害，下雨天和雷电时不到大树或屋檐下避雨。

（20）发生火灾或者煤气泄漏，知道简单的处理和逃生方法。

（21）知道发生灾害时要镇静，不慌乱，听从大人指挥。

（22）初步知道台风、暴雨、地震的危害和简单的自救方法。

【案例 6-3】

安全标志我知道

一、活动目标

（1）鼓励幼儿探索学习，使幼儿认清安全标志，教育幼儿不要玩火、电等危险物品，遵守交通规则。

（2）引导幼儿发现和尝试，让幼儿知道只有按照安全标志的要求行动，才能既方便自己又不影响集体，培养自我保护的意识和能力。

（3）通过让幼儿自己动手制作安全标志，发展幼儿的想象力和创造力及动手制作的能力。

二、活动准备

（1）多媒体课件，包含有关交通安全、严禁烟火、当心触电、禁止触摸等内容的小故事，并配备有关的安全标志。

（2）事先让幼儿收集有关的安全标志。

（3）七种安全标志：注意安全、人行横道、步行、禁止通行、严禁烟火、当心触电、禁止触摸。

（4）画纸、水彩笔、剪刀等工具材料。

三、活动过程

1．找安全标志

（1）激发幼儿的学习兴趣。教师引导幼儿观看多媒体演示，就其中的交通安全小故事鼓励幼儿探索根据什么标志过马路。

（2）提出问题，请幼儿思考。

① 为什么要有这些安全标志？这些安全标志有什么作用？

② 除了马路上的安全标志，你还见过什么安全标志？在什么地方见过？它们表示什么意思？

③ 请幼儿继续观看多媒体演示，寻找有关的安全标志。

2．议论安全标志

（1）幼儿尝试从布袋中找出安全标志，并介绍这些标志是什么意思。

（2）讨论安全标志的用途：我们生活中为什么有这么多安全标志？它们对我们有什么用途？没有这些安全标志行不行？为什么？

（3）讨论没有这些安全标志的危害。① 想一想、说一说没有这些安全标志的危害。② 总结：每个人都生活在集体中，作为社会中的一员，按安全标志上的要求行动才能既方便自己又不影响集体。如果不按安全标志上的要求行动，会出现很多问题，人们的工作、生活、学习就不能正常进行。

（4）游戏：看谁找得准。教师说出一种安全标志名称，请幼儿迅速找出相应的安全标志卡片。

3．设计安全标志

（1）想一想，我们班、幼儿园什么地方需要悬挂安全标志。请小朋友尝试动手设计和制作，让安全标志告诉我们在什么地方做什么事情，应该怎样做。

（2）请小朋友介绍自己设计、制作的安全标志的内容和作用，并用简练的语言讲给大家听。

四、活动延伸

幼儿找到需要安全标志的地方悬挂上自己制作的安全标志，并继续探索相关的安全标志，尝试理解安全标志的含义。

五、活动评析

活动激发了幼儿对安全标志的兴趣，引导幼儿自己去观察和发现、寻找各种各样的安全标志，如严禁烟火以及各种各样交通安全标志等。这些安全标志都是小朋友自己找到的，因此，他们参加活动的积极性特别高，孩子们通过自己看、问、找、画等探索活动，学会了学习，也学会了适应社会，适应集体，明白了做人的道理。

（三）大班安全教育内容

（1）不随身携带玩具及锐利的器具来园。

（2）不拿玩具和同伴打闹，更不能抓、咬、打同伴。

（3）上下楼梯靠右走，不从楼梯扶手往下滑，不做爬窗、扒窗、跳楼梯、玩门、从高处往下跳等危险的动作。

（4）外出散步或户外活动时远离变压器、建筑工地等危险的地方，听老师（或大人）的话，不随便离开集体；有事告诉老师。

（5）在运动或玩游戏时听老师的安排，遵守纪律，有序活动，避免互相追打、乱跑碰撞。

（6）懂得玩火、玩电、玩水的危害。

（7）了解消火栓、灭火器的用途，知道幼儿园的安全通道出口；到公共场所有观察消防标志和疏散方向标志的习惯；知道各种报警电话，懂得如何报警。

（8）下午放学后拉着大人走，不能自己到处跑，不能停留在幼儿园玩耍。

（9）知道自己的姓名、园名、家长姓名、单位、家庭住址、电话，能表达清楚，紧急情况知道如何保护自己。

（10）不随意轻信陌生人的话，未经允许不跟陌生人走；知道只有家长、医生、护士才能触摸自己的身体，如果陌生人要这么做，一定要尽快逃开。

（11）在家不自己动手反锁门，不玩煤气、炉火、打火机、开水壶、饮水机、药品等危险物品。

（12）不碰化学品、消毒剂、杀虫剂等。

（13）单独在家时，听到敲门声不开门。

（14）到野外旅行或散步时不随便采摘花果、捉捕昆虫。

（15）遵守交通规则，了解乘车的安全知识，知道一些安全标记，不在马路上停留和玩耍，过马路走人行横道。乘车时坐稳，不把手、头伸出窗外，不乱动车上的按钮。

（16）不玩水，不扭动自来水开关，不在湖、河边上玩耍，不在下水道井盖丢失的道路上走。

（17）不玩电，不触摸和玩耍正在运转的电风扇等电器产品，不摸电插座；不用湿手触摸电源开关，在没有学会操作前不随便按动电器上的旋钮及各种键。

（18）节约用电，安全用电；懂得防雷电。

（19）不随便把刀、剪或其他尖锐器物当作玩具，正确使用刀、剪等用具。

（20）运动时注意规则，按顺序进行，避免碰撞，不玩危险游戏；懂得登高的危险，不拿力所不及的东西。

（21）知道哪里是安全的，哪里是不安全的，如不在加油站、建筑工地等处玩耍；了解在公共场合走失后的方案，如和大人在预定地点、时间集合，找警察、工作人员，借电话等。

（22）不把铅笔、筷子、冰棍、玻璃瓶或尖锐的东西拿在手里或含在嘴里到处跑。

（23）不把塑料袋当作面具往头上套。

（24）知道 110 报警电话的用途和正确使用方法。

【案例 6-4】

遇到火灾怎么办

一、活动目标

（1）学习火灾中正确的自我保护方法，懂得火灾发生时如何撤离、躲避、求救等。

（2）能正确拨打火警电话 119，面对火灾不慌张，积极动脑想办法，增强自我保护能力。

（3）感恩消防员的辛苦，体验人与人之间的关爱之情。

二、活动准备

（1）知识准备：活动前请幼儿制作“发生火灾怎么办”的安全宣传画。

（2）物质准备：视频（小明家失火、消防员救火、火灾求生法），课件“遇到火灾怎么办”，快乐成长宣传片、湿毛巾、安全出口标志。

三、活动过程

1．通过失火事件引导幼儿感受火灾危害。

（1）播放“小明家失火”的视频。提问：小明家发生了什么事情？你有什么感觉？

（2）播放“消防员叔叔救火”视频。提问：消防员叔叔表现得怎么样？你想对他们说什么？

（3）结合火灾后家园的变化图片，让幼儿感知火灾的严重后果。

2．引导幼儿了解如何避免发生火灾

（1）提问：为什么会发生这么多的火灾？怎样做能够避免发生火灾？

（2）演示课件，引导幼儿看标志，说出生活中不能做的事。

3．掌握自救与自护方法

通过多种形式，学习运用撤离、躲避、求救的方法自救和自护，懂得面对火灾要沉着、冷静，积极想办法。

（1）通过交流，引导幼儿了解发生火灾时如何撤离。

① 幼儿相互交流宣传画，说出自己知道的自救方法。

② 教师带领幼儿模拟练习拨打火警电话，要求幼儿说清地点和人员。

③ 通过图片（电梯、楼梯、窗户、安全通道）让幼儿了解发生火灾时，从安全出口撤离最安全，并引导幼儿在现场寻找安全出口标志。

④ 幼儿观看视频“火灾自救法”，进一步了解捂住口鼻、弯腰走的重要性。

（2）通过实地演练，巩固幼儿逃生撤离的已有经验。

① 用湿毛巾捂住口鼻，引导幼儿从安全通道撤离。

② 引导幼儿运用多种方法迅速撤离。

（3）创设情境，引导幼儿了解无法撤离时，如何正确躲避。

① 提问：当火势很大无法撤离时，应该怎么办？可以用哪些方法躲避？

② 演示课件，引导幼儿并分析判断在哪里躲避是正确的。

（4）讲述故事，引导幼儿懂得发生火灾要沉着冷静，积极动脑想办法。

① 教师讲述“婷婷火场自救”小故事。

② 提问：面对险情时婷婷是怎样自救的？还可以用哪些方法自救？

③ 运用儿歌，全面总结火灾中的自救方法。

4．体验人与人之间的关爱之情

（1）请幼儿观看公益片《我们快乐成长》，谈一谈：如果你是受灾的小朋友，你现在的心情会是怎样的？引导幼儿感受火灾无情人有情的美好情感。

（2）引导幼儿张贴安全宣传画，让更多的人知道在火灾中自救和自我保护的方法。

第三节　学前儿童安全教育的实施途径和方法

典型案例

某幼儿园学前班孩子张某和王某在十一放假期间，翻过栏杆到幼儿园玩耍，在玩耍过程中，王某不慎从攀岩墙上摔到地面，将面部摔伤。到医院进行治疗的费用是1024元。后王某家长将幼儿园告到法院，要求幼儿园赔偿医疗费用等损失。

思考：放假期间，幼儿私自到园玩耍受到伤害，幼儿园是否要承担责任？参照《学生伤害事故处理办法》第十三条第三项的规定，“在放学后、节假日或者假期等学校工作时间外，学生自行滞留学校或者自行到校学习的”学生伤害事故，学校不承担事故责任，因此幼儿园无须承担法律责任。

一、强化安全意识，执行安全制度，创设安全环境

不安全的环境是引发学前儿童意外伤害事故的最直接的原因之一。幼儿园是学前儿童生活的主要场所，保证儿童在幼儿园及园内外活动中的安全是幼儿园应尽的职责，因此，幼儿园应采取措施，为孩子提供安全的环境。

（一）园内设施要安全

幼儿园的建筑、设施要符合学前儿童的年龄特点和安全需要，例如，建筑物要以两层为宜，楼梯每一踏步不宜高于 12 厘米，踏步深度约 26 厘米，栏杆的高度不得低于 90 厘米，间距不得大于 12 厘米，等等。还要及时检修各种设备，确保安全，比如：危房、危墙；大型玩教具年久失修；活动场地太滑、太坚硬、不平整；各种设备的锋利棱角；等等。安全隐患应及时排除，以保证孩子的安全。

（二）强化安全意识，建立和执行安全制度

每名幼教工作者都应有安全意识，有工作责任心，能及时发现和处理各种不安全因素。同时，幼儿园应建立健全安全制度，并严格执行。比如，落实门卫制度。为确保幼儿园安全，必须严把进门关和出门关，无关人员一律不准进入园内；严格禁止儿童擅自离开幼儿园。严格执行接送制度。家长必须亲自把孩子送交给所在班教师，非幼儿家长，原则上不能接走孩子；等等。

二、注重环境育人

《纲要》指出：“环境是重要的教育资源，应通过环境的创设和利用，有效地促进儿童的发展。”生活化、常规化的体验式环境教育，以儿童易于接受、乐于践行的潜移默化的方式，有效解决安全教育枯燥、抽象、教条化的问题，明显提高了教育效果。

（一）将安全教育与儿童日常生活环境相结合

将安全规则要求渗透在幼儿园环境营造中，成为儿童生活的一部分，如在走廊拐角处、盥洗室、便池边、饮水桶前、电源插座旁等处，贴上儿童设计的各种安全标志，时刻警示儿童注意行为安全，强化安全意识。

（二）将教育内容渗透在主题活动环境中

如在“马路上的安全”主题中，在走廊或活动室专门开辟一块空间，设置安全教育主题墙，根据主题活动开展的线索，将各种安全标志图片及儿童对标志的认识与判断图片，一一呈现在主题墙中，让儿童在参与环境创设和活动的实践体验中，获取安全知识，接受安全教育，形成自觉的行为习惯。

三、开展丰富多彩的活动

《纲要》提出寓教育于生活、游戏之中的要求，引导我们要把安全教育渗透于儿童一日生活活动的各环节中，形式丰富多样，让儿童主动参与过程。《指南》指出：结合活动内容对幼儿进行安全教育，注重在活动中培养幼儿的自我保护能力。

（一）丰富多彩的主题活动

将安全教育从外在于教学活动的具体保障措施，内化为教学活动的重要目标，精心安排系列活动，让儿童亲身体验过程，如：小班主题“能干的我”，通过“安安全全玩滑梯”“不跟陌生人走”等系列活动，培养儿童的安全和自护意识；中班主题“安全标志大揭秘”，通过观看课件、收集标志、组织讨论、了解各种标志的含义，让儿童学会辨别各种交通安全标志，增长知识；大班主题“安全运动”，则开展“我是安全检查员”活动，让儿童查找日常活动中存在的安全隐患，共同讨论、了解特别应该引起注意的一些问题，并自主设计安全运动的规则标志，张贴于公共活动区域中，主动宣传（见表 6-3）。

表 6-3 某幼儿园安全教育主题计划表

小　　班	中　　班	大　　班
活动名称：不跟陌生人走 活动目标： 1. 知道陌生人的话不可以轻信，不能和陌生人走； 2. 培养幼儿的自我保护意识	活动名称：我会求助 活动目标： 1. 教育幼儿遇到麻烦时可以求助他人； 2. 教给幼儿求助的基本常识以及怎样拨打求助电话	活动名称：不上当受骗 活动目标： 1. 帮助幼儿建立初步的防骗心理防线； 2. 使幼儿掌握应对危险的基本方法
活动名称：妈妈不见了 活动目标： 1. 知道找不到妈妈应该怎么做，记住电话及家庭地址，初步掌握应对方法； 2. 提高自我保护能力	活动名称：小心危险 活动目标： 1. 尝试多角度思考生活中常见的危险因素和预防措施，有安全意识和自我保护意识； 2. 大胆讲话，敢于当众表达自己想法	活动名称：参观消防队 活动目标： 1. 对幼儿进行自我保护教育，提高安全意识； 2. 了解消防员的角色、消防队的任务及装备，激发幼儿对消防员的敬意
活动名称：我会走路 活动目标：帮助幼儿养成良好的习惯，学习安全走路的方法，走路时抬头看路，不嬉戏打闹	活动名称：我会打报警电话 活动目标： 1. 养成初步的自我保护意识，遇到危险知道拨打电话求救； 2. 记住电话 110（报警）、119（火警）、120（急救），并知道在什么情况下拨打	活动名称：身边的安全标志 活动目标： 1. 认识常见的安全标志； 2. 初步学会看标志保护自己，增强自我保护意识

【案例 6-5】

兔妈妈不见了（小班）

一、活动目标

（1）喜欢与成人一同参加关于自我保护的游戏，感受游戏的乐趣。

（2）知道不吃陌生人给的东西，不跟陌生人走。

（3）提高幼儿自我保护意识。

二、活动重难点

（1）活动重点：不吃陌生人给的东西，不跟陌生人走。

（2）活动难点：引导幼儿不吃陌生人给的东西，不跟陌生人走，增强自我保护能力。

三、活动准备

物质准备：小兔、灰狼的音乐及头饰，大树道具若干。

四、活动过程

1．小兔子出场

（1）兔妈妈带宝宝们来到公园的草地上。（跳一跳）

（2）在游戏的过程中教师提示幼儿跟随妈妈，注意安全，不要走丢了。

2．做游戏“陌生人的东西我不吃”

引导幼儿不吃陌生人给的东西，增强自我保护的能力

（1）“妈妈的钱包忘记带了，宝宝们在这里玩一会儿，不要走远了。如果有陌生人来了怎么办呢？他们要是给你好吃的怎么办呢？你们在这里玩。”（兔妈妈回家）

（2）大黄狗说：“孩子们，我这里有好吃的东西，给你们尝尝吧！”

（3）引导幼儿不吃陌生人的东西。

3．做游戏“不跟陌生人走”

引导幼儿不跟陌生人走，增强自我保护的能力。

（1）狗熊说：“孩子们，你们在这里玩多没有意思呀，我带你们去游乐园玩吧，可好玩了，和我走吧。”

（2）引导幼儿不跟陌生人走。

（3）妈妈回来了，鼓励不吃陌生人给的东西、不跟陌生人走的幼儿。

4．活动结束

兔妈妈带宝宝回家。

【案例 6-6】

交通安全知识竞赛活动方案（大班）

一、活动宗旨

幼儿园的安全教育活动不仅仅是某个时段的一个活动，而是要把安全知识渗透到孩子们的日常生活中。在潜移默化的过程中，让孩子们把遵守交通规则视为一种常态，不管是在幼儿园、家里，还是在路上，时时都能谨记在心。为进一步加强幼儿安全教育，使交通安全深入幼儿心中，我园大班年龄组将组织本次以“文明交通，从我做起”为主题的知识竞赛活动，通过本次竞赛活动，进一步丰富幼儿交通安全知识经验，同时也锻炼幼儿的反应能力，增强幼儿的集体荣誉感。

二、活动流程

1．前期准备

让幼儿了解一些简单的交通安全知识，认识一些常见的交通安全标志。

2．活动具体开展

（1）介绍竞赛规则。

① 每班出一名小朋友到棋盘上参与比赛。比赛前由掷骰子的点数大小决定答题顺序，点数大的先答。

② 答题中，将骰子掷到 1、2、3 时，请到相应题箱中抽选题目交给裁判员进行答题，答对前进一步，答错原地不动。当掷到 4 时，为自选题目，可以在 1、2、3 题箱中任选一题进行答题。当掷到 6 时，为奖励题，不用答题，直接前进一步。当掷到 5 时，停止一次答题，原地不动。

③ 当选手走到黄色区域时，三个班抢答题目，答对的选手前进一步。其他班级选手原地不动。

④ 当选手走到绿色区域，不用掷骰子，回答判断题。答对前进两步，答错原地不动。

⑤ 每道题只有一次答题机会，不能补答。

⑥ 介绍竞赛路线：从起点开始到终点的停车场上，路途中会有许多的路标，它们可以帮助小朋友顺利到达终点。最后提示小朋友有序答题，保持安静。

（2）开始知识竞赛。

（3）针对竞赛活动进行小结。

（4）颁发奖状。

3．活动结束

活动结束，各班留影拍照。

（二）生动有趣的游戏活动

充分利用儿童最感兴趣的游戏活动，让儿童在轻松、愉快的气氛中进行自救技能训练。如游戏区里为儿童准备了红绿灯标志，设置了人行横道、丁字路口等，让儿童在游戏活动中掌握基本的交通规则。还可以为儿童设计各种安全棋，如熟悉社区环境的社区棋、乘车安全棋等，让儿童在轻松、愉快的气氛中增长安全知识，提高自护意识和能力。例如利用情景表演“小兔子乖乖”中创设的情境：“你一个人在家，有陌生人敲门怎么办？”“想看电视了，怎样插插头？”“水和饭菜很烫，你该怎么办？”等，让儿童在游戏中设想各种自救自护的方法并反复练习，懂得在第一时间采取最有效的自我保护措施，提高自护能力。

（三）安全教育渗透日常生活

儿童一日生活的各个环节都是安全教育的最好载体，如晨检时，保健医生、教师要注意检查儿童口袋是否有尖锐的器具或小珠子之类的东西。午餐时，注意提醒儿童餐前要洗手，以防病从口入，吃饭时热汤热饭要吹吹再吃，以免烫伤，吃饭时少说话以免呛着。教学活动中，教儿童正确使用剪刀、游戏棒等尖锐的东西。户外活动前，要告诉儿童整理好衣冠、鞋带，上下楼梯要靠右走。活动中，要提醒不狂奔乱跑，避免摔伤、跌伤。玩大型玩具时，帮助幼儿童先制定规则、注意安全。自由活动时，教师要时时关注儿童，提醒他们：不要抛、扔或互甩玩具；不攀爬栏杆、窗户。

（四）安全教育走进节日活动

幼儿园丰富多彩的节日活动是开展安全教育的契机和重要的载体，它将安全教育与游戏、表演、歌唱等生动有趣的活动形式有机融合，充分调动儿童的活动兴趣，使他们积极主动参与创编、表演，有效提升他们的安全意识和能力。如“六一”节安全童话剧编演、“元旦”亲子安全游戏创编体验、“六一”安全歌曲编演等节日活动，都可以成为安全教育的最好载体。

四、构建家园社区互动机制

《纲要》指出，幼儿园应与家庭、社区密切合作，综合利用各种教育资源，为儿童的发展创造良好的条件。家庭、社区既有丰富的安全教育的资源，也存在大量的安全隐患。家庭、社区对儿童安全教育的作用是幼儿园无法取代的，应尽快构建家园、社区互动的桥梁和科学协作机制，形成教育的合力，如定期举办家长讲座，开辟安全专栏，通过家长开放日、网站等途径，让家长了解安全教育的相关知识，指导家长运用正确方法进行安全教育。假日前的公开信，有助于让家长有意识地在假期中抓好安全教育。建立幼儿园信息库，储存儿童相关资料信息，开辟安全栏目，针对问题进行互动。邀请家长参与大型活动的组织、策划。信息的沟通机制的建立，改变了家长教育的观念和方法，有效地提高了他们的教育质量和水平。而消防大队、派出所、交警大队、街道社区是安全教育的重要资源，应努力挖掘社区安全教育资源，使安全教育更加直观有效。如定期邀请相关人员来幼儿园面向教师、儿童、家长讲解安全知识，让儿童参与社区活动，到实地参观、调查、实践，拓展安全认知，有效增强其安全意识和安全应急处理、自我保护能力。

【案例 6-7】

参观消防队（大班）

一、活动目标

（1）通过参观消防员叔叔的训练演习，了解消防队员的工作职责，学习消防安全知识。

（2）认识消防车，了解常见的消防工具。

（3）尊敬消防队员，体验和消防队员在一起的生活。

二、活动重难点

（1）活动重点：认识消防车，了解常见的消防工具。

（2）活动难点：了解消防安全知识，具有较强的消防安全意识。

三、活动准备

（1）经验准备：幼儿了解简单的消防安全知识；同伴之间喜欢主动交流。

（2）物质准备：与某消防中队联系；幼儿自备背包、水杯、纸巾等。

四、活动过程

（1）与幼儿进行谈话，激发幼儿参观消防队的愿望。

教师提问：小朋友们，你们见过消防车吗？你在哪里见过？你想知道消防车是什么样的吗？哪里有消防车呢？

幼儿之间相互交流，引出要去参观消防队这一活动。

（2）带领幼儿远足去消防中队，提示幼儿路上注意安全。

（3）幼儿参观消防车，引导幼儿认识消防车，了解常见的消防工具。

① 请消防员叔叔给幼儿介绍消防车，引导幼儿了解消防车的种类以及每种消防车的作用。

② 请消防员叔叔介绍常见的消防工具。

③ 鼓励幼儿根据叔叔的介绍，提出自己的疑问。

④ 幼儿亲自登上消防车，参观消防车内室。

（4）组织幼儿参观消防员叔叔的训练演习，引导幼儿了解消防员叔叔的工作职责，学习消防安全知识。

① 参观消防员叔叔的高空攀爬。

② 参观消防员叔叔现场灭火。

③ 参观消防员叔叔快速翻越。

（5）与消防员叔叔合影，体验和消防员叔叔在一起的愉快心情。

（6）组织幼儿安全有序地返回幼儿园。

五、活动延伸

在班级开展“消防安全我知道”的系列教育活动，引导幼儿了解火灾的原因，知道着火了应该怎么办，开展防火安全预案演习，进一步掌握幼儿的消防安全知识。

相关链接

《指南》中的教育指导建议

1．创设安全的生活环境，提供必要的保护措施

如：要把热水瓶、药品、火柴、刀具等物品放到幼儿够不到的地方；阳台或窗台要有安全保护措施；要使用安全的电源插座等。在公共场所要注意照看好幼儿；幼儿乘车、乘电梯时要有成人陪伴；不把幼儿单独留在家里或汽车里等。

2．结合生活实际对幼儿进行安全教育

如：外出时，提醒幼儿要紧跟成人，不远离成人的视线，不跟陌生人走，不吃陌生人给的东西；不在河边和马路边玩耍；要遵守交通规则等。帮助幼儿了解周围环境中不安全的事物，不做危险的事，如不动热水壶，不玩火柴或打火机，不摸电源插座，不攀爬窗户或阳台等。帮助幼儿认识常见的安全标志，如小心触电、小心有毒、禁止下河游泳、注意安全出口等。

告诉幼儿不允许别人触摸自己的隐私部位。

3．教给幼儿简单的自救和求救的方法

如：记住自己家庭的住址、电话号码、父母的姓名和单位等，一旦走失时知道向成人求助，并能提供必要的信息。遇到火灾或其他紧急情况时，知道拨打 110、120、119 等求救电话。可利用图书、音像等材料对幼儿进行逃生和求救方面的教育，并运用游戏方式模拟练习。幼儿园应定期进行火灾、地震等自然灾害的逃生演习。

第四节　学前儿童常见的安全事故及应急措施

典型案例

某乡村中心幼儿园围墙因年久失修出现裂缝，一天突然倒塌，当场压死两名正在危墙边玩耍的幼儿。造成这起安全事故的原因是对存在安全隐患的设施未采取防护手段和修复

措施。园方管理人员安全意识淡薄，制度不严、管理不善、防范措施不力也是造成事故的重要原因。

一、常见突发事件及处理

儿童的自我保护意识较弱，自我保护能力也不足以保障自身安全，当他们面对突如其来的情况时，多难以自保，从而容易遭受或轻或重的人身伤害。对不同的突发事件，处理的方法也不同，但有一点是相同的，就是无论遇到哪种突发事件，处理都要准确、及时、果断，这就要求幼教工作者了解突发事件的起因，掌握应对突发事件的种种措施，做好突发事件的预防工作，将各种突发事件对儿童的伤害降到最低。

（一）儿童眼睛进入异物

1. 眼睛进入异物的症状

儿童常常会被沙子、灰尘、眼睫毛、小虫等异物侵入眼睛。异物进入眼睛的症状通常是眼睛发红、流泪、疼痛，有异物感，甚至视力模糊，如不及时治疗可能会导致结膜炎甚至角膜炎。在教学活动中，教师要观察儿童的反应，若发现儿童用手不停地揉擦眼睛，并伴有流泪、眼睛红肿等症状，应该马上查看儿童的眼睛。

2. 眼睛进异物的应急处理措施

（1）准备凉开水。教师应迅速准备一碗凉开水或者矿泉水，用汤匙盛水冲洗受伤的眼睛。忌用自来水直接冲洗眼睛。但如果入眼的异物量大且污染重（化学物品），必须争分夺秒地用当时所能找到的最干净的水源冲洗半个小时。此步骤生石灰入眼除外。

（2）头向受伤的一侧倾斜。要将儿童头部倾向受伤眼睛的那一侧，如左眼受伤，则向左侧倾斜，慢慢用凉开水冲洗受伤的眼睛约五分钟。

（3）闭上眼睛。教师要安慰儿童，让其保持镇定，不要揉眼睛。先让儿童闭上眼睛休息片刻，等到眼泪大量分泌时，再让儿童慢慢睁开眼睛眨几下，多数情况下，泪水会将眼内异物冲出来。

（4）及时通知保健医生或立即送医。完成上述步骤后，无论异物取出与否，教师都应该立刻带孩子去保健医生处或医院做进一步检查。

（5）急救处理要点。① 教师要先用肥皂和清水清洗双手，然后检查儿童的眼睛。② 把上眼皮轻轻拉起盖着下眼皮一会儿，利用下眼皮将藏在上眼皮的细小异物除去。③ 如果异物仍没有除去，可将凉开水缓缓倒入睁开的眼睛，冲走异物。④ 如异物仍在，可翻起上眼皮检查，可能的话，用棉花棒或者纱布的一角轻轻擦拭上内侧，尝试除去异物。⑤ 如上述方法仍未奏效，切勿再尝试处理，应该马上用干净的毛巾轻轻盖住儿童受伤的眼睛，避免让异物再深入眼球，并快速送医院治疗。

（二）儿童喉咙被异物卡住

1．异物卡住喉咙症状

儿童的喉咙被卡住的现象中，以鱼刺、骨头等情况最为常见。一般情况下，鱼刺、骨头等异物最容易刺入的部位是儿童的扁桃体下端、舌根等部位，枣核则容易卡在儿童的食道中。

喉咙里卡了异物，儿童的咽部会有吞咽疼痛感，异物较大的话，会造成吞咽困难，情况轻微的儿童可能进食少量流质或半流质食物；情况严重者，吞咽困难，同时极有可能产生并发症，如食管穿孔、气管食管瘘、大血管破裂等。如异物刺激儿童的喉黏膜，则会引起剧烈的咳嗽，并可能因反射性喉痉挛及异物阻塞而出现呼吸困难，甚至可能有不同程度的喘鸣、失音、喉痛等，更严重的是，如果异物较大，嵌在儿童声门上，则可能会造成儿童窒息死亡！

2．异物卡喉咙的应急处理措施

当儿童被鱼刺或骨头卡住喉咙时，教师可以采取以下措施。

（1）剥取橙皮，切成较小的块状，让儿童含着慢慢吞下。

（2）可取维生素 C 1 片，让儿童含服，徐徐咽下，数分钟后，鱼刺或骨头会被软化。

（3）饮橄榄核水，用橄榄核磨粉兑水让儿童服下，可消除鱼刺或骨头。

（4）可用汤匙和牙刷柄压住儿童的舌头前部，在亮光处仔细观察舌根部、扁桃体、咽后壁等处，如果发现鱼刺或骨头，用镊子或钳子夹出。儿童咽部反应强烈，恶心剧烈难以配合时，可以让儿童做哈气动作，以减轻不适。

（5）如果上述方法仍无效，教师应尽可能想办法使儿童呕吐，吐出鱼刺或骨头。

如果方法无效，或处理后胸骨后疼痛，说明鱼刺或骨头仍在儿童喉管内，教师应让儿童禁食，并尽快联系家长将儿童送往医院治疗。

其他建议：

（1）鱼刺或骨头卡住喉咙时，教师应让儿童不要慌张，不能采取让儿童大口干咽饭团的办法将异物推压下去，因为这样做，细软的鱼刺或细小的骨头有可能侥幸被带进胃内，但大而坚硬的鱼刺、骨头有可能会因此越扎越深，甚至可能刺破儿童的食管或大血管，造成严重后果。

（2）如果鱼刺、骨头较大或者扎得较深，无论儿童怎么做吞咽动作，疼痛感都不缓解，而喉咙的入口四周均不见鱼刺、骨头，教师应及时联系家长将儿童送往医院进行治疗。

（3）有时鱼刺、骨头已取出，但儿童还有不适的感觉，此时教师在采取措施后，要持续观察。如果儿童仍感不适，一定要送儿童到医院请医生诊治。

（4）防止儿童被鱼刺、骨头卡住喉咙的最佳方法当然是不吃带刺的鱼或骨头，但是这样儿童又会缺少需要的营养，所以在儿童吃鱼或带骨头的食物的时候，教师应提醒儿童小心，确定没有鱼刺或细小的骨头后再吞咽，以免被鱼刺或骨头卡到。

二、伤害事故及应急处理

儿童对周围的事物充满了好奇和探究兴趣，活泼好动，喜欢尝试。这不仅是儿童了解和认识这个世界的主要方式，也是儿童成长的动力。然而，在儿童与周围环境互动过程中，难免会有意外事故的发生，如何让儿童远离意想不到的伤害，又如何处理这类事故呢？

（一）儿童相互抓伤

1. 相互抓伤的原因

由于儿童年龄小，思维和行为活动带有明显的随意性，自控能力差，又缺乏生活经验，还未学会与同伴协商和友好相处，在活动中或者游戏中看到自己喜欢的东西，就会用手去抢，不可避免地发生相互抓伤，教师要加倍关心和爱护儿童，尽可能阻止儿童抓伤的事情发生；当发生争执时，要及时制止，避免事件升级。

2. 抓伤的应急处理措施

（1）安抚幼儿，及时擦药。教师应及时转移儿童的注意力，让他们忘记刚刚发生过的不愉快，并在心理上减轻被抓伤的疼痛感，例如，教师可以用玩具、唱歌或者游戏等方式转移儿童的注意力。在安抚的同时，教师要及时擦药，先用生理盐水或者纯净水清洗伤口，再用医用酒精消毒，如果伤口比较深，最好及时送儿童到医院就医，必要时应打破伤风针。

（2）做好家长工作。发生抓伤事件后，做好家长工作非常重要。孩子受伤，家长肯定心痛，个别家长难免会有过激言行，因此，儿童在幼儿园发生此类情况，教师要及时与家长沟通，冷静告知事情发生的缘由、过程及处理方法，争取家长的理解和谅解。

3. 抓伤的预防措施

（1）创设宽松的游戏环境。在游戏活动过程中，尽可能为儿童创设宽松的活动环境，提供足够数量的器材，尽可能选择宽敞的场地。

（2）让儿童学习礼貌用语。日常生活、学习和游戏活动中，教师应让儿童学会“三会”，即：会使用尊称，不直呼长辈姓名，不给他人起外号；会使用谦让语，如“对不起”“没关系”“请”；会使用问候语，如“早上好”“晚上好”“再见”等。

（3）教给儿童与同伴交往的技能。教会儿童倾听，能够接受批评和宽容他人的错误。儿童的生活经验丰富了，能够与同伴友好交往，相互之间就不会发生争执和打闹了。

（4）多与家长沟通。与家长沟通，了解儿童的个性特点和行为发展情况，使幼儿园有针对性地对儿童进行教育，增加与家长的了解，与家长建立相互信赖的关系，从而迅速有效地采取适当措施解决可能发生的矛盾与纠纷。

（5）帮助儿童修剪指甲。造成抓伤的主要原因之一就是指甲过长，因此，教师应经常检查儿童双手，为其修剪指甲。

（二）儿童烫伤事故及应急措施

1. 症状

烫伤是指单纯由热水、蒸汽、火焰等高温所造成的热烧伤，儿童由于好奇心强、对危险因素的认识能力不足，在日常环境中容易发生烫伤意外，重者可造成局部和全身严重伤害。儿童烫伤的程度取决于烫伤的方式和烫伤面积，其病理变化与临床症状主要反映在局部组织和全身变化两方面。

2. 烫伤的分类

按照皮肤受损的程度，可将烫伤分为以下四种。

（1）轻度烫伤。烫伤总面积在10%以下，皮肤表层受到损伤。受伤的皮肤红肿，有疼痛感和烧灼感。

（2）中度烫伤。烫伤总面积在11%～12%，皮肤损害深及真皮浅层，出现水疱，而且水疱较饱满，痛感剧烈。如果没有继发性感染，3～4周后可愈合，愈合后不留疤痕。

（3）重度烫伤。烫伤总面积在21%～50%，皮肤损害深及真皮深层，水疱较小而且扁平。如果没有继发性感染，3～4周后可愈合，并留有疤痕。

（4）特种烫伤。烫伤总面积在50%以上，损害程度除深及真皮外，皮下脂肪、肌肉、骨骼都受损。皮肤呈焦黑，感觉丧失，痊愈后不仅丧失皮肤功能（如排汗），而且创面难以愈合，即使愈合，创面也会有急性挛缩，有时需植皮。

由于儿童发育尚未成熟，抵抗力较差，尤其是3岁以下的儿童免疫力低下，受到烫伤更危险，因此，教师对儿童烫伤的严重程度应有足够的认识。

3. 应急措施

烫伤是常见的意外伤害之一。常见的儿童烫伤是因为热水、热粥、热汤的容器翻倒、溢出或儿童玩火所致。由于儿童自我保护能力差，稍有疏忽就可能招致意外伤害，因此教师要多加注意。儿童喝的水要放到适宜温度再装到桶里，食堂的饭菜要放到合适的温度再送到桌上。当烫伤事故发生后，教师可按“五字诀”——冲、脱、泡、盖、送处理，并立即报告园领导。

（1）冲。要立即用冷水冲洗伤处，降低受伤部位的温度，以免伤害继续深入。

（2）脱。在水中小心地脱去覆盖在烫伤处的衣物，以免身上衣物与伤口粘连，造成医生处理上的困难。

（3）泡。持续在冷水中浸泡烫伤部位30分钟，无法浸泡的部位可用毛巾湿敷。

（4）盖。在创面涂一些治疗烧伤的药膏，涂完药后，盖上消毒纱布或干净的毛巾。

（5）送。立即送到医院做进一步治疗，途中为避免创面受污染，应在创面上盖一层干净的衣物或床单。

严重烫伤的儿童，在送往医院的途中可能会出现休克或呼吸、心跳的骤停，发生这种情况时，教师应立即进行人工呼吸或胸外心脏按压。儿童口渴时，可给其服用少量的热茶水或淡盐水，绝不可以让其在短时间内饮用大量白开水，否则会导致脑水肿。

4. 建议

轻度烫伤时，在损伤程度轻、没必要去医院的情况下，教师可以采用一些简单的办法来治疗。治疗烫伤的常用方法主要有以下几种，教师可酌情选用。

（1）先用凉水把伤处冲洗干净，然后将伤处置于凉水中浸泡半个小时。如果伤处已经起疱并破皮，不可浸泡，以防感染。

（2）将淡盐水轻轻涂于烫伤处，可以消炎。

（3）可以在受伤处擦上酱油或蜂蜜、猪油、狗油、生姜汁等。

（4）用鸡蛋清、熟蜂蜜或香油混合调匀敷在儿童烫伤处，消炎止痛。`

（5）切几片生梨贴于烫伤处，祛热止痛。

（6）儿童手足皮肤烫伤后，可立即把酒精倒在盆内或桶内，将伤处全部浸入酒精中，这样做可止痛消肿，防止起疱。若浸 1～2 小时，烫伤的皮肤可逐渐恢复正常。如伤处在不容易浸泡的部位，教师可将药棉浸入酒精中，取出贴敷在伤处，并不时将酒精淋在药棉上，以防酒精挥发导致药棉干燥失去功效，数小时后也能收到良好的效果。

（7）儿童的皮肤被油或开水烫伤后，教师可用风油精、万花油或植物油（如麻油）直接涂于创面，皮肤未破者，一般 5 分钟即可止痛。

（8）用金霉素眼药膏涂在伤口处，数分钟后可以消肿止痛。

（9）烫伤后，马上抹肥皂水，可暂时消肿止痛。

（10）教师应具备预防意识，采取措施防止儿童烫伤，如教育儿童不要玩火，不要靠近热水瓶，不要在有明火的地方玩耍。儿童喝牛奶以及吃饭的时候，教师应提醒儿童防止烫伤，并先将牛奶、热饮或水滴在手背上试温，以避免烫伤事故的发生。

三、食品、药品安全事故及应急处理

食品药品问题是儿童能否健康成长的关键，儿童在幼儿园饮食问题一直是家长关注的焦点，一方面如今儿童的饮食习惯不尽如人意，喜欢吃“垃圾食品”；另一方面食品卫生状况不容乐观。教师应做好相应的引导和预防工作，为儿童的健康成长奠定良好的基础。

（一）儿童食物过敏

1. 儿童食物过敏的症状

儿童因食物而引起的过敏反应，可以在吃入食物后数分钟到数小时发生，常见症状有呕吐、腹泻、腹痛、肿胀、荨麻疹、湿疹、嘴唇或口腔发痒呼吸困难等。儿童食物过敏反应的患病率约为 6%～8%，食物过敏的患者常伴有支气管哮喘；对牛奶过敏的儿童，哮喘的发病率可高达 26%。

在平时的饮食中，教师应认真观察并询问家长儿童是否有过敏史，尽最大努力降低儿童饮食方面的危险。

2．儿童食物过敏的应急处理措施

若发现儿童有食物过敏反应，教师可以采取以下措施帮助儿童缓解症状。

（1）补充维生素 C。如青椒、芭乐、木瓜等蔬菜和水果，都含有丰富的维生素 C。

（2）多摄取 ω-3 不饱和脂肪酸食物。ω-3 不饱和脂肪酸可抑制身体产生发炎与过敏反应，如亚麻籽油、深海鱼油等。

（3）补充肠道有益菌。如乳酸菌等，可以调整人体肠道内菌丛生态，增强体内益生菌菌群，提高肠道黏膜的免疫力，避免过敏。

（4）适度食用糙薏仁。糙薏仁中含有的糖蛋白成分能抗过敏，教师可以让儿童适度食用糙薏仁粥。

3．儿童食物过敏的预防措施

大多数的食物过敏反应发生在儿童期，这不仅是因为有过敏体质的成年人更容易建立避免进食过敏物质的意识，还在于儿童期是人体开始尝试各类食物和对食物建立反应的特殊时期。从身体构造的角度来看，儿童的肠道通透性远远大于成年人，食物中的过敏原更容易被吸收。

严格来讲，食物过敏是没有药物可以预防的。治疗的基本原则是避免食用会引起过敏的食物，一旦医生诊断出某些食物会造成过敏，就应避免食用。那么，教师如何在幼儿园减少儿童食物过敏情况的发生呢？

（1）不让儿童食用容易过敏的食物。从饮食的角度讲，比较容易引起儿童过敏的食物主要有以下几类。

① 蛋奶食品。牛奶和鸡蛋虽然含有丰富的蛋白质，对儿童的成长很有利，但同时也是过敏原。牛奶和鸡蛋中的蛋白质很容易被儿童的肠道吸收并渗透到血液中，形成过敏毒素，刺激人体，从而使人体发生过敏反应。

② 肉类食品。肉类食品会降低人体红细胞的质量，使其易破裂。如果长期大量食用肉类食品，人体对自然的适应能力就会大大降低。

③ 很多儿童喜欢吃油量过高的油炸食品，这些食物过于油腻，很容易破坏肠胃的消化功能，使肠胃功能失调，从而导致人体出现过敏反应。

④ 冷冻食品。冷冻食品的温度比较低，容易刺激咽喉、气管、胃和肠道，使血管和肌肉在瞬时紧张性收缩，从而易导致人体出现过敏反应。

⑤ 辛辣食品。含有辛辣等刺激气味的食品或调味品，其气味和口味会同时刺激人的呼吸道和食道，从而导致食物过敏。

⑥ 海鲜。鱼、虾和蟹等食品中含有非常高的异体蛋白质，这些异体蛋白质也是引发过敏症状的原因之一。过敏体质的人，往往容易对海鲜出现过敏反应。

（2）多吃提高免疫力的食品。教师可以请食堂的厨师多给儿童烹煮一些能够提高身体免疫力、减少过敏症状的食物，如大豆、荞麦、糙米、栗子、青椒、胡萝卜、豆制品等，同时可以让儿童多食用苹果等水果。

（3）严格遵循避免过敏的饮食原则。虽然一般情况下儿童不会过敏，但是一旦过敏，情况就会比较严重，所以，教师应防患于未然，尽可能地确保儿童的安全与健康。教师可以在儿童入园时向家长询问，弄清楚儿童的家族是否有过敏体质，问一下他们平时的饮食中都会注意哪些事项，是否曾经出现过过敏反应。

（二）儿童噎食

噎食是指食物堵塞咽喉部或卡在食道的狭窄处，甚至误入气管阻塞气道，引起窒息。3～4 岁儿童最容易发生异物阻塞呼吸道的情况，这主要是因为这个年龄段的儿童臼齿尚未萌出，咀嚼能力太差，咽喉保护性、防御反射功能都不强。儿童在进食或玩耍时，口中含有瓜子、花生米、果冻或其他异物时，突然大哭或者咳嗽后大口吸气，极易将异物吸入气管，阻塞气道。如果不及时救治，会有窒息的危险。因此，教师应多了解些解决噎食的方法和常识。

1. 儿童噎食的症状

通常情况下，儿童发生噎食时具有以下症状。

（1）进食时突然不能说话，并出现痛苦的窒息表情。

（2）患儿通常用手按在颈部或胸前，并用手抠口腔。

（3）如为部分气管阻塞，患儿会剧烈咳嗽，并且咳嗽间有哮鸣声。

2. 儿童噎食的应急处理措施

儿童一旦发生噎食，教师可采取以下急救法。

如果孩子仍保持清醒，教师可采取坐或站位，在孩子背后，双臂环抱孩子，单手握拳，使拇指关节突出点顶住孩子的腹部下正中线脐上部位，另一只手的手掌压在拳头上，连续快速向内、向上推压冲击 6～10 次（注意不要伤及儿童肋骨，严重者要求其仰卧）。教师按上述方法冲击儿童脐上部位，可使胸腔压力迅速增大，肺内空气被迫排出，使阻塞气管的食物上移，并被驱出。如果没有效果，可以隔几秒重复一次，造成人为咳嗽，将阻塞食物冲出气道。如果还无效，就要急送医院处理，同时通知家长。

3. 儿童噎食的预防措施

要预防噎食，教师应根据儿童的年龄或实际情况提供适当的食物。

（1）改变某些食物的质地和大小，如将肉切碎剁碎、撕碎或切成片，水果可以捣碎或切成小片。

（2）避免儿童食用一些难以咀嚼的食物，如坚果、硬糖、鱼丸和爆米花等。

（3）让儿童坐下进食，因为儿童在运动或跑动时噎食的危险要大得多。

（4）儿童进食应在安静的环境，太急躁、太激动或大笑都会使儿童将食物吸入气管。概括来说，预防儿童噎食就是要做到“四宜”：食物宜软，进食宜慢，心宜平静，食宜适量。

四、火灾事故及应急处理

（一）幼儿园发生火灾的原因

火灾是指火源失去控制蔓延发展而给人民生命财产造成损失的一种灾害性燃烧现象。发生火灾的主要原因可归纳为三个方面：一是人的不安全行为（含放火）；二是物质的不安全状态；三是工艺技术的缺陷。

幼儿园有现代化的教学设备、优越的教育环境、精美的室内装修、色彩艳丽的各类玩具，殊不知就在这种环境下存在着火灾隐患。

幼儿园是儿童聚集的场所，他们人数多，年龄小，自救能力差，如果缺乏安全应急知识，一旦发生火灾事故，儿童必定会惊慌失措、乱跑乱撞，后果不堪设想。在幼儿园里，教师除了做好儿童的日常教育和保育工作外，还要了解幼儿园发生火灾的原因，充分认识火灾的危害性，增强防火责任心，做好儿童的安全防护和教育工作。

（二）幼儿园火灾的应急处理措施

儿童逃生能力差，发生火灾时，教师应采取以下应急措施。

（1）一旦发生火灾，教师一是要及时向“119”报警；二是向幼儿园领导报警；三是向发生火灾班组周围师生报警。

（2）稳定儿童情绪，防止引起全园恐慌，马上切断身边的电源。

（3）尽最大努力扑灭初期火源、削弱火势，或关闭门窗控制火势蔓延，为疏散儿童争取更多时间。教师在儿童未完全撤离且又能确保自身安全的情况下不得撤离火灾现场。

（4）疏散线路原则上按照儿童出操路线，情况特殊时可根据火灾发生的地点，果断更改，引导儿童有序撤离。撤离的原则是，离火源近的班级先撤，离火源远的班级后撤，这样既能确保全员安全，又便于扑救人员进出。火灾发生时，由带班教师迅速指挥撤离，配班教师配合组织撤离。

（5）建议防护，掩鼻匍匐。火灾逃生时，要让儿童用毛巾、衣服或围巾捂住自己的鼻子，再将衣服或棉服沾湿裹在身上，贴着地面爬行，以防因烟雾而窒息。

（6）在火场，如果发现有儿童身上着火，教师千万不要让其跑动或拍打，因为这样会加速氧气的补充，助燃火势。正确的做法是赶紧让儿童脱掉衣服或就地打滚，把火压灭。

（7）稳定儿童情绪。无论幼儿园何处发生火灾，教师都应该将儿童撤到操场，然后迅速清点儿童人数，并向领导汇报情况。如火灾发生在儿童午睡时，教师应马上叫醒儿童，迅速撤离现场。

（8）确保联络畅通。在火灾发生时，教师要确保联络畅通，及时通信，将有关情况报告园长。

（9）火灾扑灭后，需保护好火灾现场，做好善后工作，并联系家长。

（三）幼儿园火灾的预防措施

防止火灾发生的关键是做好火灾的预防，可以从以下几个方面入手提高儿童的消防安全意识与逃生能力。

（1）加强消防安全教育。教师要定期对儿童进行消防安全教育，提高儿童的防火意识；开展防火安全知识教育，讲授消防知识。

（2）经常演练，提高儿童的自救能力。教师要根据幼儿园自身的情况为儿童制订应急疏散预案，开展有针对性的疏散演练，使儿童掌握应对突发事件的技能，提高自救能力。

（3）定期检查，及时消除安全隐患。检查火灾自动报警系统、自动灭火系统、室内外消火栓系统、安全疏散通道、应急照明等消防设施，使其处于完好状态。

在线测试

一、单项选择题

1．幼儿教师晨间接待幼儿入园的工作重点是（　　）。

A．提醒幼儿尽早进入学习状态　　B．与家长交流，沟通感情

C．检查幼儿身心状况　　D．督查幼儿完成家庭作业

2．如果确定幼儿的关节脱臼了，不可以采取以下哪项措施？（　　）

A．不要延误医疗时机，应当立即寻求医疗救助

B．不要移动关节

C．在患处放置冰块

D．自己帮孩子把关节复位

3．异物刺入眼中，以下措施不正确的是（　　）。

A．马上把异物拔出

B．用纸杯等物盖在眼睛上，保护眼睛不被手触碰

C．送医急救，途中尽量减少震动

D．尽量让异物随眼泪流出

二、名词解释

1．显性不安全因素

2．隐形不安全因素

三、简答题

1．学前儿童发生意外事故的原因有哪些？

2．学前儿童安全教育的内容有哪些？

3．学前儿童安全教育的目标是什么？

4．学前儿童常见的意外事故有哪些？如何进行应急处理？该如何预防？

四、思考与练习

利用周末或者假期走访周边小区或者幼儿园，对学前儿童、家长、幼儿园教师进行幼儿园安全方面的调查，了解儿童的安全意识、幼儿园安全教育等内容，并写成调查报告。

五、材料分析题

阅读以下材料，回答教师遇到如下情况应采取哪些措施。

贝贝穿着一件粉红色的外套，上面有很多珠珠和亮片组成的图案，她没事做的时候就用力剥，我发现后制止了很多次，吃过午饭后，先吃完的孩子开始自由活动，有小朋友告诉我："老师，贝贝把一个珠子塞到鼻子里了。"我赶忙让生活老师照顾剩下的孩子，马上跑过去。这时，贝贝神情有些紧张，嘴巴张开在呼吸，从她的眼神看出她很害怕，急需帮助。

真 题 训 练

1．某幼儿园为实现管理工作的规范化，要求保育员采取措施控制幼儿的便溺时间和次数。该幼儿园的做法（　　）。（2014 年上）

A．正确，有利于培养幼儿的良好生活习惯

B．正确，体现了保育员管理幼儿生活的权力

C．错误，违反了《幼儿园工作规程》（修订版）

D．错误，违反了联合国《儿童权利公约》的规定

2．幼儿鼻中隔为易出血区，该处出血后正确的处理方法是（　　）。（2014 年下）

A．鼻根部涂紫药水然后安静休息

B．让幼儿略低头冷敷前额鼻部

C．止血后半小时内不剧烈运动

D．让儿童仰卧休息

3．幼儿在户外活动中扭伤，出现充血、肿胀和疼痛，教师应对幼儿采取的措施是（　　）。（2015 年下）

A．停止活动，冷敷扭伤处　　B．停止活动，热敷扭伤处

C．按摩扭伤处继续活动　　D．清洁扭伤处，继续活动

4．幼儿突然出现剧烈呛咳，伴有呼吸困难，面色青紫，这种情况可能是（　　）。（2016 年上）

A．急性肠胃炎　　B．异物落入气管

C．急性喉炎　　D．支气管哮喘

5．风疹病毒的传播途径是（　　）。（2016 年下）

A．肢体接触　　B．空气飞沫

C．虫媒传播　　D．食物传播

6．教师引导幼儿擤鼻涕的正确方法是（　　）。(2017 年上）

A．把鼻涕吸进鼻腔　　　　B．先捂一侧鼻孔，再轻擤另一侧

C．同时捏住鼻翼两侧擤　　D．用手背擦鼻涕

7．简答题。老师在户外体育活动中如何保障幼儿安全？（2014 年下）

8．活动设计题。设计一个大班安全防火教育活动，要求写出活动名称、目标、准备、过程及延伸。(2014 年下）

第六章参考答案

本章拓展阅读

幼儿园食品卫生管理制度

1．食品卫生应由专人负责，成立食品卫生管理委员会，定期检查食品卫生情况，总结经验，及时解决问题，不断提高儿童食品卫生的质量。

2．根据季节供应情况，制定适合各年龄组儿童的食谱。

3．食品由专人按实际需要采购，采购的食品应新鲜优质，每天由专人验收生、熟食品，并建立验收簿。

4．生食品经验收后入库，库存不宜过多，各类食品应按需要量领取，每月底盘存。库房由专人保管，建立出入库账目。库房保持整洁干燥，各种盛器须加盖。过保质期的食品不得食用。

5．准确掌握儿童出勤人数，做到每天按人按量供应主副食品。

6．各种膳食烹调后，由专人检查质量，合格后根据各班用膳人数发出，营养员应到各班了解儿童用膳情况，听取对膳食的意见。

7．保健人员（或营养员）应定期进行食品卫生检查，对食品的保质期严格把关，做到过期不用，生熟分开。

8．建立严格的消毒卫生制度，规范操作，定期检查。

幼儿园食品冷藏卫生制度

1．根据食品的种类选择冷冻或冷藏法保存食品。动物性食品应置于冷库或冷冻箱中保存；果蔬类食品及随时要用的食品应置冷藏箱内，在 4℃左右温度下短期保存。

2．冰箱应经常检查制冷性能，由专人负责，定期除去冰块、清洗和消毒，使其保持整洁，无异味。

3．进出食品应有记录，做到先进先用，已腐烂或不新鲜食品不得放入冰箱内保存，已解冻的食品不宜再次冷冻。

4．冰箱中的各类食品应分开摆放，生熟食品不得混放；食品不得与非食品一起冷冻和

冷藏；不得存放私人食品。

5．冰箱因停电或故障导致储存食品解冻，在重新冷冻前要进行清理。

幼儿园熟食间卫生制度

1．熟食间内应保持清洁、整洁，每天用消毒水、紫外线灯消毒一次，每天小扫除，每周大扫除，每月彻底大扫除一次。

2．熟食间有专人负责，每种用具应专用（刀、砧板、抹布、拖把、消毒用具）。

3．熟食间需经消毒后才能放置食品，生食和半成品不得放置。

4．工作人员进熟食间，必须清洁双手，换上专用衣鞋。

5．非熟食间用品，不得放入熟食间内。

6．非熟食间工作人员不得进入熟食间。

学习评价与反思

____

____

____

____

第七章　学前儿童心理健康教育

本章导读

学前阶段是人一生中心理发展速度最快、最关键的阶段之一，心理健康对于成长中的学前儿童来说尤为重要，可以说，心理健康是学前儿童个性全面发展的基础，积极的自我意识能够使他们在学习中不怕困难，和谐的人际关系使他们乐于参与幼儿园的各项活动。《幼儿园教育指导纲要（试行）》中指出："幼儿园必须把保护幼儿的生命和促进幼儿的健康放在工作的首位。树立正确的健康观念，在重视幼儿身体健康的同时，要高度重视幼儿的心理健康。"本章内容系统梳理学前儿童心理健康教育的内涵、目标、内容以及学前儿童心理健康教育活动的设计与实施，帮助大家对学前儿童心理健康教育有清晰的认识。

学习目标

1．理解幼儿心理健康的概念，领会幼儿心理健康教育目标，熟知幼儿心理健康教育内容，了解幼儿主要心理卫生问题及对策。

2．能够根据心理健康标准识别有心理问题和行为问题的幼儿，并在实训中尝试应用各种指导方法。

3．愿意进一步探究学习幼儿心理健康教育的相关内容。

学习重点

1．理解幼儿心理健康的概念，领会幼儿心理健康教育目标，熟知幼儿心理健康教育内容，了解幼儿主要心理卫生问题及对策。

2．能够根据心理健康标准识别有心理问题和行为问题的幼儿，并在实训中尝试应用各种指导方法。

思维导图

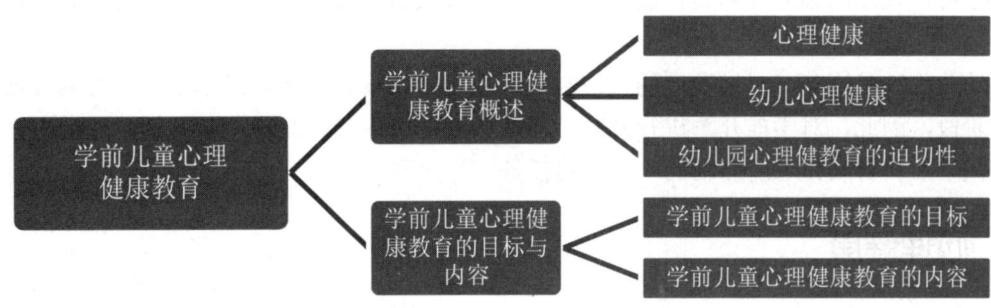

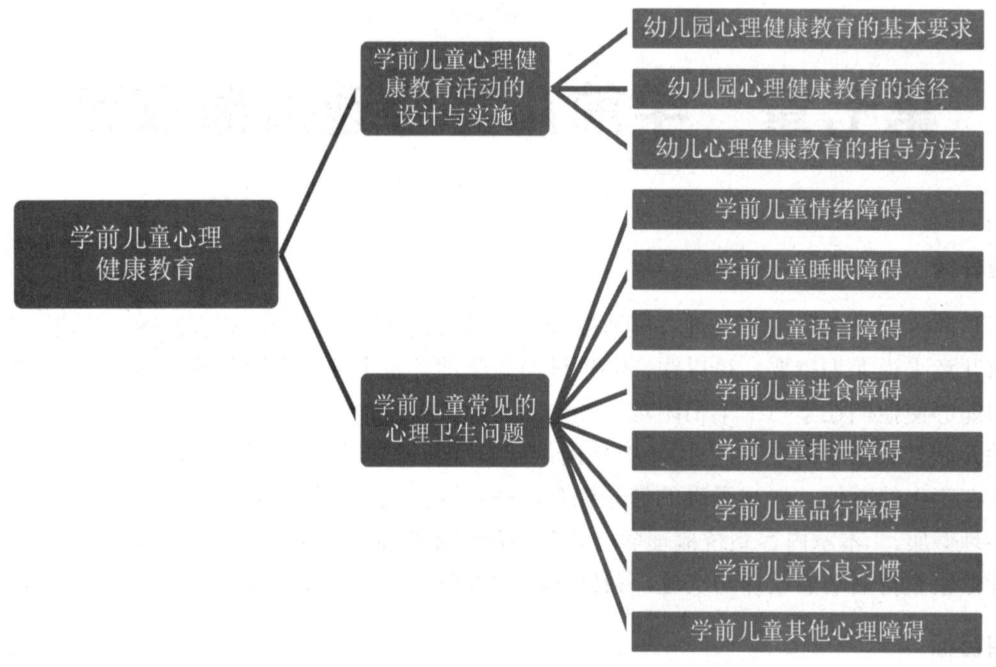

第一节　学前儿童心理健康教育概述

典型案例

笑笑是一个可爱的小男孩，他从小跟着奶奶一起生活，奶奶把笑笑照顾得无微不至，对他百依百顺。在幼儿园，小朋友不小心推了他，他就放声大哭；小朋友跟他开玩笑，说奶奶不来接他，他也哭；老师让小朋友学着穿衣服，他不会就哭。在班里，他和小朋友交往很少，不爱跟大家说话，自己坐一边，不肯参加班级里的互动；大家玩玩具，他想玩，却不敢跟大家在一起。奶奶对笑笑照顾太多，导致他自理能力差；因为很少和其他孩子在一起，他不知道如何跟大家相处。

思考：较差的独立性和交往能力导致幼儿人际关系紧张，进而影响个体的心理健康水平。那什么是心理呢？

幼儿阶段是语言、思维发展的关键时期，也是其性格、情绪、意志及社会行为发展的重要阶段，因此，对学前儿童进行及时、有效的心理健康教育是现代教育的必然要求，也是广大学前教育工作者所面临的一项紧迫任务。

一、心理健康

1792 年，法国人皮内尔（Pinel）提出废除精神病人的约束被看作是提倡心理健康的历史起点。近代心理健康运动的全球性普及则是在1930年，比尔斯等心理卫生的推行者在美国华盛顿召开了第一届国际心理卫生大会。本次大会产生了一个永久性的国际心理卫生委员会，其宗旨是完全从事慈善的、科学的、文艺的和教育的活动，尤其针对世界各国人民心理健康的保持和增进，心理疾病、心理缺陷的研究、治疗和防治，以及全体人类幸福的增进。

在世界心理健康运动的推动下，我国的心理健康运动也得到了积极的发展。1936年，中国心理健康协会在南京成立。1984年，我国“儿童精神医学之父”陶国泰教授在南京创立了第一个儿童心理卫生研究中心，并被WHO命名为“WHO儿童心理卫生科研和培训合作中心”，后来又被我国卫生部命名为“中国儿童心理卫生指导中心”。

（一）心理健康的概念

在我国，心理健康（mental health）又叫心理卫生，两者的含义是一致的。随着心理健康运动的发展，心理健康的内涵也在不断丰富和拓展。

什么是心理健康呢？早在1946年，第三届国际心理卫生大会认为：“心理健康是指在身体上、智能上、情感上与他人的健康不相矛盾的范围内，将个人心理发展成最佳状态。”WHO具体指出心理健康的标志为：“身体、智力、情绪调和；适应环境，人际关系中彼此能谦让；有幸福感，在工作和职业中能充分发挥自己的能力，过着有效率的生活。”在我国，人们一般认为，心理健康是人们对环境的自动高效而愉悦的适应状态，是个体一种良好的心理状态，心理健康并不仅仅指没有心理疾病，其更强调一种积极的、适应良好的、能充分发展其身心潜能的丰富状态。

（二）心理健康的标准

我国著名心理学家王登峰等根据各方面的研究结果，归纳总结，较为详细地提出了有关心理健康的几条指标：

第一，了解自我，悦纳自我。

第二，接受他人，善与人处。

第三，热爱生活，努力工作。

第四，面对现实，接受现实，适应现实，改变现实。

第五，能协调与控制情绪，心境良好。

第六，人格和谐完整。

第七，智力正常。

第八，心理行为符合年龄特征。

一般来说，心理健康的人都能善待自己，善待他人，适应环境，情绪正常，人格和谐。他们并非没有痛苦和烦恼，而是能适时地从痛苦和烦恼中解脱出来，积极地寻求改变不利现状的新途径，并且善于学习，利用各种资源，不断地充实自己。他们也会享受美好人生，善于从不同角度分析问题。

二、幼儿心理健康

（一）幼儿心理健康的概念和标准

幼儿心理健康主要指幼儿有良好的情绪、安全感、亲密的人际关系，对于周围世界有积极心态与求知的愿望。具体来说，以下几个方面可以作为判断幼儿心理健康的参考标准：社会适应能力良好；健全的个性；情感积极稳定，智力发展正常，行为协调，有适度反应力；心理发展符合实际年龄，良好的自我意识，注意力集中，感知能力完好。

相关链接

《幼儿园工作规程》（节选）

第五条　幼儿园保育和教育的主要目标是：

（一）促进幼儿身体正常发育和机能的协调发展，增强体质，促进心理健康，培养良好的生活习惯、卫生习惯和参加体育活动的兴趣。

第十九条　幼儿园应当建立幼儿健康检查制度和幼儿健康卡或档案。每年体检一次，每半年测身高、视力一次，每季度量体重一次；注意幼儿口腔卫生，保护幼儿视力。幼儿园对幼儿健康发展状况定期进行分析、评价，及时向家长反馈结果。

幼儿园应当关注幼儿心理健康，注重满足幼儿的发展需要，保持幼儿积极的情绪状态，让幼儿感受到尊重和接纳。

《幼儿园教育指导纲要（试行）》（节选）

幼儿园必须把保护幼儿的生命和促进幼儿的健康放在工作的首位。树立正确的健康观念，在重视幼儿身体健康的同时，要高度重视幼儿的心理健康。

《3～6岁儿童学习与发展指南》（节选）

健康是指人在身体、心理和社会适应方面的良好状态。幼儿阶段是儿童身体发育和机能发展极为迅速的时期，也是形成安全感和乐观态度的重要阶段。发育良好的身体、愉快的情绪、强健的体质、协调的动作、良好的生活习惯和基本生活能力是幼儿身心健康的重要标志，也是其他领域学习与发展的基础。

为有效促进幼儿身心健康发展，成人应为幼儿提供合理均衡的营养，保证充足的睡眠和适宜的锻炼，满足幼儿生长发育的需要；创设温馨的人际环境，让幼儿充分感受到亲情和关爱，形成积极稳定的情绪情感；帮助幼儿养成良好的生活与卫生习惯，提高自我保护能力，形成使其终身受益的生活能力和文明生活方式。

（二）幼儿心理健康的影响因素

影响幼儿心理健康的因素有很多种。了解这些影响因素，对促进他们的心理健康具有重要意义。

1. 外界环境中的不良刺激

（1）生理性不良刺激。例如不适当的温度、湿度、照明及空间、噪声等刺激长期作用，会使幼儿生理上难以忍受，并影响到他们的情绪和行为。

（2）心理性不良刺激。心理性不良刺激主要来自人际交往。幼儿与家长、教师、同伴之间的关系不协调，会导致幼儿心理发展不平衡，尤其遇到家长体罚，教师冷落，同伴讥笑时，其心理压力加剧。如果家长与教师本身性格古怪，脾气暴躁，情绪多变，则会使刺激的强度进一步增加。

（3）社会性不良刺激。社会性不良刺激主要包括来自社会环境、家庭及幼儿园方面的不良压力，它们会对幼儿产生消极作用。如果幼儿园环境过于单调，生活乏味，除了学习就是学习，往往会使幼儿感到寂寞、无聊，就会引起孤僻、退缩等。相反，环境过于兴奋，幼儿整天处于过于强烈、过多刺激的环境中，也会引起心理过度紧张，产生心理疾病。溺爱的环境会使孩子失去对生活的适应能力，这类孩子胆小怕事，生活能力低，在与人交往中往往会不断碰壁，容易产生不良心理状态。家庭中不和睦的环境，如家庭的突然变故、亲人的去世、父母的离异与再组、经济状况的改变等，都会对幼儿形成巨大的心理压力，使其产生不良的情绪体验。其中，家长和教师对幼儿的期望水平及教养方式最为重要。对幼儿期望过高、要求过严，教养方式简单、粗暴或不一致，会使幼儿心理负担过重，难以忍受，产生异常心理行为。

下面举例说明家庭中常见的几种不良教育方式。

（1）暴君型教育。对孩子任意打骂，不顺心就拿孩子出气，使孩子处于紧张、恐惧状态，时间长了容易造成心理疾病。

（2）不一致型教育。父母对孩子教育要求不一致，使得孩子无所适从，心中充满矛盾，不知如何应付，心里烦躁，心情紧张。长时间的矛盾可能导致孩子形成双重人格、畸形心理。

（3）精神虐待型教育。家长经常以讽刺挖苦的方法教育孩子，使孩子自尊心受到伤害，性格受到影响。有的孩子遭到家长或老师谩骂，心里不服气又不敢说，把怨恨埋在心里，时间长了形成感情沉淀，成为性情古怪的人。

“精神虐待型”教育的表现形式有以下几种。

（1）讽刺。有的家长或老师经常讽刺、挖苦孩子，会使孩子自尊心受到伤害，心理健康受到影响。

（2）威胁。有的家长或老师总向孩子发出警告，企图以强大的精神压力达到制服孩子的目的，孩子总是在战战兢兢中生活，身心健康受到损害。

（3）审问。有的家长或老师在了解情况时，总怕孩子说谎，于是采取审问的方式逼问孩子，孩子在高压下，反而不敢说真话，只得编瞎话。

（4）贬抑。因为怕孩子骄傲，有的家长总是千方百计贬低孩子的成绩，夸大孩子的过失，特别爱拿别的孩子的优点来贬低自己的孩子，时间长了孩子的上进心受到挫伤。

（5）唠叨。有的家长对孩子的教育总是无休止的指责，这使孩子心烦意乱，还会造成消化功能紊乱，甚至造成逆反心理。

（6）剥夺、疏远。有的家长看到孩子犯错误，就采取疏远的方法，这对孩子的心灵有很大的破坏作用。

（7）过于严厉、关系紧张。有的家长对幼儿过于严厉，幼儿从来得不到鼓励、安慰和温暖，家庭中总有“火药味”，这样幼儿总处于戒备状态，长期下去在其心里会布下阴影，使其心灵受到伤害。

2. 幼儿身心需要的满足程度

幼儿的身心需要包括多方面。从生理方面来看，幼儿需要一定时间的睡眠和休息，需要合理的营养、适当的运动、舒适的着装等。从心理方面来看，幼儿需要一定的安全感，需要来自父母、老师及同伴的友爱；需要自尊，尤其需要受到老师公正、合理的评价，并被同伴所接受；需要独立，要自己动手去解决生活问题；需要成功，即通过自己的努力，达到一定的目标，得到同伴的认可。如果幼儿的身心需要长期未能得到满足，就会产生挫折感，形成一种内部压力，影响到幼儿的情绪和行为，最后会出现一系列心理问题。

3. 个体的身心素质

由于遗传和环境条件的不同，幼儿的身体素质及性格能力、兴趣爱好、价值观念都存在一定的个体差异。

从上述影响幼儿心理健康的多种因素来看，增进幼儿心理健康需要采取综合措施，有效控制环境中的各类不良刺激，缓解外来压力，满足幼儿的身心需要，并通过心理卫生教育及疾病防治等系列措施提高幼儿自我调节能力。

三、幼儿园心理健康教育的迫切性

随着生产力发展，人们的物质生活水平日益提高，对心理健康的需求越来越明显。幼儿心理健康教育作为心理健康教育的重要组成部分，在当代中外学术交流中得到了充分的发展。我国政府颁布了一系列文件，对幼儿教育心理健康等方面做了明确规划，但不可否认的是，我国目前的学前教育体系仍不够完善，其最大的局限性在于幼儿心理健康教育环节还很薄弱，并存在一系列问题。

（一）重视程度不够，思想观念落后

人们主观上高度重视幼儿心理健康教育的需要，而在具体的实践中却只关注物质条件和生理健康需要的满足。这主要是由于人们关于幼儿心理健康的知识匮乏，特别是幼教工作者的幼儿心理健康教育观念还很落后。这集中表现为他们对幼儿心理健康的认识还没有实现向“生物—心理—社会—教育”协调整合模式的转变，而是把心理健康教育简单地用

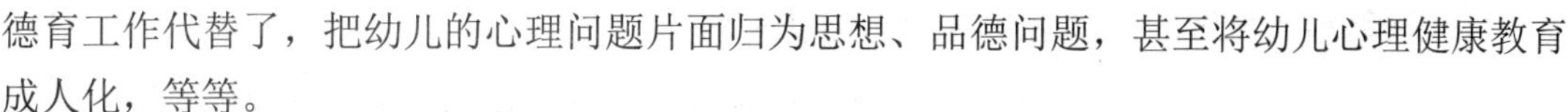

德育工作代替了，把幼儿的心理问题片面归为思想、品德问题，甚至将幼儿心理健康教育成人化，等等。

（二）没有系统完整的理论体系

目前，我国幼儿心理健康教育的理论研究大多只停留在对表面现象的认识，不能由现象认识其本质。同时，传统的幼儿教育工作者更多地充当了一种保姆的角色，这在客观上决定了他们不可能很好地接受国外的一些先进理念。在幼儿心理健康教育的实践中，较高的理论要求与普遍的水平不高之间的矛盾就更加突出，具体表现为各个幼儿教育的专门机构（包括各种形式的幼儿园、托儿所及相关的幼儿教育实验机构等）用于指导幼儿心理健康教育的都是一些内容分散、凌乱、不能自成系统（大多穿插于其他内容中）的文章和书籍，甚至只是简单地就近借鉴其他中小学或相邻学科的经验，即使是引进了外国一些先进理论和经验，也由于整合不够而不能体现出其应有的价值。

（三）继承发展方面的问题

从事幼儿心理健康教育工作的多是幼儿园教师，由于传统的幼儿师范教育体系中知识更新尚未完全跟上形势发展的要求，因此，许多幼儿教师在校学习时，对幼儿心理知识学得少且较为肤浅。工作中，他们常常对幼儿心理表现出来的种种现象感到手足无措，无法对幼儿出现的心理问题及时进行矫治，也无法预见幼儿心理可能出现的疾病并加以预防。专业知识的匮乏成为当前我国幼儿心理健康教育发展的最大障碍，我们要充分认识这个问题的严重性。

当前，幼儿园在开展心理健康教育中存在以下几方面问题。

1. 偏重于身体健康

现在不少幼儿园往往把幼儿的身高、体重、血色素三大指标作为衡量幼儿健康达标的依据。幼儿园的管理者为确保本园体检能达到国家规定标准而制订了一系列严格的措施，医生对全园发病率、营养计算等非常关注，教师为了完成幼儿园的考核指标，在进餐、午睡、户外锻炼等方面下功夫。家长尤其看重幼儿体重或身高的增长，关注幼儿园的膳食搭配是否合理。这些做法无疑是有必要的，但很显然，心理健康教育没有被摆在应有的位置上。

2. 只重视发展水平较高的幼儿，忽视了发展相对滞后的幼儿

一些教师对本班发展水平较高的幼儿常常在各种活动中都给予更多的机会，而对班级中发展相对滞后的部分幼儿关注不多，影响了这些孩子自信心的发展。

3. 忽略幼儿的情绪、情感、态度、社会交往能力的培养

家长、教师普遍比较偏重幼儿的知识技能的培养，忽视孩子的兴趣和承受能力，对孩子的情绪、情感、态度等关注度较低。

4．忽略构筑良好的人际交往氛围和师幼关系

随着经济水平的提高，许多幼儿园越来越重视优化活动环境。幼儿园的管理者将环境创设作为评价教师工作的重要指标，而对班级中教师之间、师幼之间的人际交往关系一般不做过高的要求。

5．忽略家庭中的教育和社会文化环境的影响

现实生活中，许多幼儿园只重视园内的教育，将教育延伸至家庭、社区的问题还未得到广泛的重视。种种现象说明，从管理者到教师、家长都对幼儿的心理健康教育普遍存在模糊认识，甚至在有些方面走入误区，对健康的认识存在很大的片面性，忽略了心理健康的重要性。从幼儿现实情况看，心理健康教育也是十分迫切的。由于家庭和社会的原因，不少孩子存在这样或那样的心理问题，如胆小、忧郁、孤僻、依赖、神经质、人际关系不良，最为常见的是幼儿的行为、情绪、社会适应及习惯等方面的问题。 随着年龄的增长，30%左右的幼儿存在“喜欢咬指甲”“经常吸吮手指”“嘴嚼衣服或其他物品”“经常有各种多余动作”等不良习惯，社会适应不良、行为障碍和交往缺陷三方面的问题也较为突出。这些问题严重地影响了孩子正常的学习和生活，也给家庭和社会带来种种困扰。值得注意的是，从心理健康不良的原因来看，绝大多数是由种种心理适应不良，或心理障碍造成的。可见，为了解决这些问题，必须加强对幼儿的心理健康教育。

第二节　学前儿童心理健康教育的目标与内容

典型案例

这学期，阳阳老师被安排到小班任教，几位老师共同努力，用爱和耐心营造了温馨、和谐的班级氛围，大多数孩子很快就适应了托儿所的集体生活，孩子们一起交流、游戏。而可可小朋友性格内向、胆小，不敢和别的小朋友玩，要小便也不敢跟老师说，自己一个人又不会去，所以经常尿裤子。阳阳老师知道以后经常主动和她交流，告诉她托儿所老师就跟妈妈一样喜欢她爱她，阳阳老师还时不时亲近她，抚慰一下或抱抱她，并且鼓励她，还让活泼好动的小朋友带着她玩。慢慢地她开始愿意和小朋友玩，也开始主动和老师交流了。现在可可小朋友比以前开朗多了，胆子也大多了，还会把她的快乐或不快乐与老师、小朋友们分享。

一、学前儿童心理健康教育的目标

学前儿童心理健康教育是根据儿童的心理发展特点，有目的、有计划、有组织地开展以改善和提高儿童的心理健康认识，培养儿童的健康行为，维护和促进儿童心理健康为核

心目标的一系列教育活动。学前儿童的心理健康教育是系统的、完善的心理素质启蒙教育，在学前教育中占有重要地位。要对学前儿童进行心理健康教育，使每个幼儿都能受到良好的心理健康培养，使其逐步形成健康的心理和良好的心理素质。

（一）学前儿童心理健康教育总目标

（1）学会适当表达情绪情感和思想；

（2）培养对他人的积极情感；

（3）改善与人交往的技能；

（4）形成与人合作、分享和商量的品质；

（5）增强积极的自我意识；

（6）发展自尊、自信、自主和自我控制；

（7）培养良好的习惯和对问题的决策能力，自觉抵制有损于心理健康的行为。

（二）学前儿童心理健康教育各年龄阶段教育目标（见表 7-1）

表 7-1　学前儿童心理健康教育各年龄阶段教育目标

年龄阶段	教育目标
0～3 岁	● 通过对婴幼儿的护理和照顾，使婴幼儿情绪愉快，对周围人产生信任感 ● 伴随着与周围环境接触的增多，情感等心理活动逐渐发展，语言能力发展迅速 ● 经常与婴幼儿交流，促进语言、思维、想象力以及性格的发展
3～4 岁	● 学习用适当的方式表达情绪，初步学会排解不愉快，喜欢与他人分享快乐 ● 愿意与同伴合作玩玩具和游戏，能勇敢地玩一些户外大型玩具 ● 知道男女在外形上的不同，知道并认同自己的性别角色
4～5 岁	● 喜欢幼儿园集体生活，能与同伴相互合作，团结友爱 ● 能自觉遵守活动的要求，初步形成良好的日常行为习惯 ● 关心周围的人、事、物，学会爱亲人、朋友、老师
5～6 岁	● 学会用积极的心态去理解和帮助别人 ● 能正确对待挫折、困难，勇敢顽强 ● 对力所能及的事情有自信心，具有较强的竞争和合作意识

二、学前儿童心理健康教育的内容

学前儿童心理健康教育的内容是心理健康教育目标的具体化，直接体现心理健康教育目标，并为实现心理健康教育目标服务。学前儿童心理健康教育内容的选择，一方面受学前儿童心理健康教育目标的制约，另一方面也要考虑学前儿童的年龄特征和心理发展水平以及心理健康状况。

（一）帮助学前儿童学会表达情感和调整情绪

情绪情感是学前儿童心理健康教育的一个重要因素，他们有时不知道该如何表达自己的情绪情感，对情绪情感的控制还有困难，因此，要给学前儿童创设良好的情绪情感发展环境。它能给予学前儿童潜移默化的影响，使学前儿童的情绪和行为受到感染，有利于他们良好情绪的产生。

首先，帮助学前儿童学会恰当地表达情感，规范学前儿童在不同场所和氛围中的行为，例如，在客人面前不能无故发脾气，在医院、电影院里不能大声喧哗，等等。要为学前儿童提供机会，让他们能大胆、自信地表达自己的情绪、情感和思想，特别是在他们遇到挫折、感受到不愉快时，能不受压抑地表达、发泄和沟通，这样可以减轻学前儿童心理上的压力，避免产生过激行为。

其次，帮助学前儿童学会调整自己的兴趣。当学前儿童的情绪表现强烈而难以自制时，要适时转移其注意力，用他们感兴趣的活动或玩具帮助其从当前情绪状态中摆脱出来。当学前儿童在生活中产生不良情绪时，要进行合理疏导，教会学前儿童一些方法来及时释放不良情绪，减轻内心压力。

另外，要引导学前儿童形成乐观、向上、开朗、自信的良好心态，不对事情过分苛求；正确评价自己，坦然面对挫折，对周围环境有安全感，学会自我鼓励、自我安慰；对成功或失败反应适度。

（二）帮助学前儿童学习社会交往技能

研究表明，2～6 岁是儿童社会能力快速发展的时期，学前儿童在这个阶段通过学习而获得的社会交往技能对于其一生的社会适应能力具有非常重要的作用。但是，学前儿童并不是生来就知道如何适应社会生活和如何与人相处的，必须向他人学习，这就要求成人帮助学前儿童掌握一定的社会交往技能和方法。

首先，帮助学前儿童学会感知和理解他人的情感。在托幼机构中，教师可鼓励学前儿童向同伴表露自己的情绪情感，让同伴知道自己的愿望。这种同伴之间的相互表达和讨论有益于他们将自己置身于他人的立场考虑问题。同样地，角色游戏也是让学前儿童感知和理解他人情感的良好途径。通过扮演各种角色，丰富学前儿童的生活经验，增进对他人情绪情感的理解。

其次，帮助学前儿童学会分享与合作。在托幼机构中，教师通过设立一些节日庆祝活动，让学前儿童带上自己的玩具和食品与同伴一起分享，感受并表达与人分享的快乐；为学前儿童提供与同伴一起工作、共同完成任务的机会，让他们感受到通过合作而获取成功的快乐。

此外，帮助学前儿童达成与同伴及相关成人、周围现实环境的协调和适应；帮助学前儿童掌握基本的礼貌。

（三）帮助学前儿童养成良好的习惯

习惯是一定情况下比较固定的、完成某种动作的自动化的倾向，是一种信念和行为的定势，具有稳定持久的特点。帮助学前儿童养成良好的习惯，对其一生将会产生积极的影响。学前教育阶段主要是培养学前儿童良好的生活习惯、卫生习惯和行为习惯。

首先，帮助学前儿童养成良好的生活习惯。学前儿童的日常生活包括按时睡眠、起床、

饮食、排便以及室内外的活动等。要在每天固定的时间让幼儿按时睡眠，养成良好的睡眠习惯；习惯一旦养成，每到睡眠时间，儿童就会自动入睡。使儿童养成按时按量进餐、细嚼慢咽、不吃零食、不暴饮暴食等良好饮食习惯。一岁半左右，培养儿童每天按时大便的习惯，一般应在起床后 5 分钟进行。

其次，帮助学前儿童养成良好的卫生习惯。良好的个人卫生习惯包括勤理发、勤剪指甲、勤换衣服、勤洗澡、饭前便后洗手、吃东西前洗手、不抠鼻子、不挖耳朵等。要让学前儿童懂得，个人的卫生不只是自己的事情，还关系到是否尊重别人，培养学前儿童自觉养成良好的卫生习惯。

再次，帮助学前儿童养成良好的行为习惯。培养学前儿童良好的行为习惯，需要家长与教师形成教育合力。教师可以发动家长与孩子一起讨论制定行为规范，让学前儿童认识到习惯的重要性。要纠正学前儿童的一些不良行为习惯，如攻击性行为、退缩性行为、神经性尿频等。

（四）对学前儿童进行初步的性教育

学前儿童对自己性别的认识，对自己在社会中应起的作用的认识，以及性意向的发展，是他们社会化发展的一个重要的部分。这一发展结果，不但影响到儿童期的心理活动和行为特点，而且关系到他们最终形成的个性，影响到他们的一生。

要帮助学前儿童确立正确而恰当的性别同一性和性别角色。通过游戏的方式，使学前儿童知道其性别。用表演游戏、角色游戏的方式，让学前儿童模仿、学习与自己同性的成人的行为和语言方式，加深自己的性别认同。同时，要注意纠正学前儿童的性角色偏差。对有性别偏差倾向的儿童，要与家长取得联系，找出问题产生的原因，家园配合及时纠正。

第三节　学前儿童心理健康教育活动的设计与实施

典型案例

一天，盈盈妈妈向老师反映，盈盈不想再当小组长了。盈盈说：“以前想当小组长，因为老师表扬我，小朋友们也喜欢我，现在我不想当，因为小朋友都不愿意跟我玩，说老师总是表扬我。”大班的盈盈平时很乖巧，能力很强，在幼儿园里表现很好，因此总得到老师的表扬。

思考：幼儿园教师应该怎么做才能消除盈盈的顾虑，同时促进班级其他幼儿的发展呢？

一、幼儿园心理健康教育的基本要求

（一）体察幼儿的内心感受

开展幼儿心理健康教育，必须要贴近儿童，走进儿童的内心世界，了解他们的所思所想。真诚的心灵慰藉是最好的心理健康教育。

下面我们欣赏经典幼儿故事《逃家小兔》，通过兔子妈妈和小兔之间富有韵味的奇妙对话，尝试去了解幼儿的内心世界。

一天，小兔子巴尼突然对妈妈宣布，他要“跑走了”——尽管后来我们知道，这并不是出于他的叛逆或是遭遇了什么委屈，他不过是想知道妈妈有多么爱他。这位机智、豁达、坚定、慈爱的兔妈妈没有惊诧，甚至没有问一个为什么，而是欲擒故纵地说：“你要是跑走了，我就去追你，因为你是我的小宝贝呀！”紧接着，一场在梦幻中展开的欢快而又奇特的追逐游戏开始了。

实际上，几乎每个幼小的孩子都曾经在游戏中幻想过像巴尼一样离开家，用这样的方式来考验妈妈对自己的爱，而这个小兔子的经历就像他们自己的游戏一样，给他们带来了一种妙不可言的安全感。

（二）满足幼儿的心理安全需求

幼儿会对即将发生的不好的事情产生惶惶不安、心神不宁、手足无措的心态，而且焦虑情绪往往容易与恐惧情绪同时出现。焦虑是一种不利于身心健康的复杂情绪，它会影响幼儿的心理健康，因而是许多儿童心理问题产生的根源。家长或幼儿园老师要提高自身素质，学会及时自我调适，给幼儿树立一个良好的模仿榜样。若发现幼儿有焦虑情绪，应积极加以引导，并给幼儿创造一个良好的生活环境与和睦的家庭气氛，使幼儿的身心得到健康的发展。

在成人常用的不当教育方式中，以下语言很伤人。

——为什么你不能像××那样呢？

——难道你倒小了不成？

——非得像一个邋遢鬼吗？

——你怎么那么笨呀！

——闭上你的嘴！

——必须做这件事，否则的话……

——如果你不立即跟我做，我就不管你了。

（三）引导幼儿换位思考

以自我为中心是幼儿的重要的心理特点。心理健康教育应引导幼儿思考别人的感受，多为他人着想，以此不断调整自己的行为，使人际关系融洽。

（四）纠正幼儿问题行为必须有的放矢

幼儿心理发展有一定的共性特征，但是，由于先天遗传和后天环境的影响，幼儿心理发展有其特殊性和差异性。在纠正幼儿问题行为时，必须做到有的放矢，综合制订矫正和治疗方案，帮助其纠正问题行为，逐渐回归正常的发展轨道。

二、幼儿园心理健康教育的途径

究竟如何才是幼儿园心理健康教育，目前尚无公认的模式。《幼儿园工作规程》中明确提出，幼儿园心理健康教育要“按照保育与教育相结合的原则，遵循幼儿身心发展特点和规律，实施德、智、体、美等方面全面发展的教育，促进幼儿身心和谐发展”。这是实施幼儿心理健康教育的主要依据之一。

（一）幼儿园心理健康教育的途径

1．创设和利用环境，促进幼儿发展

环境是重要的教育资源。幼儿心理健康教育应通过环境的创设和利用，有效地促进幼儿发展。不仅要为幼儿创设清新、直接、丰富和优美的物质生活环境，诸如改善空气、饮水、居住和活动场所的环境条件，改善膳食结构，更要净化社会大环境，消除不良文化对幼儿心理发展的危害。还要创设良好的心理环境，提高幼儿教师的心理健康水平，端正教育态度和方法，为幼儿营造一种温暖、被关爱、民主和平等的心理氛围。其中，相互尊重、理解、信任、关爱和民主的精神环境，对幼儿影响最大、最直接，因此，教师要多站在幼儿的角度体察他们的童心需要，努力为幼儿创设和谐的班级环境和平等的师幼关系，如在生活区设置“聊天室”“娱乐天地”“说说我的悄悄话”等，给予幼儿充分抒发情感、增进交流的空间，使幼儿在安全、温馨的氛围中生活，以利于幼儿人格的健全发展。

2．全面渗透幼儿一日生活，促进幼儿发展

全面渗透幼儿一日生活就是把心理健康教育融合到整个幼儿教育的全过程，使幼儿日常生活的各个环节和幼儿园教育工作的方方面面都能体现对幼儿心理健康的维护，都注重培养幼儿良好的心理素质，使幼儿在潜移默化、耳濡目染中受到教育。全面渗透幼儿一日生活是幼儿心理健康教育的主渠道和最基本途径。

（1）科学、合理地安排和组织好幼儿一日常规生活。通过日常生活常规指导和训练，帮助幼儿养成良好的行为习惯。幼儿日常生活的各个环节都蕴含着丰富的教育内容，既有德育、智育和养育等教育因素，也有心理健康教育因素；既有兴趣、情感成分，又有意志、个性成分。幼儿日常生活是幼儿心理健康教育不可忽视的重要资源，应充分利用一日常规生活来实施心理健康教育。

（2）领域渗透。幼儿园教学中各领域内容均从不同方面渗透着对幼儿的人格要求和智能训练要求，是心理健康教育的重要资源，例如，在中班语言活动“胆小先生”中，通过续编故事和讨论感受等，培养了幼儿大胆勇敢的品质，因此，在各个领域教学中注重对幼儿进行心理健康教育是幼儿心理健康教育的有效途径之一。

（3）随机教育渗透。随机教育是根据临时出现的事件进行的有针对性的教育，它对培养、巩固幼儿良好的个性心理品质起着十分重要的作用，例如，在绘画活动中，有的幼儿因不会画而哭，有的幼儿把笔一扔不画了，遇到这种情况，要抓住机会，进行随机教育，让幼儿明白“哭是没有用的”，并让大家讨论“应该怎么办”，引导幼儿克服困难，完成任

务，建立起自信。

3．拓展并丰富各类活动，促进幼儿发展

幼儿园的各类活动都是实施心理健康教育的机会，如运动会、幼儿广播体操比赛、观看演出、文艺演出活动等，都可以突出心理健康内容，拓宽幼儿活动的范围和领域，让幼儿通过亲自参加、亲临现场、亲自动手，在活动中学会交流，学会体验，学会交往，学会寻找快乐。教师应为幼儿提供活动和表现能力的机会和条件，支持幼儿的各种活动，努力成为幼儿活动的支持者、合作者和引导者，尊重幼儿在发展水平、能力、经验、学习方式等方面的个体差异，因材施教。

4．开设专门活动，促进幼儿发展

为幼儿开设的心理健康教育活动，其教学目标、教训内容、教学组织形式及教学效果评价等方面都不同于一般教育，重视幼儿直接经验的获得和实践的锻炼，强调幼儿心理素质的整体提高，是幼儿园心理健康教育理想、有效的载体。例如活动课程“娃娃过生日”。活动中让一名幼儿扮演娃娃，其余幼儿扮演小客人将礼物送给娃娃时大胆地说出自己的祝贺的话语。他们相互交谈，唱生日歌，跳快乐舞，这样在轻松欢乐的气氛中，孩子们自然地交往，就连平时性格孤僻的幼儿此时也会活跃起来。

5．借助心理咨询与辅导，促进幼儿发展

心理咨询与辅导是幼儿心理健康教育的重要组成部分，其根据幼儿心理发展特点和规律，由受过专业训练的教育者运用心理学的理论和技术，以活动为基本方式，通过设计和组织，让幼儿进行角色扮演，引发幼儿的主观体验和感受，从而对幼儿的心理状态产生积极的影响，以达到改善幼儿心理健康水平的目的。它可以面向全体幼儿，开展小组或团体心理咨询和辅导，主要以遇到心理困惑或有强烈心理冲突与矛盾的个别幼儿为对象。幼儿心理咨询与辅导建立在教育者与幼儿良好的人际关系基础上，其实质是一种教育的过程，使幼儿产生某种转变，促使他们成长，幼儿教师要在专业指引下开展活动，积极矫正幼儿心理问题，促使幼儿心理健康发展。

幼儿心理健康教育的目标之一是对全体幼儿实施发展性的心理健康教育，目的在于培养幼儿良好的情绪、安全与亲密的人际关系、对于周围世界的积极心态与求知的愿望，以及积极主动、自信独立、乐于交往、情绪稳定等积极心理品质。这些心理品质包含在认知、个性、适应性中，活动设计根据《纲要》和《指南》的精神，内容包括设计意图、活动方案、指导方法三个部分。

三、幼儿心理健康教育的指导方法

（一）感知体验法

幼儿通过听故事，尤其是童话故事，能进入一个特定的情境中，他们能把自己的思想和情感投射到主人公身上，在欣赏的同时，也直观体验和感受着作品的习惯和行为。

（二）活动操作法

活动是幼儿获得知识和行为习惯的基本方式。通过集体教学活动、日常活动和游戏活动，幼儿一方面体验活动成功后的快乐，另一方面也提升了自信心、自制力和积极的自我意识。

（三）榜样示范法

心理学家班杜拉提出的观察学习模式是幼儿行为习惯形成的主要方式，而榜样的示范作用是非常重要的，家长和教师的言行一致，对幼儿形成稳定的行为特征有重要的作用。

（四）角色扮演

角色扮演是通过让幼儿暂时扮演他人的角色，达到让幼儿自由抒发其所理解的角色感受的目的。幼儿欲扮演某个角色，必须通过观察等认知方式了解角色的行为，体会角色的情感与心理状态，力求进入情景交融的境界。

第四节　学前儿童常见的心理卫生问题

典型案例

小溪是一个五岁的小女孩，非常喜欢咬指甲，经过医生诊断，她的身体健康正常。父亲为了不让她咬指甲，随时帮她把指甲修剪干净，然而她还是咬，而且将指甲咬出了血。父亲又把小溪的十个手指头全涂上紫药水。这个办法第一天挺管用，可到了第二天，一切又照旧了。一天，老师组织小朋友们开展美术装饰活动，别的小朋友都在进行装饰活动，小溪却坐在那里津津有味地咬指甲。老师告诉她，咬指甲对身体不好，因为指甲里藏了许多我们肉眼看不见的细菌，这些细菌吸到胃里就会生病。小溪似乎听懂了，停了下来，可是到午睡时间，她躺在床上又开始咬指甲。

思考：咬指甲是一个很不好的习惯，成人如何正确地引导小溪改掉这个坏习惯呢？

一、学前儿童情绪障碍

（一）焦虑

分离焦虑是学前儿童最常见的情绪障碍。分离焦虑是学前儿童在与依恋对象（主要为养护人、亲密的家庭成员）分离或将要分离时产生的过度的焦虑。在与依恋对象分离时，他们拒绝与父母分开，不愿上托儿所，担心分开后父母不要自己、父母发生意外等。

保教人员应该亲切地对待具有分离焦虑的学前儿童，给予他们细心的照料、耐心的引导，多多鼓励，尽快消除其紧张的心理、情绪，了解儿童的需要，与之建立起相互信任的关系，同时鼓励儿童多与同伴玩耍，多交朋友，注意培养、锻炼儿童的坚强意志。

（二）爱哭

有的学前儿童经常哭泣，只是因为一些微不足道的小事，或根本就没有什么不顺心的事情。

面对爱哭的儿童，首先，要区分他哭泣的原因。部分儿童哭泣仅仅是为了获得成人的关注，或因为受到伤害感到害怕。对此，成人可以采取忽视的策略，当儿童不哭时，成人才予以关注和强化；教师与家长应该相互合作，一方面帮助儿童克服焦虑情绪，敢于面对问题，另一方面培养儿童正确应对苦难、挫折，提高社会交往技能。

（三）退缩行为

退缩行为是一种交往频次低的独处行为，其常见于 5～7 岁儿童身上，以社会行为退缩为主要表现。具有退缩行为的儿童常表现得孤僻、胆小、退缩，不愿与他人交往，更不愿到陌生的环境中去，把自己封闭起来以获得安全感，故称为儿童社会性退缩行为。

教师应该区分儿童的正常发展和退缩行为，尽量做到早发现早干预。家长和教师要关心和满足退缩儿童的心理需要，克服其畏惧和焦虑的情感，给孩子以爱心和信任。对刚入托、入园的儿童应富有爱心，帮助他们适应新环境，注意满足其安全感和自尊心等需要；对性格内向的孩子，要耐心帮助，批评要慎用，使他们感到托儿所如同家里一样自在愉快。同时，还要努力创造一个健康的心理环境，利用有利条件，有针对性地帮助退缩儿童建立自信心，培养独立性。比如，鼓励他们自己的事情自己做，做好做坏不责备，都予以鼓励。还要创设条件，提供同伴交往的机会，让儿童多参加社会活动，鼓励与同伴交往，教会其必要的社会适应和社会交往的技能技巧。

二、学前儿童睡眠障碍

（一）夜惊

儿童的夜惊表现为儿童在入睡一段时间后，在意识蒙眬状态中突然哭喊、惊叫，两眼睁大直视或紧闭，手足乱动，有时从床上坐起来或跳到地上，或者自言自语。夜惊的儿童表现出紧张、恐惧、出汗、呼吸急促、心率加快、对周围事物毫无反应，摇喊情况下需要经过几分钟才能唤醒，数分钟后缓解，继续入睡，次日对发作情况不能回忆，或偶有片段回忆。夜惊常发生在熟睡期和沉睡期的非快速眼动睡眠时，多在入睡后 90～120 分钟内出现，常见于 2～5 岁儿童。

当儿童出现夜惊症时，成人不要过于干预，只要轻轻拍一拍安慰他和避免危险即可。预防夜惊需注意以下两点：首先，教师和家长应该帮助儿童养成良好的睡眠习惯，在规定的时间按时睡觉，并且避免白天过度兴奋、大哭、紧张、焦虑等，避免睡前吃不易消化的东西。合理安排学前儿童生活，消除儿童压力和思想负担。其次，教师和家长还应掌握一些基本的医学常识，为儿童创设舒适的睡眠环境。对学前儿童出现的夜惊、睡眠不安等反常现象，要多一分留意，多一分观察，如症状严重则尽快就医检查。

（二）梦游

梦游又称睡行症、夜游症，顾名思义是指儿童在睡眠中突然爬起来进行活动，无意识地走或做出其他无意识的行为，而后又睡下，醒后对睡眠期间的活动一无所知。梦游不是发生在梦中的，和夜惊一样，发生在睡眠的第3～4阶段的非快速眼动睡眠时，即入睡后的2～3小时。梦游时儿童神志是不完全清醒的，有时表面看其动作行为似乎很有目的性，能主动避开危险和障碍，但其当时的神色与清醒时却又明显地不同：双眼时闭时开，步态不稳，面无表情，轻声唤之毫无反应，“我行我素”。有的梦游儿童会在半醒状态下在房间里活动，有的甚至会离开房间或做出诸如爬窗、伤人等一些危险的举动。然而大多数梦游儿童只是在睡眠过程中突然出现不被察觉的“梦游小动作”，如不停地眨眼睛、轻敲脑门儿、莫名其妙地喃喃自语等。也有的儿童尽管翻身下床，但仅在房间里转悠一下，就又爬上床沉入梦乡。

为儿童创设宽松、温馨的睡眠气氛和环境，让其自然入睡，避免睡前恐吓孩子，减轻儿童心理压力，避免心理焦虑，是预防和应对梦游的重要方法。在学前儿童出现梦游的症状时，专家建议不要尝试叫醒，而应该轻轻挽起他的手，带他上床，哄他安安静静睡觉。因为梦游儿童突然从意识蒙眬状态转为清醒状态，可能会出现惊慌、迷惑、焦躁的反应，从而可能做出推搡、攻击等行为，对自己和他人造成伤害。

（三）梦魇

梦魇又称为噩梦发作，是指儿童在睡眠过程中被噩梦突然惊醒，能清晰回忆起恐怖、生动的梦境。这些梦境总是非常可怕——或为妖魔鬼怪玩弄，或被坏人、猛兽追赶，或是自己及亲人陷入某种危险的境地，等等，想哭哭不出，想逃逃不了，使做梦的孩子处于极度惊恐和焦虑之中。在将醒未醒之际，儿童常感到身躯难以动弹，如同被什么东西压住了似的，儿童几经挣扎，才可完全清醒。醒后儿童会短暂情绪紧张、焦虑，身体不能转动，呼吸和心跳加快，面色苍白或出冷汗，全身肌肉松弛，等等。梦魇在儿童中很常见，多见于3～7岁儿童，有时会伴有其他睡眠障碍，如夜惊、梦游等。梦魇常发生于做梦的快速眼动睡眠期，多在后半夜发生。

避免用恐吓和威胁的方式教育儿童，如“大灰狼就喜欢你这样不听话的孩子”，并且帮助儿童建立规律的睡眠习惯，为儿童创设舒适的睡眠环境是预防梦魇的重要方法。当儿童梦魇发作时，家长可以将他轻轻唤醒，给予解释、安慰，如告诉他这不是真的，妈妈在这里，不要害怕。此外，家长还要留心观察儿童，及时对儿童恐惧的事物给予解释、安慰和疏导。

三、学前儿童语言障碍

（一）口吃

口吃俗称结巴，是指儿童在说话时字音重复或词句中断的现象。它是一种常见的儿童语言障碍，其主要表现为：说话时表现迟疑，不时地重复字或词，发音延长或语塞等，失去正常的说话节奏。除此之外，口吃的儿童说话时还常常面红耳赤、张目结舌、伸颈昂头、摇头晃脑、挤眉弄眼、握拳，直至想说的话说出来之后才能完全放松下来。口吃对儿童的发展很不利，因为口吃，他们害怕当众说话，常常被同伴嘲笑，人际关系不良。并且时常感到紧张、焦虑不安、恐惧，时间久了就容易形成害羞、自卑和退缩的个性特征。

造成口吃的原因很多，涉及遗传因素、心理压力、语言、行为以及神经系统发育疾病等多方面因素。面对口吃的儿童，教师和家长要了解儿童相关病史、心理和身体情况，客观地分析一切可能的原因。如果是因为疾病而导致口吃，家长则应及时带儿童就医。如果儿童出现口吃与学习语言有关，那么成人要向儿童示范正确规范的语法结构，关心、安抚和鼓励他们建立信心。此外，教师和家长还要创设平行和谐的班级和家庭环境，尽量消除可能引起儿童紧张、焦虑的因素，一旦儿童出现口吃现象，不责备，不惩罚，不嘲笑，也不模仿，也不过分关注儿童的说话方式，而是用平常心对待，并且进行心理安抚和做正确示范。

幼教故事

兵兵是一个五岁的小男孩。说话时，情绪紧张，激动，脸部充血，心跳加快，呼吸急促，字、词、句表达得极不连贯，不该停顿的地方能停顿几秒钟，有时候一个字重复好几次，一个字能拖很长的音，才过渡到下一个字或词，并常不由自主地伴有手势（如模仿动作）、体态（如摇晃身体）和表情（如伸舌头、眨眼）等多余动作，似乎想借此来解释他所要表达的内容，缓解、掩饰自己的紧张情绪。

在一次家长开放日活动中，兵兵积极参加各项互动，除了开口说话，其他方面发挥得非常好。在展示活动开始时，我认为应该给兵兵一个分享的机会，这样可以促进兵兵语言能力的发展，并且帮助兵兵勇敢地在众人面前讲话。于是我特意说："我看到兵兵小朋友做得非常认真，做出的东西也很漂亮。我们就请兵兵来介绍吧。"然而，兵兵当时面露难色，扭捏了半天，最后，经不住妈妈的强烈要求，以及我的热切目光，兵兵终于站了起来开始介绍。但是由于过分紧张，兵兵甚至无法完整地说出一句话，还当场急哭了。此后，兵兵更加不愿意说话了。

事后我非常难过也陷入了困惑，我明明是想促进兵兵语言表达能力的发展，怎么还适得其反了呢？

（二）缄默症

已经获得语言能力的儿童，因为精神因素的影响，沉默不语，这就是缄默症。缄默症可分为全缄默和场面缄默两种。全缄默患儿在任何状态下都一言不发，对他人普遍缺乏情感反应，胆小、焦虑，言语发育迟缓，经常做刻板、重复的动作。场面缄默则是儿童在特定的场面或人物面前出现无语症状，如有的儿童到了托儿所就不开口，长时间地呆坐着，甚至还伴有大小便失禁。

面对缄默症儿童，家长和教师不能操之过急，要给儿童树立模仿的榜样，用笑容营造愉悦的家庭氛围和温馨的托儿所环境，给儿童创造结交伙伴的机会，多接触新事物。总之，成人一定要有耐心，循循善诱，持之以恒，日久可见成效。

四、学前儿童进食障碍

（一）挑食

挑食，又称偏食、拒食，是指学前儿童吃东西时，偏好某一种或某一类食物，不喜欢、不愿意尝试或拒绝吃多种食物。学前儿童挑食是一种不良的行为习惯，对生长发育不利。挑食容易造成某些营养素缺乏、摄入不足或过量，使学前儿童体质虚弱，抵抗力差，容易生病或过度肥胖，影响学前儿童的身体健康，并影响学前儿童的生长发育。

面对挑食的儿童，家长和教师首先要为儿童创设愉快、有助于进餐的良好环境；其次，注重开展各类活动增加儿童对食物、烹饪的认识，如亲自种菜、采摘、制作食物等，提升儿童对各类蔬菜的喜爱；最后，儿童的餐饮应该注重烹调技巧，尽量做到色香味俱全，可以将少量儿童不喜欢的食物与其他食物一同烹制，让儿童在不知不觉中吃掉。

互动平台

晨晨是一个三岁的小男孩，非常活泼可爱，但是他严重挑食，只吃鸡蛋米饭和鸡蛋面这两种东西，常常将父母夹给他的青菜扔掉。应该如何帮助晨晨改掉挑食的坏习惯呢？

教育建议：第一，让儿童参与食物的制作。在托儿所可以为儿童提供种菜的机会，让儿童感受自己劳动的成果。在家可以让儿童帮忙做菜，例如洗蔬菜等。此外，还可以让儿童与家长一起制作小点心。第二，让儿童独立进食，避免成人喂饭。第三，让儿童拥有选择食物的权利。吃饭的过程中，避免成人指定食物，而是让儿童自己选择吃什么，吃多少。

（二）厌食

厌食是学前儿童没有食欲，对食物不感兴趣，吃得极少的一种现象。强迫进食可能会有呕吐等不良的生理反应。

造成厌食的原因是多方面的，如：儿童在精神上受到了强烈的惊吓；不能适应新的环境；缺少与同伴的交往而闷闷不乐、情绪低落；家长长期为增加儿童的进食量而提供过细过精的食物；零食过多；儿童活动范围小、活动量少；等等。厌食的预防和矫治重点是改变家长和教师的教育观念和教养方式，帮助儿童建立良好的饮食行为习惯，尤其是培养儿童进餐的积极性。为此，家长应给予孩子决定自己每次吃多少，什么时候吃饱的权利；父母有责任为孩子挑选食物和决定就餐环境。家长和教师不要强制孩子吃饭，要为孩子做出好榜样；同时扩大孩子的生活范围，增加户外活动，加大活动量。

五、学前儿童排泄障碍

学前儿童的排泄障碍主要表现为遗尿，是指儿童在 3 岁以后白天不能控制排尿或在 5 岁以后仍不能从睡眠中醒来自主排尿的行为。遗尿症又可分为夜间遗尿（尿床）、白天遗尿（尿裤子）和昼夜遗尿，其中以夜间遗尿居多。根据我国的标准，同时符合以下三项条件就可诊断为遗尿症：5 岁或 5 岁以上反复不自主排尿（白天或夜间）；5～6 岁每月至少遗尿 2 次，6 岁以上每月至少遗尿 1 次；排除由于神经系统损害、癫痫、躯体疾病或药物所引起的遗尿。

家长和教师应该从以下几个方面着手避免遗尿现象：首先，家长和托儿所要合理安排儿童的生活，形成规律的生活习惯；其次，要从小帮助儿童养成良好的排便习惯，有便意时主动告诉成人；再次，避免在睡前喝太多水，吃太多流质食物，以及食用含水量过多的水果；最后，在睡前、游戏等环节，注意提醒儿童上厕所。当儿童出现遗尿现象时，家长和教师应该以平常心对待，避免苛责、训斥，并且注意保护儿童的隐私，维护其声誉。对于部分遗尿儿童，还应适当进行膀胱张力的控制训练，提升膀胱括约肌的控制能力。

六、学前儿童品行障碍

（一）偷窃

学前儿童的偷窃是指他们在既无客观需要，也无明确动机的情况下，随便拿走别人东西的行为。

其实，在大多数情况下，学前儿童并没有“偷”的概念。皮亚杰认知发展理论认为，2～7 岁的儿童处于前运算阶段，具有“自我中心”的心理发展特点。该年龄段的儿童常认为世界是围着他转的，往往分不清楚“你的”和“我的”之间的不同，于是他们看到自己喜欢的东西，就会顺理成章地带走，因此，儿童出现随意拿他人东西的现象，不一定是道德品质问题，成人需要客观分析与应对。首先，家长不可盲目大发雷霆斥责儿童，而是要心态平和地了解儿童的真实想法，并且耐心地跟儿童讲道理，让儿童了解随意拿他人的东西是错误的行为，避免再犯类似的错误；其次，成人要以身作则，为儿童树立正确的榜样。

（二）撒谎

撒谎是指儿童把和实际情况完全不相符合或者根本没有发生过的事件，描绘得完全、确定。一般而言，儿童的撒谎可以分为无意撒谎和有意撒谎。无意撒谎是儿童由于心理发展水平有限，在思维、记忆、想象和判断等方面出现了错误，说出与事实不相符合的“谎言”，把渴望得到的东西说成已经得到了，把希望发生的事情当成已经发生的事情来描绘。有意撒谎则是儿童为了某种目的而说谎，例如为了得到表扬、奖励，或逃避责任、惩罚等故意编造谎言。

面对儿童的无意撒谎，家长和教师不必紧张，也不可过度指责儿童。一方面在适当时

机进行引导，另一方面也可以从中了解儿童的心理需要。当儿童有意撒谎时，成人也要注意区别其缘由，不要错怪了儿童善意的谎言。不仅要让儿童明白说谎的后果，还要创造宽容的氛围，允许儿童犯错误，鼓励儿童说实话。同时，成人还要以身作则、言传身教，为儿童树立学习、模仿的榜样。

七、学前儿童不良习惯

（一）咬指甲

咬指甲是指儿童反复啃咬指甲和指甲周围皮肤，甚至脚趾的行为。咬指甲是学前儿童常见的一种不良行为，多见于 3～6 岁儿童，一些儿童因反复啃咬指甲导致手指受伤或感染，少数比较严重的儿童，每个指甲都会被破坏。部分儿童还常伴有其他行为问题，如睡眠障碍、多动、抽动障碍、吮吸手指、挖鼻孔等。多数儿童随着年龄增长，咬指甲行为可自行消失，少数顽固者会持续到成年。

面对儿童咬指甲的行为，成人避免盲目地斥责和打孩子，这只会对其造成伤害，加剧儿童的不良习惯，而是要为儿童创设温和的环境，消除其心理紧张情绪，通过转移注意力和鼓励、强化良好行为的方式，来帮助学前儿童改掉不良习惯。切忌采用苦味、辣味和涂指甲油的强制方式。

（二）玩弄生殖器

玩弄生殖器是指儿童用手或其他东西触摸或玩弄自己的生殖器官的行为。这一行为在儿童中比较常见，有些男孩子经常用手玩弄阴茎，女孩子时常伸手去摸外阴，有的儿童通过被子、枕头、玩具、突出的家具棱角等摩擦生殖部位；有的骑在某种物体上向前和左右扭动身体；有的将物品塞进裤子里；等等。由于玩弄生殖器产生兴奋，因而儿童会面颊潮红，两眼凝滞，全身肌肉紧张，呼吸不畅，甚至屏气、出汗等，持续几分钟后，会乏力、出汗、嗜睡等。一岁婴儿即可出现玩弄生殖器的行为，其多发生于两岁以后，五六岁时有意识地玩弄生殖器的情形更为普遍，入学后会减少，青春期后又增加。

成人对儿童玩弄生殖器的反应会影响孩子的心理状态，成人不应过度反应，避免恐吓、指责和惩罚，应该平和地对待。家长不宜给儿童穿开裆裤，避免经常刺激其外生殖器。孩子玩弄生殖器常常发生在睡前和醒后，因此不要让孩子过早地睡觉，待孩子疲倦了、有睡意时，再让他上床。孩子睡醒后，要让他立即起床，如果他醒着不起床而在被子里玩耍，极易去抚弄生殖器。

八、学前儿童其他心理障碍

（一）虐待与自我虐待行为

儿童虐待与自我虐待的行为是儿童以暴力或者其他残暴的方式对待玩具、动物、其他儿童和自己等并造成伤害的行为。有相当部分不谙世事的儿童故意破坏物品、拆解玩具、踢伤小狗、掐死小鱼、攻击同伴、弄伤自己……

家长要创设民主、宽松而又不乏规范的家庭教育环境，逐渐帮助儿童“去自我中心”，培养其学会关心他人，尊重生命的品质。家长在家庭中可以特意为小孩饲养小狗、小猫、小兔、小金鱼等小动物，在孩子亲自照顾小动物的过程中，对孩子进行善良与爱的教育，让儿童更富有爱心。一旦成人发现儿童具有虐待和自我虐待行为要及时干预，防止问题行为性质恶化。

幼教故事

小凡，4 岁 8 个月，托儿所中班儿童。该儿童自私、霸道、爱发脾气，尤其在要求得不到满足时，喜欢用头撞地。此行为初次发生在一次和父母逛街时，他看中了一个四百多元的玩具汽车，要求父母买，父母觉得太贵了，劝他买另一个，结果他哇哇大哭，父母不理他，他就“啪”的一声往地上一扑，不小心撞到地上。父母赶紧把他扶起，看头是否撞破，同时爸爸帮他买下了他想要的车。从那以后，他只要不顺心，头就往地上撞，以致在托儿所也会发生这样的情况。

在与老师的交谈中，小凡家长意识到小凡行为的严重性，于是双方决定联手合作缓解小凡的自我虐待行为。首先，教师和家长在不同场景中都关注引导小凡用正确的方式表达自己的情绪和情感；其次，面对小凡不合理的要求，教师建议家长不要盲目满足；再次，教师在幼儿园专门组织了一次“我的脑袋真聪明”的集体教学活动，帮助幼儿认识自己脑袋的价值和保护的方法，还给那次活动中表现积极的小凡奖励了一顶漂亮的帽子，并且要求小凡一定要保护好自己的脑袋和脑子，不要让他们受伤；最后，老师将班级里照顾小蜗牛的任务交给了小凡，他欣然地接下了“保护好每一只小蜗牛，保护好每只蜗牛的壳”的光荣任务。

在老师和家长的共同努力下，小凡的自我虐待行为得到了明显的改善。

（二）攻击性行为

攻击性行为又称为侵犯性行为，是一种导致人和动物身体或情感受伤害，或导致财物损坏或毁灭的行为。它可能是身体上的进攻，也可能是言语上的攻击，或侵犯别人的权利，如打、拍、抓、掐、踢、吐、咬、扔、抢、威胁、侵略、羞辱、说坏话、诽谤、辱骂、欺负、毁坏和破坏等都是攻击性行为。

儿童出现攻击性行为的原因是多方面的，因此预防儿童攻击性行为的出现，需要从多个方面着手。第一，成人要以身作则，不要采取武力的方式对儿童进行教育，尤其不能在儿童情绪激动时强迫他接受教育，以暴制暴，应转移儿童的注意力，当他情绪平静下来时，再耐心加以引导；第二，当儿童有所进步或获得成功时，成人应及时鼓励，让儿童具有成就感；第三，组织儿童参加多项活动，如打球、下棋、绘画等活动，陶冶性情；第四，尽量避免儿童接触暴力、血腥的电视节目和电子游戏。

互动平台

当班级里出现一名儿童攻击另一名儿童时，教师应该如何应对？

教育建议：教师可以采用Time-out策略（又称自我控制时间策略）进行处理。

（1）教师迅速检查被攻击儿童，查看他是否受伤。如果可能，请另一位教师来安慰被攻击儿童。

（2）教师平静地牵着攻击他人的儿童到Time-out区域，然后严肃而平静地告诉他："打人的行为是不对的，我不允许你伤害其他小朋友。因为你刚才打人的行为，我现在请你待在这里，等你准备好了再重新和小朋友们一起玩。"

（3）教师走开，在Time-out期间，不与这名儿童说话，也不去看他。语言和延伸接触都有可能强化他不适宜的行为。当其他儿童试图靠近这一区域时，教师要坚定地要求他们离开，并向他们解释："他需要单独待一会儿，等他重新回到你们中间时再和他说话。"

（4）如果这名儿童认为自己准备好了，那么教师就让他重新回到集体中，参加一个正在进行的活动。当他出现适宜的、积极的行为时，教师要及时给予关注并进行强化。

（5）如果这名儿童在未准备好之前就离开了Time-out区域或再次出现攻击性行为，那么教师就要态度坚决地对他说："我想你还没有准备好加入我们。"然后把他带回Time-out区域，再次让他决定自己什么时候准备好，以便加入集体。

在线测试

1．涂鸦活动中，贝贝笔下的卢老师奇丑无比，有同伴讥笑贝贝，卢老师对有些不高兴的贝贝笑着说："宝贝，你把我的头发画得卷卷的挺好看的。"卢老师的行为体现了（　　）。

A．公正待生　　B．正面激励　　C．严于律己　　D．严慈相济

2．冬冬经常欺负别的同学，有一天他又让琪琪哭了。张老师很生气，对东东说："如果你是我的儿子，我恨不得打死你。"张老师的行为（　　）。

A．可以理解，因为有些孩子的行为确实令人生气

B．可以理解，因为批评也是一种教育

C．不恰当，应该先了解孩子问题发生的原因

D．不恰当，因为东东毕竟不是他的儿子

3．张老师在幼儿园对小朋友态度亲和，耐心细致，她的工作得到了领导和家长的一致好评，小朋友也喜欢她，可是一回到家里，张老师就只想安静休息，不让家人开电视，稍不如意就会和家人吵架，常常弄得心力交瘁，下列说法正确的是（　　）。

A．张老师缺乏心理调控能力

B．张老师家人缺乏体谅之心

C．张老师的情绪反应很正常

D．张老师善于转移负性情绪

真题训练

1．材料：3 岁的阳阳从小跟奶奶生活在一起。刚上幼儿园时，奶奶每次送他到幼儿园准备离开时，阳阳总是又哭又闹。当奶奶的身影消失后，阳阳很快就平静下来，并能与小朋友们高兴地玩。由于担心，奶奶每次走后又折返回来，阳阳再次看到奶奶时，又立刻抓住奶奶的手，哭泣起来……

针对上述现象，请结合材料分析以下问题：

（1）阳阳的行为反映了幼儿情绪的哪些特点？

（2）阳阳奶奶的担心是否必要？教师该如何引导？（2016 年上）

2．离园时，三岁的小凯对妈妈兴奋地说："妈妈，今天我得了一个'小笑脸'，老师还贴在我脑门儿上了。"妈妈听了很高兴，连续两天小凯都这样告诉妈妈。妈妈和老师沟通后才得知，小凯并没有得到"小笑脸"。妈妈生气地责怪小凯："你这么小，怎么就说谎呢？"

问题：小凯妈妈的说法是否正确？试结合幼儿想象的特点，分析上述现象。（2013年上）

第七章参考答案

本章拓展阅读

马斯洛的需要层次理论

马斯洛理论把需求分成生理需求（Physiological needs）、安全需求（Safety needs）、爱与归属（Love and belonging）、尊重（Esteem）和自我实现（Self-actualization）五类，依次由较低层次到较高层次排序。在自我实现需求之后，还有自我超越需求（Self-Transcendence needs），但通常不作为马斯洛需要层次理论中必要的层次，大多数会将自我超越合并至自我实现需要当中。

通俗地理解，假如一个人同时缺乏食物、安全、爱和归属，通常对食物的需求量是最强烈的，其他需要则显得不那么重要。此时人的意识几乎全被饥饿所占据，所有能量都被用来获取食物。在这种极端情况下，人生的全部意义就是吃，其他的都不重要。只有当人从生理需要的控制下解放出来时，才可能出现更高级的、社会化程度更高的需要，如安全的需要。

第一层次：生理上的需要——呼吸、水、食物、睡眠、生理平衡、分泌、性。

如果这些需要（除性之外）任何一项得不到满足，人类个人的生理机能就无法正常运转。换而言之，人类的生命就会因此受到威胁。在这个意义上说，生理需要是推动人们行动最首要的动力。马斯洛认为，只有这些最基本的需要满足到维持生存所必需的程度后，其他的需要才能成为新的刺激因素，而到了此时，这些已相对满足的需要也就不再成为激励因素了。

第二层次：安全上的需要——人身安全、健康保障、资源所有性、财产所有性、道德保障、工作职位保障、家庭安全。

马斯洛认为，整个有机体是一个追求安全的机制，人的感受器官、效应器官、智能和其他能力可看作是寻求安全的工具，甚至可以把科学和人生观都看成是满足安全需要的一部分。当然，这种需要一旦相对满足，也就不再成为激励因素了。

第三层次：情感和归属的需要——友情、爱情、性亲密。

人人都希望得到相互的关系和照顾。感情上的需要比生理上的需要来得细致，它和一个人的生理特性、经历、教育、宗教信仰都有关系。

第四层次：尊重的需要——自我尊重、信心、成就、对他人尊重、被人尊重。

人人都希望自己有稳定的社会地位，要求个人的能力和成就得到社会的承认。尊重的需要又可分为内部尊重和外部尊重。内部尊重即自尊，是指一个人希望在各种不同情境中有实力、能胜任、充满信心、能独立自主。外部尊重是指一个人希望有地位、有威信，受到别人的尊重、信赖和高度评价。马斯洛认为，尊重需要得到满足，能使人对自己充满信心，对社会满腔热情，体验到自己活着的价值。

第五层次：自我实现的需要——道德、创造力、自觉性、问题解决能力、公正度、接受现实的能力。

自我实现的需要是最高层次的需要，按照马斯洛的观点，自我实现是指个人的潜在能力、天资在发展过程中的不断实现，是使命的完成，是个人对自身的内在价值更充分的把握和认可。只有充分实现个人的全部潜能，即实现人生全部价值的人，才能成为自由的、健康的、无畏的人，也只有这样的人才能胜任工作，有发明，有创造，成为社会中充分发挥作用的人。自我实现的需要是指实现个人理想、抱负，发挥个人的能力到最大程度，达到自我实现境界的人，接受自己也接受他人，解决问题能力增强，自觉性提高，善于独立处事，要求不受打扰地独处，完成与自己的能力相称的一切事情。也就是说，人必须干称职的工作，才会感到最大的快乐。马斯洛提出，为满足自我实现需要所采取的途径是因人而异的。自我实现的需要是在努力实现自己的潜力，使自己越来越成为自己所期望的人物。

更高需求：自我超越需求——求知需求、审美需求。

自我超越的需求是马斯洛需求层次理论的一个模棱两可的论点，通常被合并到自我实现需求中。1954 年，马斯洛在《激励与个性》一书中探讨了他早期著作中提及的另外两种需要：求知需要和审美需要。这两种需要未被列入他的需求层次中，他认为这二者居于尊重需要与自我实现需要之间。

学习评价与反思

第八章　学前儿童健康教育评价

本章导读

学前儿童健康教育评价是依据一定的标准和程序，选择有代表性的评价参数，有计划、有目的地做出科学调查和价值判断，考核学前儿童健康教育的重要方面。它是科学制订学前儿童健康教育计划的基础和依据。通过评价能够把握学前儿童健康教育的客观现状，准确发现存在的问题，及早采取干预措施，改善学前儿童的健康水平，促使学前儿童健康发展。

学习目标

1．掌握学前儿童健康教育评价的基本知识，了解学前儿童身体健康、心理健康及学前儿童体育活动的评价标准及指标。

2．能根据学前儿童健康教育评价的不同内容选择不同的评价方法；能运用正确的方法对学前儿童身体形态生长发育、生理机能发育、身体素质和基本活动能力发展进行评价；能合理运用科学的工具及程序对学前儿童的心理健康进行评价；能对学前儿童的体育活动进行分析和评价。

3．培养健康生活的态度，树立正确的学前儿童健康教育的发展观，萌发专业自信。

学习重点

1．能根据学前儿童健康教育评价的不同内容选择不同的评价方法。

2．能运用正确的方法对学前儿童身体形态生长发育、生理机能发育、身体素质和基本活动能力发展进行评价。

3．能运用合理科学的工具及程序对学前儿童的心理健康进行评价。

4．能对学前儿童的体育活动进行分析和评价。

思维导图

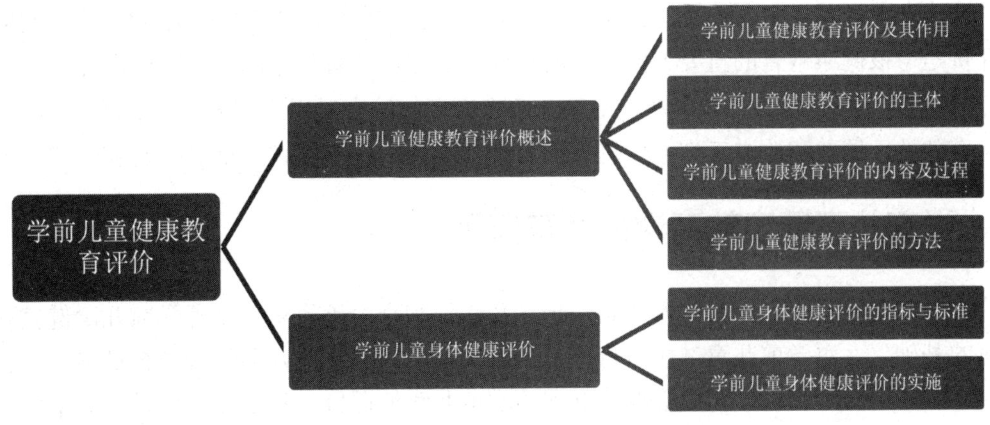

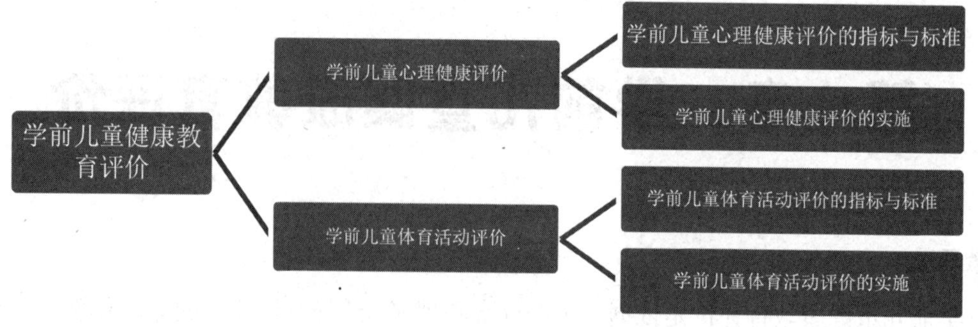

第一节　学前儿童健康教育评价概述

典型案例

我们积极探索学前儿童健康教育方法、途径和策略，以“班级健康特色运动项目”“健康节”“健康亲子周”“健康混龄区域活动”“集体舞”等活动为载体，开展了丰富多彩的师幼健康教育系列活动。在健康节中，孩子们勇敢、顽强、富有挑战的精神令我们钦佩。如小班学前儿童拍皮球、中班学前儿童踢毽子、大班学前儿童跳绳等，其中，花样跳绳共有14种之多。通过这些活动，孩子们的身体素质有了明显提高，每年的健康体检，孩子的相关指标达到或超过标准：身高达标率为97.1%，血色素达标率为98.8%。即使在传染性疾病（手足口病、甲流感等）流行期间，我园学前儿童均未曾感染，学前儿童出勤率相当高，保持在95%以上，真正促进了学前儿童身心健康发展。

思考：这是一个以“健康教育”为特色的学前儿童园的做法。看完以后，你对学前儿童健康教育评价有了怎样的认识？

世界卫生组织1969年出版的《健康教育服务的计划和评价》，将健康教育评价界定为“是对健康教育活动方案及其实施的全面审核过程，这就是对照原有设计，衡量在达到目标、设计先进合理、完成质量、进度、效率以及其他有关方面对方案的满意程度”。健康教育评价是考核健康教育的重要方面，是科学地制订健康教育计划的基础和依据。

《纲要》明确提出：“教育评价是幼儿园教育工作的重要组成部分，是了解教育的适宜性、有效性，调整和改进工作，促进每一名幼儿发展，提高教育质量的必要手段。”

一、学前儿童健康教育评价及其作用

学前儿童健康教育评价是指在系统地、科学地和全面地收集、整理学前儿童健康教育信息的基础上，对学前儿童健康教育整体规划的评价，对学前儿童健康教育目标、内容、组织形式和方法的评价，对进行健康学习的学前儿童的评价，对进行健康指导的学前儿童的教师及其他相关人员的评价。

学前儿童健康教育评价是衡量、判断学前儿童健康教育计划及其实施过程的科学性、必要性和可行性等方面的最客观、最重要的方法，它有以下重要作用。

（1）评价工作可以帮助了解学前儿童健康教育计划是否符合学前儿童的普遍要求，是否把握了存在于学前儿童中的主要健康问题。

（2）评价工作可以检验是否通过健康教育促进了学前儿童健康态度和健康行为的改变，是否激发了学前儿童学习健康知识的积极性，是否达到了健康教育的预期目的。

（3）评价工作可以考查学前儿童健康教育设计方案的合理程度，存在哪些优缺点，为进一步改进提供依据。

（4）评价工作有利于了解家庭、社会（区）实施学前儿童健康教育的经验和不足，为进一步提高幼儿园—家庭—社会（区）的三位一体的健康教育合力提供依据。

（5）评价工作有利于了解儿童身心发展的状况，为改善儿童身心健康状况提供评价依据。

二、学前儿童健康教育评价的主体

（一）自我评价

自我评价是指评价者参照一定的指标，对自己的健康教育工作做出的价值判断。这里的评价主体可以是某一个人（如学前儿童教师、家长、教育厅行政人员等），或者是具有共同利益的一组人。作为一名普通的学前儿童教师，平时也要开展自我总结和自我评定；作为一名研究型的学前儿童教师，教育过程中不断进行着自我反思和总结，因此，自我评价是容易开展的一种评价类型，并且由于被评价者就是评价主体，只要评价态度端正，评价中各方面实际情况掌握的准确性会更高。自我评价由于缺乏横向的外界参考体系，对评价标准的把握主观性较大，易出现评价过高或过低的情况。

（二）他人评价

他人评价是指评价主体不是被评价者自身的评价，而是来自外部的评价。比如，上级教育部门人员、学前儿童教师观摩健康活动后的评价；园长、教师对学前儿童生长发育情况的总体评价；教师、家长对幼儿园环境安全性的评价；教师对家长配合幼儿园进行健康教育的观念与水平的评价等。外部评价一般较为慎重，评价结果也相对客观，但有时也需要较多的人力和物力才能完成。

三、学前儿童健康教育评价的内容及过程

（一）学前儿童健康教育评价的内容

葛林和西蒙斯把健康教育评价内容分为四个方面：① 对计划准备工作的评价；② 对教育活动设计和实施过程的评价；③ 对影响或近期效果的评价；④ 对健康教育目标体系的评价。

1. 对学前儿童教育机构健康教育计划准备工作的评价

（1）评价儿童教育机构健康教育的计划是否符合不同年龄和发展水平的儿童的需要、兴趣、接受能力以及其他情况，学前儿童参与学前儿童教育机构健康教育活动的程度，等等。

（2）评价学前儿童教育机构健康教育的计划所选定的目标和各级分类目标的适宜程度，各级目标安排顺序的合理程度。

（3）评价学前儿童教育机构健康教育的计划所确定的策略和实施措施是否正确和合理，是否适合教育对象以及其他各方面的客观情况。

2. 对教育活动设计和实施过程的评价

（1）评价学前儿童教育机构健康教育活动方案设计的质量。

（2）评价学前儿童教育机构健康教育实施过程中的组织、分工和协调情况。

（3）评价学前儿童教育机构健康教育实施过程中所选择和组织的教学内容及材料、运用的方法及技术、采用的教育途径及组织形式等方面的合理性和效果。

（4）评价学前儿童教育机构健康教育方案实施的进度、效率和成本效益等方面的问题。

3. 对健康教育所产生的近期效果或远期影响的评价

学前儿童教育机构在开展健康教育过程中所产生的近期效果是指在健康教育方案实施后期或基本结束后的一年之内，通过观察、调查或测量而得到的结果，包括以下内容。

（1）学前儿童对有关健康的知识和技能掌握的情况。

（2）学前儿童对健康问题的价值观、态度和信念的变化情况。

（3）学前儿童卫生习惯和行为的变化情况。

4. 对健康教育总体目标的评价

从宏观上总体评价学前儿童教育机构健康教育产生的社会价值和效益，评价社会对学前儿童健康教育的参与和支持程度等。

【练一练】

在以“爱护牙齿”为主题的系列活动中，如果其活动目标是：

1. 知道保护牙齿的基本常识。

2. 掌握刷牙的正确方法。

3. 能逐渐养成早晚刷牙的良好习惯。

那么，在这一主题的健康教育活动之后，其评价的指标如下。

- 儿童能说出应该刷牙和漱口的时间。
- 儿童在没有帮助的情况下能知道刷牙的正确方法。
- 儿童在家中能自觉地在起床后和睡觉前刷牙。
- 儿童刷牙的方法基本正确。

（二）学前儿童健康教育评价的过程

1．评价的准备

（1）组织工作准备。根据不同的评价类型和预期评价的内容，确定是否聘请专家组成专家组，做好幼儿教师参与评价的动员工作，例如，对幼儿园健康教育工作的全面评价一般外请专家的作用会大些，而对幼儿园开展的饮食营养教育活动的评价，由园内教师、保健医生等组成的评价小组就能较好地胜任。

（2）评价方案准备。评价方案必须明确评价的目的以及评价的内容，并确定评价标准，设计好表格及其他文件，落实评价工具。

2．评价的实施

（1）收集资料。收集来的资料是否全面、客观，关系到评价的可信度，因此，评价者应在收集资料上多花气力，尽可能运用科学的工具、技术收集到理想的资料。

（2）处理评价信息。在获得大量相关信息的基础上，评价者根据被评价者的实际情况与指标的符合程度，酌情予以判断等级或分数，并且对多个项目进行汇总。有些量化工作可由计算机完成。

（3）撰写评价报告。对被评价者进行综合判断，并得出是否达到标准或优良程度的结论。

3．评价结果的处理

学前儿童健康教育评价是为了进一步改进学前儿童健康教育工作，所以评价并不是以是否达到标准的最终结论的形成而告终，而是由评价者对评价结果进行解释，帮助被评价者认识已经取得的成绩和存在的主要问题，共同分析问题产生的根源，以切实促进学前儿童健康教育水平的提高。

四、学前儿童健康教育评价的方法

在学前儿童健康教育的评价实践中，以下方法常被采用。

（一）观察法

观察法可以在自然的条件下进行，也可在实验的条件下进行，教师和家长甚至学前儿童都可运用。许多情形下，观察者都应增强观察的准确性，例如，学前儿童洗手的及时性和干净程度，与同伴交往的主动性，活动中对危急情形的反应能力，等等。对于儿童来说，及时、有效的健康观察有助于及早发现各种传染病，有助于发现儿童视觉、听力、皮肤等器官的功能异常以及情绪和行为问题。

（二）核对名册法

如针对是否形成某一健康行为或态度以及行为或态度水平，对所有学前儿童进行逐一评估。

（三）轶事记录法

对有特殊健康问题的学前儿童的进步过程做详细记录是有价值的。记录时应尽量观察准确。

（四）问卷法

可以用来收集有关人士的健康知识、态度和行为方面的信息，使用方便，常被用来收集一些特别的资料。

（五）面谈法

通过与家长、学前儿童、教师或其他相关人士的面谈，获得学前儿童是否已经形成某些健康行为的信息。

（六）自我评价法

学前儿童、教师和家长通过自我评价，也能提供有关个人的健康信息。

（七）小组讨论法

让学前儿童在小组成员面前发表自己的想法，与他人讨论一些问题，比如，西红柿是不是蔬菜？研究者从中获得有关学前儿童健康认知的信息。

【练一练】

运用观察法评价幼儿洗手的及时性和干净程度。在自然观察状态下，判定幼儿洗手属于下面的那种情形。（　　）

A．在成人的强烈要求之下，有时甚至是强迫之下才洗手。

B．在成人帮助下能够很好地配合。

C．在成人提醒下自己洗手。

D．饭前、饭后、活动后都能主动用肥皂把手洗干净。

第二节　学前儿童身体健康评价

学前儿童身体健康状况的测定与评价是相互联系的过程。儿童身体健康状况测定的结果本身，并没有什么意义可言，只有加以分析、比较和评价之后，才具有实际的意义和价值。通过与正常发育标准数的分析与比较，对学前儿童身体生长发育状况做出正确评价，从而作为评价和改善学前教育机构保育质量的重要指标，实现对儿童本人、家庭、社会及幼儿园体育教育活动的反馈。

一、学前儿童身体健康评价的指标与标准

（一）学前儿童身体健康评价的指标

在评价时我们把学前儿童健康的目标分解成一系列指标，由此构建的指标体系反映了学前儿童身体健康发展的各个方面。整个体系按不同年龄段幼儿的特点又划分为大肌肉动作、小肌肉动作、自我保健和生活能力四个子系统。

各年龄段学前儿童身体健康的指标体系如下。①

小班：

大肌肉动作

会甩动双臂走；

会手脚动作协调地走；

会不扶梯一步一级地走上走下；

会一个跟一个自然地跑；

会手脚协调地向指定方向跑；

会变换方向跑；

会双脚跳上跳下；

会连续向前跳；

会手膝着地向前、向后、向侧方爬；

会在攀登架上爬上爬下；

能向上向前抛物；

能自抛自接物；

会单足立；

会走平衡木（宽 2.5～3 厘米）；

会滚球、拍球，会使用大型运动玩具；

会一个跟一个走圆圈队形，做模仿操；

会按节拍做操。

小肌肉动作

会用积木等材料堆高、延长、围拢；

会插接或拼搭简单造型；

会用印章、纸团、手掌印画；

会画、折、粘简单作品。

自我保健

会正确使用手绢；

懂得打针、吃药能防病、治病；

---

① 霍力岩．学前教育评价[M]．北京：北京师范大学出版社，2000：76-78．

不跟陌生人走，不远离成人；
不摸危险物。

生活能力

会解扣、脱衣；
会穿衣、穿鞋、戴帽、扣按扣；
会扣扣子、拉拉链。

中班：

大肌肉动作

会按节拍变速走；
会灵活地变向变速走；
会听信号变速跑；
会单脚跳、左右跳；
会双脚左右行进跳；
会侧躺连续翻滚；
会正侧面钻和手脚协调地攀登；
能投准相距 2 米的目标；
会互相抛接球；
会保持平衡地原地转圈；
会在平衡木上做简单动作；
会用几种方法拍球；
会使用多种运动器具；
会简单分队、动作准确地做操；
会按音乐节奏做韵律操、器械操。

小肌肉动作

会使用辅助材料；
能用多种材料建构较复杂的造型；
会使用多种工具材料；
会印染、涂色、拼、剪等多种技能。

自我保健

养成个人卫生习惯；
懂得简单防病常识；
不玩危险游戏，不去危险地方；
懂得交通安全。

生活能力

会穿、脱、折叠衣服，整理被褥；
会系鞋带；
会用筷子；

会分发、整理餐具，收拾桌子；
会刷牙；
养成饭前洗手的习惯。

大班：

大肌肉动作

会灵活躲闪跑；
会助跑跨跳障碍物；
会灵活地翻滚、钻爬、攀登；
能在行进中互相抛接球；
会用多种器具做平衡；
会运用器械的多种玩法；
掌握跳绳、推铁环等较复杂的活动技能；
会变队形做体操。

小肌肉动作

会建构大型或成组造型，及复杂造型；
会用多种工具材料制作较复杂的作品。

自我保健

懂得眼睛和牙齿的保健方法；
会处理简单危险。

生活能力

懂得简单的营养知识；
会自己洗脚、洗袜子。

（二）学前儿童身体健康评价的标准

身体生长发育标准是评价个体或集体儿童生长发育状况的统一尺度。一般通过一次大数量发育调查，收集发育指标的测量数值，经过统计学处理，所获取的资料可以成为该地区个体或集体儿童发育的评价标准。由于各生长发育指标呈长期增长趋势，同时地理环境、气候条件、社会经济状况、营养来源和生活方式等因素均可导致不同地区儿童的发育水平普遍呈现一定的差异性，因此，迄今没有一种方法能完全满足对个体、群体儿童的发育进行全面评价的要求。生长发育标准是暂时的、相对的，可以根据时间、地点和条件的改变进行调整。

1. 离差法（等级评价法）

等级评价法是离差法（用于评价个体、群体儿童生长发育现状的常用方法）中最常用的一种。它利用标准差与均值的位置远近划分等级。评价时将个体该发育指标的实测值与同年龄、同性别相应指标的发育标准比较，以确定发育等级。国内最常用五等级评价标准将儿童体型分为匀称型、粗壮型和细长型三类；并结合身高、体重、胸围指标，将儿童的身体发育状况分为良好、较好、一般、较差和落后五个等级。

2．百分位数法

百分位数法是以某发育指标的第 50 百分位数为基准值，以其余百分位数为离散距制成生长发育指标。这是近年来世界上常用的评估体格生长的方法，可用来对个体或群体儿童的发育水平进行评价。位于＜P3、P3～P25、P25～P75、P75～P97 或＞P97 范围内，分别相当于“下”、“中下”、“中”、“中上”和“上”等。此方法形象直观，反映发育水平准确，便于动态观察。

3．指数法

指数法是利用数学公式，根据身体各部分的比例关系，将两项或多项指标相关联，并转化成指数进行评价的方法。本方法计算方便，便于普及，所得结果直观，应用广泛。常用指数有以下几个。

（1）身高体重指数，表示单位身高的体重，体现人体充实度，也反映营养状况。身高体重指数=(体重/身高)×100，指数高，表示体重相对较重。

（2）身高胸围指数，反映胸廓发育状况，借以反映体型。

身高胸围指数=(胸围/身高)×100，指数高，表示胸围相对较大，身躯相对较粗壮。

（3）身高坐高指数，通过坐高和身高比值，反映人体躯干和下肢的比例关系，反映体型特点。可根据该指数大小，将个体的体型分为长躯型、中躯型和短躯型。

上身长下身长比值=上身长/下身长=坐高/(身高−坐高)

（4）BMI 指数（Body Mass Index，BMI，体重（kg）/ 身高（cm）），又称体重指数。近年来国内外学者高度重视 BMI，认为它不仅能较敏感地反映身体的充实度和体型胖瘦，且受身高的影响较小，与皮脂厚度、上臂围等反映体脂累积程度指标的相关性也高。我国已建立的“学龄儿童青少年 BMI 超重、肥胖性别—年龄别筛查标准”，是 BMI 在儿童生长发育领域的具体应用。其中，适用于学龄前儿童的是 Kaup 指数（考普指数）。Kaup 指数的评价标准见表 8-1。

Kaup 指数的计算公式为

$$K=\text{体重(kg)}\div[\text{身高(cm)}]^2\times10^4$$

表 8-1 Kaup 指数的评价标准

K 值	评　价
＞22	肥胖
22～19	优良
19～15	正常
15～13	消瘦

目前，我国常用的体格评价法主要有单项指标评价和多项综合指标评价。学前儿童体质的单项指标评价中，在儿童身体形态发育和生理机能发育方面的评价，一般采用离差法、百分位法、指数法和相关法。在儿童身体素质和运动能力方面的评价，一般采用标准百分

法、百分位法、指数法、累进计分法和相关法。而多项综合评价实质上就是用构成成分的各种指标的测查结果，定量地对儿童身体体质状况进行全面评定和判断的过程，主要有相关分析、逐步回归分析、主成分分析和判断分析等。表 8-2 所示为我国幼儿三项指数的各年龄数字，表 8-3 所示为我国幼儿生理机能指标均值。

表 8-2 我国幼儿三项指数的各年龄数字①

性别	年龄	(体重/身高)×100	坐高/(身高－坐高)	(胸围/身高)×100
男	3	15.61	1.42	53.98
	3.5	15.20	1.36	52.94
	4	15.47	1.33	52.04
	4.5	15.70	1.32	51.15
	5	16.05	1.30	50.42
	5.5	16.46	1.29	49.82
	6	16.94	1.27	49.13
女	3	14.43	1.37	53.44
	3.5	14.76	1.35	52.39
	4	15.05	1.33	51.28
	4.5	15.38	1.31	51.08
	5	15.75	1.29	49.43
	5.5	16.09	1.28	48.89
	6	16.47	1.27	48.33

表 8-3 我国幼儿生理机能指标均值②

测查项目		安静心率/(次/分)	肺活量/毫升	动脉血压/毫米汞柱		(脉压差/收缩差)×100
				收缩压	舒张压	
3	男	105				
	女	107				
3.5	男	103				
	女	105				
4	男	102				
	女	102				
4.5	男	100				
	女	101				

① 数据来自 1984 年中央教育科学研究所主持开展的我国 16 省市幼儿体质测查统计项目。

② 数据来自 1984 年中央教育科学研究所主持开展的我国 16 省市幼儿体质测查统计项目。

续表

测查项目		安静心率/(次/分)	肺活量/毫升	动脉血压/毫米汞柱		(脉压差/收缩差)×100
				收缩压	舒张压	
5	男	99	831	92	58	38
	女	100	768	91	58	37
5.5	男	98	919	93	58	38
	女	100	832	92	58	37
6	男	96	1022	94	59	37
	女	98	908	93	59	37

二、学前儿童身体健康评价的实施

20 世纪 80 年代，中央教育科学研究所幼儿教育研究室根据其主持开展的我国 16 个省市儿童身体健康状况的大规模调查，编写了《我国幼儿形态、机能、基本体育活动能力调查研究》的分析报告。该报告是评价学前儿童身体健康水平的重要依据，主要包括以下几个方面。

（一）学前儿童身体形态生长发育的指标及测定方法

学前儿童身体形态生长发育的项目指标主要包括身高、体重、坐高、胸围、头围，同时还包括由以上五个最基本测查指标所派生出的另外四项指数和比值。

1．身高（身长）

身高是指身体直立时颅顶点到脚跟的垂直距离，常被用于表示身体生长的水平和速度。

测查方法：测量身高可使用身高计，或用固定在墙上的软尺进行测量。3 岁以下儿童测量卧位的身长（见图 8-1）。3 岁以上儿童取立正姿势测量（见图 8-2）。被测儿童需赤脚受测，零点要与脚跟取齐。以厘米为单位，记录至小数点后一位，误差不得超过 0.5 厘米。

图 8-1　3 岁以下，卧位测身长

图 8-2　3 岁及以上，立位测身长

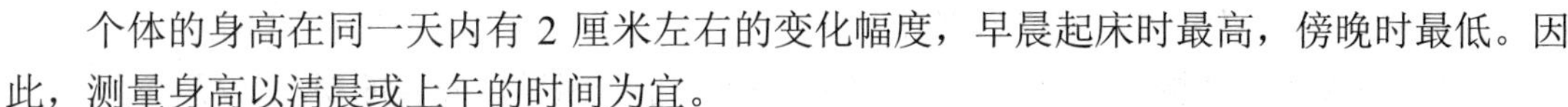

个体的身高在同一天内有 2 厘米左右的变化幅度，早晨起床时最高，傍晚时最低。因此，测量身高以清晨或上午的时间为宜。

2. 体重

体重是指人体的总重量，反映了儿童骨骼、肌肉、皮下脂肪及内脏器官重量增长的综合情况。

测查方法：体重常用秤测量。受测儿童应先排大小便，仅穿背心和短裤衩。1～3 岁儿童可蹲、坐于秤台中央，3 岁以上儿童可站在秤台中央。以千克为单位，记录至小数点后两位。

3. 坐高

坐高指顶臀高，即头与躯干的长度，反映了儿童上肢部位骨骼的生长发育情况。

测查方法：选择专用坐高计测量，也可用凳子附加于身高计上进行测量。受测儿童处于坐姿，测量颅顶至座位平面的垂直距离。以厘米为单位，记录至小数点后一位。

4. 胸围

胸围指胸廓周围的量度，反映了儿童胸骨、胸腔以及体态生长发育的状况，它是幼儿身体宽度和厚度最具代表性的测量值。

测查方法：用软尺测量。受测儿童处于立位，裸上身，两手自然下垂，量尺绕经后背及两肩胛骨下角至胸前两乳头上一圈，软尺的松紧要适宜，呼气时的周围量度及吸气时的周围量度的平均数即为胸围的数值。以厘米为单位，保留一位小数。

5. 头围

头围反映了儿童头的发育及体态的生长发育情况。

测查方法：用软尺测量。受测儿童处于立位，量尺绕经枕骨突起处至额骨眉峰间一圈，软尺要紧贴头皮。以厘米为单位，保留一位小数。

由以上五个基本的测查指标，可以派生出两项指数（身高体重指数、身高胸围指数）和两项比值（上身长下身长比值、头围胸围比值），这些指数与比值可以从不同的角度反映儿童基本体形的状况。

（二）学前儿童生理机能发育的项目指标及测定方法

学前儿童生理机能发育的项目指标主要包括呼吸差、肺活量、呼吸率、安静心率、血压、握力和背肌力七项。

（1）呼吸差。是指吸气时的胸围围度与呼气时的胸围围度之差值，反映了儿童呼吸肌在呼吸时的活动能力。

测查方法：测量以厘米为单位，记录至小数点后一位。

（2）肺活量。是指在一次深吸气后的最大呼气量，反映了受测者肺脏的一次最大的机能活动能力，是一种常用的反映呼吸机能的指标。一般只对 5 岁以上的儿童进行测查。

测查方法：采用单浮筒式肺活量计。每人测 3 次，均要记录，每次间隔 20 秒至半分钟，统计时，选取最大值，单位为毫升。

（3）呼吸率。是指可以自控的呼吸次数，反映了儿童肺脏发育的功能状况。

测查方法：使用秒表或三针式台钟计时。儿童受测前要保持平静状态，背对测试人员站立。测试者用一只手轻轻按在儿童的腹部，腹部的一起一伏为呼吸一次，以半分钟为单位，连续测 3 次，其中两次呼吸次数相同时，即可读数记录。统计时，以 1 分钟计算，单位为次/分。

（4）安静心率。指在单位时间内相对安静时的心脏搏动的次数，反映了心脏和动脉本身的机能状态。

测查方法：使用秒表或三针式台钟计时。儿童在受测前应静坐休息 10 秒以上，保持安静的状态，最好是在午睡睡醒以后、起床之前测。用听诊器听诊心前区测量心率（也可用切脉法测查）。以 10 秒为单位，连续测查 3 次，其中两次心率数相同并与另一次相差不超过一次时，即可读数记录，否则还需继续测查。统计心率时以 1 分钟计算，单位为次/分。

（5）血压。是指血液在血管内流动时对血管壁产生的侧压力，一般指体循环中动脉血压，反映了儿童心脏、血管发育的状态。

测查方法：一般只测查 5 岁以上的儿童，测前要保持安静状态。使用儿童血压计和听诊器测量，记录收缩压和舒张压。

（6）握力。反映了儿童整个上肢部位肌肉的收缩机能，特别是掌肌和前臂肌的功能。

测查方法：一般只测查 4 岁以上儿童，使用儿童握力计，左右手各测 3 次，均记录。统计时选取最大值，单位为千克。

（7）背肌力。反映儿童背部、腰部、腹部等部位肌肉的收缩能力。

测查方法：一般只测查 4 岁以上儿童，使用指针式背力计。每人测 3 次，均要记录。统计时选取最大值，单位为千克。

（三）学前儿童身体素质和基本活动能力发展的项目指标及测定方法

学前儿童身体素质和基本活动能力发展测定的项目主要包括坐位体前屈，立定跳远，沙包掷远，单脚站立，20 米快跑及 100 米、200 米、300 米慢跑。

（1）坐位体前屈（见图 8-3），反映了儿童躯干柔韧性的状况。

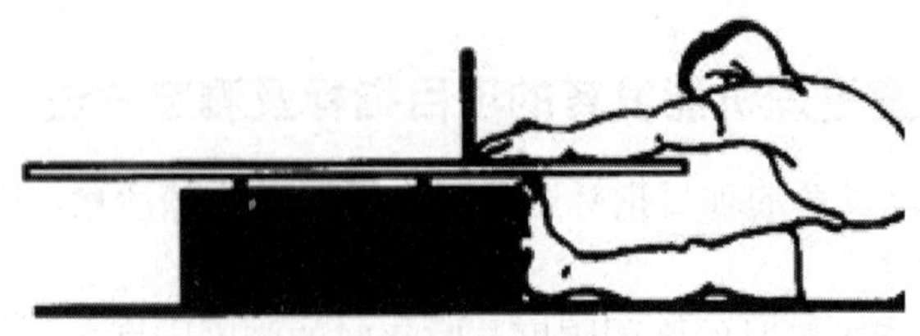

图 8-3　坐位体前屈

此项指标一般只测查 4 岁以上儿童。

测查方法：在一矮桌上画出零点标志线；受测儿童脱去鞋子，将两腿伸直坐在桌子上，两脚后跟紧靠零点标志线，两脚稍分开 15～20 厘米；儿童将两手置于两腿之间，上体尽可能向前弯曲，两手尽可能沿桌面向前伸展，两腿不能屈膝；在离零点标志线（脚底线）最近的一只手的中指触摸点上用粉笔做记号，然后测量此点与零点线之间的垂直距离；若超过线即为正分，不过线则为负分，正好在线上即为零分。测 3 次，并做记录，统计时取最好成绩，单位为厘米，保留一位小数。

（2）立定跳远（见图 8-4），反映了儿童下肢部位的肌肉力量、爆发力（爆发力体现了肌肉力量与速度的综合特征）以及身体协调能力的发展情况。

测查方法：测量时用软尺丈量离起跳线最近的一只脚的脚后缘到起跳线之间的垂直距离。测 3 次并做记录，统计时取最大的数值，单位为厘米。

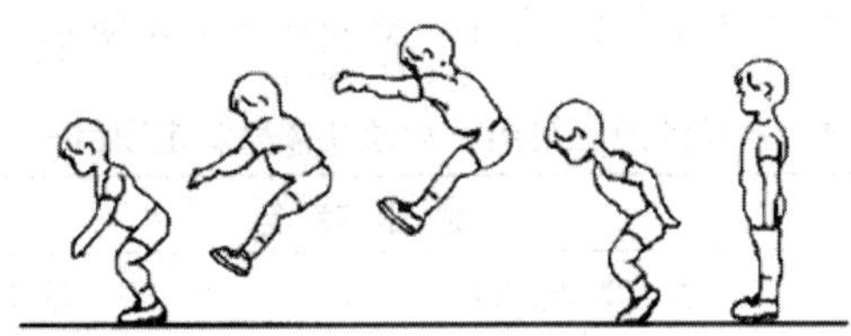

图 8-4　立定跳远

（3）沙包掷远（见图 8-5），反映儿童上肢部位的肌肉力量和爆发力。

测查方法：测量时 3～4 岁组儿童使用 100 克重的沙包，5～6 岁组儿童使用 150 克重的沙包。受测者用肩上投掷的方法向远处用力投掷沙包，左、右手各投 3 次，记录每次成绩。统计时取各手所投的最大数值，单位为厘米。测量者用软尺丈量沙包落地点到投掷线之间的垂直距离，落地需在前方 6 米宽的区域内，越出此范围算作失败，不计成绩。

图 8-5　沙包掷远

（4）单脚站立，反映了儿童静态的平衡能力。

测查方法：儿童的支撑腿要伸直（支撑腿踩在一根长 25 厘米、宽 5 厘米、高 5 厘米的木条上），悬空腿慢慢离开地面。记录从腿离开地面到出现以下情况时的持续时间：① 悬空的腿碰到地上、木条上或另一条腿上；② 身体其他部分碰到地面上；③ 支撑腿移动或落到地上，又或木块移动；④ 支撑腿的膝盖出现弯曲。受测儿童以左、右腿为支撑腿各测定 2 次，统计时选取最大的数值，单位为秒，保留一位小数。

（5）20 米快跑，反映儿童身体位移的速度。

测查方法：在平整的地面上设置两条宽约 1.5 米、长约 25 米的跑道。在跑道上画出起点线和终点线，距离为 20 米。准备两块秒表。

儿童在听到信号后起跑，秒表从每名儿童出现抬腿动作开始启动，当儿童一条腿迈过终点线时，秒表停止。记录快跑 20 米所用的时间。每名儿童测 2 次，记录每次成绩。统计时选最快的数值，单位为秒，保留一位小数。

（6）100 米、200 米、300 米慢跑，主要测定儿童在身体运动过程中的耐力以及心肺系统的功能状况。

测查方法：3.5～4.5 岁组的儿童测 100 米慢跑，5～5.5 岁组的儿童测 200 米慢跑，6 岁以上的儿童测 300 米慢跑。

受测者跑前需测其心率数，待其跑到终点后再测其即刻心率，直到恢复跑前心率为止，也可连续测幼儿跑后 6 分钟内的心率数。在统计时，看受测者几分钟才恢复到跑前的心率。此项目只测定 1 次。在儿童跑步过程中，不要求速度快，轻松、自然地慢跑即可。

各年龄组正常男、女幼儿体质测定项目一览表如表 8-4 所示。

表 8-4　各年龄组正常男、女幼儿体质测定项目一览表

年龄	测定项目																			
	形态					生理机能						基本体育活动能力								
	身高	体重	坐高	胸围	头围	安静心率	血压	呼吸率	呼吸差	肺活量	背肌力	握力	坐位体前屈	立定跳远	沙包掷远	20米快跑	单脚站立	慢跑		
																		100米	200米	300米
3	√	√	√	√	√	√		√	√					√	√	√	√			
3.5	√	√	√	√	√	√		√	√					√	√	√	√	√		
4	√	√	√	√	√	√		√	√		√	√	√	√	√	√	√	√		
4.5	√	√	√	√	√	√		√	√		√	√	√	√	√	√	√	√		
5	√	√	√	√	√	√	√	√	√	√	√	√	√	√	√	√	√		√	
5.5	√	√	√	√	√	√	√	√	√	√	√	√	√	√	√	√	√		√	
6	√	√	√	√	√	√	√	√	√	√	√	√	√	√	√	√	√			√

学前儿童身体形态、生理机能指标测查均值统计如表 8-5 所示。

表 8-5　学前儿童身体形态、生理机能指标测查均值统计表

测查项目	年龄													
	3 岁		3.5 岁		4 岁		4.5 岁		5 岁		5.5 岁		6 岁	
	男	女	男	女	男	女	男	女	男	女	男	女	男	女
身高/厘米														
体重/千克														
坐高/厘米														
胸围/厘米														
头围/厘米														
安静心率/（次/分）														
血压/毫米汞柱														

续表

测查项目		年龄													
		3 岁		3.5 岁		4 岁		4.5 岁		5 岁		5.5 岁		6 岁	
		男	女	男	女	男	女	男	女	男	女	男	女	男	女
呼吸率/（次/分）															
呼吸差/厘米															
肺活量/毫升															
背肌力/千克															
握力/千克	左														
	右														
各年龄组参加人数/人															

学前儿童三项指数的统计表如表 8-6 所示。

表 8-6　学前儿童三项指数的统计表

性　别	年龄/岁	体重/身高×100	坐高/(身高－坐高)	胸围/身高×100
男	3			
	3.5			
	4			
	4.5			
	5			
	5.5			
	6			
女	3			
	3.5			
	4			
	4.5			
	5			
	5.5			
	6			

第三节　学前儿童心理健康评价

学前儿童心理发展的水平主要表现在感知、运动、语言和心理过程等各种能力以及性格方面。影响学前儿童心理发展的因素是多方面的，其中，很大一部分来自学前教育机构的心理社会环境、物理环境等，因此，从某种程度上来说，学前儿童的心理发展的健康状况是衡量学前教育机构保育质量的重要指标。对学前儿童心理发展状况进行评价，客观、公正地了解学前儿童在当前生态环境下的行为表现，从群体儿童中鉴别出问题行为和心理发展障碍，进而有针对性地实施早期保育，有利于保育质量的提高，促进学前儿童心理的健康发展。

一、学前儿童心理健康评价的指标与标准

（一）学前儿童心理健康评价的标准

一般来说，心理健康标志着人的心理调适能力和发展水平，即人在内部和外部环境变化的情况下能持久地保持正常的心理状态，是诸多心理因素在良好态势下运作的综合体现。到目前为止，心理活动正常与否还没有一个公认的判断标准。国内外心理学家对不同行为表现进行观察，提出了不同的心理健康标准。

我国学者提出的青少年儿童的心理健康标准如下。①

（1）智力发育正常。

（2）情绪稳定。

（3）能正确认识自己。

（4）有良好的人际关系。

（5）个性稳定、协调。

（6）热爱生活。

（7）心理活动与心理发展年龄特征相适宜。

1999 第四届中日专家“21 世纪儿童心理健康展望研讨会”上，近百名中国专家和近 40 名日本专家云集申城，展望了 21 世纪的儿童心理健康，就儿童的身心发展规律及需要，提出了几条心理健康的参考标准，具体如下。

（1）经常保持愉快心情，有幸福感。

（2）符合年龄特点的自我认知和社会认知。

（3）具有健全的人格，富有和谐的思想和习惯。

（4）恰当的自我控制，行为符合常规和年龄。

（5）能适应环境，热爱生活，乐于学习和工作。

（6）乐于交往，易相处，能得到社会的认可。

（7）身体健康，智力正常。

（8）能根据自身年龄特点循序渐进。

2000 年 10 月在“领先幼儿心理健康”会议上查理士·基纳（Charles Zeanah）和保罗·多尔·基纳（Paula Doyle Zeanah）提出，幼儿心理健康是指在生物学、人际关系、文化的相关环境中适当发展的幼儿的情绪和社会能力状态。

儿童在心理或行为方面出现的问题和障碍，大多属于发育过程中特有的现象，它们在

---

① 中国儿童青少年与心理健康网。

一定的发育阶段出现尚属正常，只有表现得过分突出或者在不适宜的阶段出现时，才被认为是异常的。国内外许多学者从不同的社会文化背景，研究立场、观点和方法出发对心理健康的标准做出了不尽相同的表述，可以归为以下四类。

1．生理学标准

此标准源于传统的医学领域，只指出了心理健康应该没有哪些不正常的表现，却没有指出应该具有哪些表现。此标准在临床医学和心理辅导中应用较广，可让当事人凭自己的经验来感觉或描述是否有以及有哪些不良体验；咨询者或辅导者依据临床经验来判定当事人是否有以及有哪些心理病理症状；对照权威机构的临床诊断标准来判断，如《中国精神疾病分类与诊断标准（CCMD-3）》《国际疾病分类（ICD-10）》《美国精神疾病诊断分类手册（DSM-IV4）》等。简言之，心理健康的生理学标准选用了精神医学临床诊断的工具。

2．统计学标准

此标准基于对一般群体的某些心理和行为特征或功能的测量和统计，认为心理的健康与不健康没有明显的界限，只是程度的差异。一个人的心理和行为特征或功能越是接近于普通人群的平均值，心理越健康；越是偏离平均值，则心理越不健康。这一标准在心理健康的评估中运用非常广泛。其优点在于它以数据资料为依据，具有客观性、可操作性和可比性，但是有许多心理问题的统计结果并不是常态分布的，也有一些测量工具本身不具备客观性或可以比较的常模，所以，仅依据统计学的定量标准判断心理健康情况是不准确的，还应结合实际情况进行定性分析。

3．社会适应标准

此标准认为心理健康是一个动态的概念，具有相对性，是一种积极的社会适应和健全的人格发展状态。它把心理健康描述为一种在现实生活中大多数人较难达到的理想状态，并作为人们进行心理辅导或心理卫生工作的目标。

4．主观经验标准

此标准体现了心理健康的主体感受性，认为心理健康与否依赖个体的自我感觉，即个体自己认为是否有心理困扰，是否需要得到支持和帮助。美国心理学家斯考特（Scott）认为，判断一个人是否异常，要看他是否体验到忧郁、不愉快等负面情绪，或是否不能自我控制某些行为而需要帮助，同时也要考虑别人认为他是否正常。

综上所述，对于心理健康的判断是多维的、综合的，因此，对心理健康的维护也必须从认知到行为多方面着手，使个体能善于自我平衡内在情绪，获得自我称赞和自我肯定，提高对周围环境中人、事、物的应对能力。

（二）学前儿童心理健康评价的指标

我们可以根据儿童心理健康的参考标准，将学前儿童心理健康的评价指标划分为动作、认知能力、情感与意志、社会性、生活习惯、语言六个方面。如果学前儿童这六个领域的发展情况得分能以相同间距呈现为一个正六边形，则表示幼儿心理发展处于健康状态（见

图 8-6)；若得到的是不规则多边形（见图 8-7），则学前儿童在心理发展的某些方面存在健康问题。

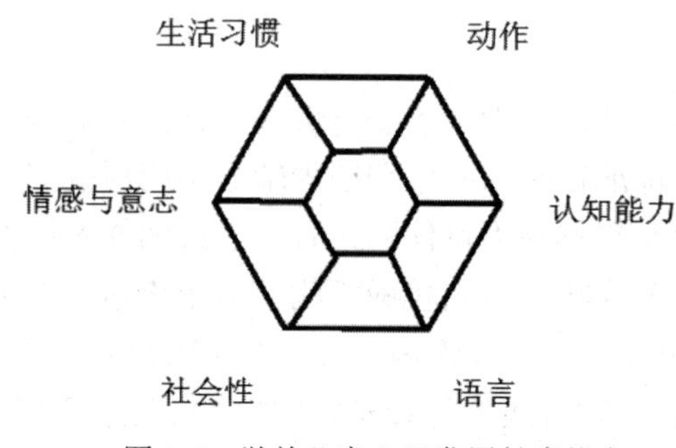

图 8-6　学前儿童心理发展健康状态

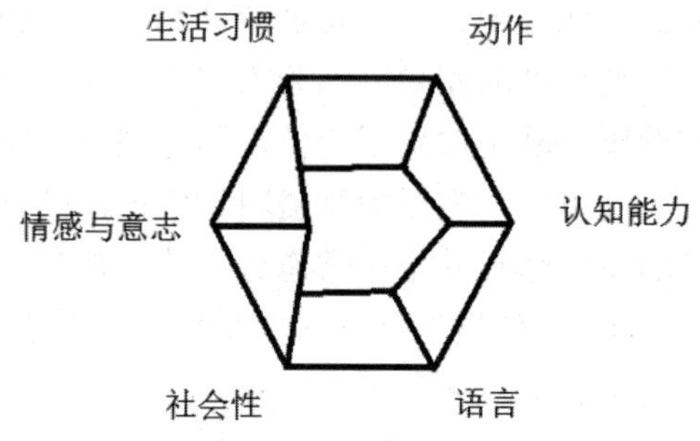

图 8-7　学前儿童心理发展不健康状态

根据有关调查的结果，幼儿常见的心理发展问题主要有偏智能型、活动型、依赖型、笨拙型、情感冷漠型等。

偏智能型幼儿的心理特点是认知能力强，专注、聪明、平和，不喜欢与他人一起游戏，缺少身体方面的活动。

活动型幼儿的心理特点是乐于与人交往，生活能力强，爱好广泛，但容易惹是生非。

依赖型幼儿的心理特点是娇气、任性，不会处理自己的日常生活事务。

笨拙型幼儿的心理特点是手脚不灵活，身体笨拙，缺少运动。

情感冷漠型幼儿的心理特点是表情冷漠，情绪低落，很少向他人甚至父母提出什么要求，这类孩子容易出现孤僻症。

二、学前儿童心理健康评价的实施

儿童心理行为发育评价可用谈话法、观察法、筛选检查评估法、诊断法、诊断性评估测验。与儿童的父母、带养者、老师等知情者或儿童本人进行晤谈，可了解儿童的行为表现特点、心理活动状况；在自然或实验条件下观察儿童活动，可评价儿童的行为特征；问卷法以儿童行为表现或心理症状作为项目构成问卷，由知情者评定或自己评定，可作为判断行为问题或其他行为特征的筛查工具；儿童保健工作还应关注儿童发育的不同功能，运用标准化的测量工具——儿童发育量表，评价儿童发育水平和发展潜力。

（一）谈话法

谈话法是对儿童进行心理发育评价时获取所需信息的一种简单而普遍运用的方法。谈话往往是从儿童心理发育问题（感性或者经验层面）出发，有明确的目的，围绕问题（主题）进行。谈话对象可以是儿童或者与儿童熟悉的人。谈话应选择有利于自然、轻松地开展谈话的时间和地点（如在家长接送孩子时或者在儿童自由游戏时）。由于影响学前儿童心理发育的因素有多方面，由此，谈话内容也可以是多方面的（如母亲妊娠期情况、家庭成员关系、同伴关系等），记录方式可以是客观实录（录像、录音），也可以是关键词笔录。

谈话法的运用要注意：确定谈话对象、谈话场所和谈话时间；制定不同的谈话提纲（以聊天等方式导入，围绕主题进行谈话；或者以直入主题式导入，围绕事先设计好的问题进行选择式的谈话）；记录谈话过程（可以通过录音、笔记等方式进行，强调记录的及时性和客观性）；根据谈话信息进行评价。

需要指出的是，由于谈话法所获信息的可信度有一定局限，因此只能为初步估计儿童心理发育的水平提供参考依据，也可以结合其他的评价方法，进行比较客观全面的评价。

（二）观察法

观察法是评价学前儿童心理发育状况的一个重要环节，为进一步评价学前儿童心理发育水平提供大量有价值的信息。观察也是从儿童心理发育问题出发，有明确的目的，在自然条件下对儿童进行观察。在观察过程中，应做好资料、信息的记录、整理和分析。常用的记录方式有客观实录（录像、录音）、等级记分和频数记分。

观察法的运用要注意：确定观察者、观察对象、观察场所和观察时间（由于观察法强调的是自然条件，因此尽量选择与儿童熟悉的人为观察者，如本班教师或家长；如果必须请与儿童尚未熟悉的人作为观察者，须经过一段时间的熟悉期，减少儿童由于紧张而表现出不自然的信息）；制定观察评定表（见表 8-7）；记录观察过程；根据观察信息进行评价。

表 8-7 康纳斯儿童行为问卷（教师观察评定表）

项 目	程 度				项 目	程 度			
	0	1	2	3		0	1	2	3
1. 扭动不停 2. 在不应出声的场合制造噪音 3. 提出要求必须立即得到满足					4. 动作粗鲁（唐突无礼） 5. 暴怒及不能预料的行为 6. 对批评过分敏感 7. 容易分心或注意力不集中成为问题				

续表

项目	程度				项目	程度			
	0	1	2	3		0	1	2	3
8. 妨害其他儿童					19. 缺少公平合理竞赛的意识				
9. 做白日梦					20. 好像缺乏领导能力				
10. 噘嘴和生气					21. 做事有始无终				
11. 情绪变化迅速和激烈					22. 稚气和不成熟				
12. 好争吵					23. 抵赖错误或归罪他人				
13. 能顺从权威					24. 不能与其他儿童相处				
14. 坐立不安，经常“忙碌”					25. 与同学不合作				
15. 易兴奋，易冲动					26. 在努力中容易泄气（灰心丧气）				
16. 过分要求教师的注意					27. 与教师不合作				
17. 好像不为集体所接受					28. 学习困难				
18. 好像容易被其他小孩领导									

注：
“程度”项的记分法：无，记0分；稍有，记1分；相当多，记2分；很多，记3分。

（三）筛选检查评估法

1. 发育筛查

目前，在我国得到广泛应用的儿童心理发育筛查表是丹佛发育筛查试验（DDST）及其修订试验（DDST-R）。DDST由四个分测验组成，即个人与社会行为、细动作与适应行为、语言和大运动等，在发育儿科学上把上述四个具有某一共同特征的能力称为能区。DDST四个能区反映的内容见表8-8。

表8-8　DDST内容与项目举例

能区	意义	项目举例
个人与社会行为	反映儿童对周围人的应答能力和日常生活自理能力	应答性微笑、开始认生、用杯子喝水、脱外衣、容易与母亲分开、会扣扣子
细动作与适应行为	反映儿童的精细运动能力和反映儿童对外界事物的分析和综合能力	视线跟踪、两手在一起、拇指与食指夹小丸、自发乱涂、模仿画垂直线、模仿搭桥
语言	反映儿童听觉、发声、理解和语言表达能力	对铃声有应答、学样发音、有意识地叫爸爸妈妈、说出姓名、理解介词、说反义词
大运动	反映儿童头的控制、坐、爬、站、走、跑、跳、单脚站立及身体平衡能力	俯卧抬头、翻身、自己坐、独站、倒退走、踢球、单脚跳、脚跟对着脚尖走

2. NYLS3～7 岁儿童气质问卷

气质是个性心理特点之一，美国儿童心理学家及精神病学家汤玛士（Thomas）和切斯（Chess）领导的研究小组通过著名的纽约纵向研究（New York Longitudinal Study，NYLS）提出儿童气质包括 9 个维度，即活动水平、节律性、趋避性、适应性、反应强度、情绪本质、坚持度、注意分散度、反应阈，并根据其中 5 个维度（节律性、趋避性、适应性、反应强度、情绪本质）将儿童分为：难养型气质、启动缓慢型气质、易养型气质，其余为中间型。1977 年 NYLS 小组设计了家长评定的 3～7 岁儿童气质问卷（Parent Temperament Questionnaire，PTQ）选定符合 9 个气质维度且能清楚、独立地代表儿童日常生活一般表现的 72 个条目。该问卷为其他儿童气质测查量表的发展奠定了基础，目前仍是测查 3～7 岁儿童气质的常用工具。

该问卷测查方法包括 72 条目，9 个维度，每个维度有 8 个条目。每个条目均在“从不”到“总是”7 个等级上对儿童的日常行为表现进行评定。一半条目为从 1～7 正记分，一半条目为 7～1 反记分，评分过程较为复杂，已设计为计算机软件处理。

气质类型的划分标准：

（1）难养型。节律性、趋避性、适应性、情绪本质中至少三个维度低于平均值；反应强度高于平均值；五个维度中至少两个维度偏离出一个标准差。

（2）易养型。如果反应强度高于平均值，则其他四个维度中最多有一个维度低于平均值；如果反应强度不高于平均值，则其他四个维度中最多有两个维度低于平均值；没有任何一个维度偏离出一个标准差。

（3）启动缓慢型。五个维度中至少三个维度得分低于平均值且趋避性或适应性有一个维度低于一个标准差；活动量得分不可高于二分之一个标准差；情绪本质得分不可低于一个标准差。

3. Achenbach 儿童行为筛查表

Achenbach 儿童行为量表（Child Behavior Check List，CBCL）是在众多的儿童行为量表中用得较多、内容较全面的一种（见表 8-9）。1970 年首先在美国使用，1983 年出版了使用手册（主要是针对家长用的表），1986 年及 1987 年又分别出版了针对教师用表及儿童自填表的使用手册。1988 年出版的使用手册里又加入适用于 2～3 岁儿童的行为量表及直接观察表（DOF）。我国在 1980 年初引进适用于 4～16 岁儿童及青少年的家长用表，在上海及其他城市做了较广泛的应用，并总结出了我国常模的初步数据。这一量表主要用于筛查儿童的社交能力和行为问题，共有五种表格，即家长填的、老师填的和智龄 10 岁以上儿童自己填的，其中家长填的使用经验最多。这里主要介绍家长用表，适用于 4～16 岁的儿童、青少年（作者后来推出的适用于 2～3 岁儿童的量表，内容大同小异，因使用经验尚少，此处从略），内容分三部分：

（1）一般项目。包括姓名、性别、年龄、出生日期、种族、填表日期、年级、父亲职业（工种）、母亲职业（工种）、填表人（父、母、其他）。

（2）社交能力。包括参加体育运动情况、课余爱好、参加集体（组织）情况、课余职业或劳动、交友情况、与家人及其他小孩相处情况、在校学习情况。

（3）行为问题。包括 113 条，其中 56 条包括 8 小项，113 条为“其他”。填表时按最近半年内的表现记分，例如，第 30 条“怕上学”，如果过去有，而最近半年内无此表现，则记 0 分。

表 8-9　CBCL 行为问题举例（部分）

项　目	评		分	项　目	评		分
1. 行为幼稚，与其年龄不符	0	1	2	31. 怕自己想坏念头或做坏事	0	1	2
2. 过敏性症状（填具体表现）	0	1	2	32. 觉得自己必须十全十美	0	1	2
3. 喜欢争论	0	1	2	33. 觉得或抱怨没有人喜欢自己	0	1	2
4. 哮喘病	0	1	2	34. 觉得别人存心作弄自己	0	1	2
5. 举动像异性	0	1	2	35. 觉得自己无用或有自卑感	0	1	2
6. 随地大便	0	1	2	36. 身体经常弄伤，容易出事故	0	1	2
7. 喜欢吹牛或自夸	0	1	2	37. 经常打架	0	1	2
8. 精神不集中，注意力不持久	0	1	2	38. 被人戏弄	0	1	2
9. 经常想某些事情，不能摆脱	0	1	2	39. 爱和出麻烦的儿童在一起	0	1	2
10. 坐立不安或活动过多	0	1	2	40. 听到某些不存在的声音（说明内容）	0	1	2

每项按最近 6 个月内的行为表现记分，明显有或经常有，记 2 分；有时有，记 1 分；无或很少有记 0 分。根据 118 项（112 项，加 56 题的另 6 项）在不同性别年龄组的行为表现，进行因子分析，得 4～5 岁、6～1 岁和 12～1 岁男女儿童组有不同的因子（行为症状群），每一因子冠以临床综合征名称，如躯体化诉述、分裂样症状、抑郁、社交退缩、攻击、违纪、多动等，并根据常模的划分评定儿童有无某项行为问题。

需要指出的是，CBCL 评定的儿童行为问题，仅为筛查性质；所赋予因子名，不代表临床相应的心理障碍。对筛查有明显的行为问题儿童，需要及时到当地的精神卫生中心进行诊治。

（四）诊断性评估测验

诊断性发育量表一类用于评估儿童最佳表现，如发育测验、智力测验和学业成就测验；还有一类用于评定儿童典型表现，如性格评定量表、兴趣评定量表、气质评定量表等。诊断性发育量表多是个体测验，部分是适用于年龄稍大学龄儿童的团体测验。测验结果用发育商数（简称“发育商”）（developmental quotient，DQ）、智力商数（简称“智商”）（intelligencequotient，IQ）表示。

诊断性发育量表必须由心理学专业训练或专门训练的人员施行，在技术上应严格按照标准步骤进行，注意人际交流技巧，要与被试者保持良好的关系；除向家长客观介绍测验结果外，必须对测验结果保密。

1. 盖塞尔发育量表

盖塞尔发育量表（Gesell Development Schedules，GDS）是最经典的儿童心理测验量表之一。GDS 测验内容包括适应性行为、大运动、精细运动、语言和个人—社会性行为 5 个方面，测查儿童神经发育功能的成熟程度和心理发育水平。GDS 适用于出生至 6 岁的儿童，根据儿童在 4 周以内、4 周、8 周、16 周、28 周、40 周、52 周、15 个月、18 个月、2 岁、3 岁、4 岁、5 岁、6 岁这 14 个关键年龄的发育状况，计算 DQ。

2. 贝利婴幼儿发育量表

贝利婴幼儿发育量表（Bayley Scale of Infant Development，BSID）是标准化程度最好的儿童发育测验之一，适用于 2～30 个月的婴幼儿。由心理量表、运动量表和行为记录 3 部分组成，其中心理量表测查儿童感知觉的准确性、语言功能、记忆和简单的解决问题的能力。运动量表由大运作和精细运动项目组成，国内有原湖南医科大学精神卫生研究所修订本（长沙地区的常模）。

3. Peabody 图片词汇测验

Peabody 图片词汇测验（Peabody Picture Vocabulary Test，PPVT）适用于 2～18 岁儿童和青少年。由 175 张图片组成，每张图片有 4 幅画，当主试读一词，被试即指出相应的图片。PPVT 所需时间短，不用操作和言语，可用于特殊儿童。测验成绩与标准的智力测验所测定的智商高度相关。国内有上海新华医院的修订本。

4. 韦氏学龄前与学龄初期智力量表和韦氏儿童智力量表

韦氏学龄前与学龄初期智力量表和韦氏儿童智力量表英文全称分别为 Wechsler Preschool and Primary Scale of Intelligence（WPPSI）和 Wechsler Intelligence Scale for Children（WSIC），前者适用于 4～6.5 岁儿童，后者适用于 6～16 岁儿童及青少年。这两套智力量表结构相同，即都由言语分量表和操作分量表组成，每个分量表由 5～6 个分测验组成（如 WPPSI 言语分测验由常识、词汇、算术、理解、背诵、类同测验组成；操作分测验由动物房、图画补缺、迷津、几何图形、木块图案测验组成），可以评定学龄前和学龄儿童总智商、言语智商、操作智商，分析不同分测验的量表分，比较言语智商和操作智商的差异。WPPSI 国内有原湖南医科大学精神卫生研究所的修订本，WISC 分别有北京师范大学等单位的修订本及原湖南医科大学精神卫生研究所的修订本。

相关链接

NYLS3～7岁儿童气质问卷

以下一些题目反映你的小孩每天在不同情况下对身体内在或外来刺激反应的方式或行为表现。这些反应没有好、坏的分别，每题都以从不、非常少、偶尔有一次、有时、时常、经常是、总是七种尺度来衡量，请根据孩子最近一年内的行为表现，在与他同龄的其他孩子比较后做出适合的选择。（1. 从不；2. 非常少；3. 偶尔有；4. 有时；5. 时常；6. 经常；7. 总是）

1. 洗澡时，把水泼得到处都是，玩得很开心。 1 2 3 4 5 6 7
2. 和其他小孩子在一起玩时，显得很高兴。 1 2 3 4 5 6 7
3. 嗅觉灵敏，对一点点不好闻的味道也能很快感觉到。 1 2 3 4 5 6 7
4. 对陌生的大人会感到害羞。 1 2 3 4 5 6 7
5. 做一件事时，例如画图、拼图、做模型等，不论花多少时间，一定要做完才肯罢休。 1 2 3 4 5 6 7
6. 每天定时大便。 1 2 3 4 5 6 7
7. 以前不喜欢吃的东西，现在愿意吃。 1 2 3 4 5 6 7
8. 对食物的喜好反应很明显，喜欢的很喜欢，不喜欢的很不喜欢。 1 2 3 4 5 6 7
9. 心情不好时，可以很容易地用笑话逗他开心。 1 2 3 4 5 6 7
10. 遇到陌生的小朋友时，会感到害羞。 1 2 3 4 5 6 7
11. 不在乎很大的声音，例如，其他人都抱怨电视机或飞机的声音太大时，他好像不在乎。 1 2 3 4 5 6 7
12. 如果不准他穿他自己选择的衣服，他很快就能接受妈妈要他穿的衣服。 1 2 3 4 5 6 7
13. 每天要定时吃点心。 1 2 3 4 5 6 7
14. 当谈到一些当天所发生的事情时，就显得兴高采烈。 1 2 3 4 5 6 7
15. 到别人家里，只要去过两三次后，就会很自在。 1 2 3 4 5 6 7
16. 做事不顺利时，会把东西摔在地上，大哭大闹。 1 2 3 4 5 6 7
17. 逛街时，他很容易接受大人用别的东西取代他想要的玩具或糖果。 1 2 3 4 5 6 7
18. 不论在室内或室外活动，他常跑而不是走。 1 2 3 4 5 6 7

19. 喜欢和大人上街买东西（例如上市场或百货公司或超级市场）。　1　2　3　4　5　6　7

20. 每天上床后，差不多一定时间内就会睡着。　1　2　3　4　5　6　7

21. 喜欢尝试新的食物。　1　2　3　4　5　6　7

22. 当妈妈很忙，无法陪他时，他会走开去做别的事，而不会一直缠着妈妈。　1　2　3　4　5　6　7

23. 会很快注意到各种不同的颜色（例如会指出哪些颜色不好看）。　1　2　3　4　5　6　7

24. 在游乐场玩时，很活跃，定不下来，会不断地跑，爬上爬下，或扭动身体。　1　2　3　4　5　6　7

25. 如果他拒绝某些事，例如理发、梳头、洗头等，经过几个月后，他仍会表示抗拒。　1　2　3　4　5　6　7

26. 当他在玩一样喜欢的玩具时，对突然的声音或身旁他人的活动不太注意，顶多只是抬头看一眼而已。　1　2　3　4　5　6　7

27. 玩得正高兴被带开时，他只轻微地抗议，哼几声就算了。　1　2　3　4　5　6　7

28. 经常提醒父母答应他的事（例如什么时候带他去那里玩等）。　1　2　3　4　5　6　7

29. 和别的小孩一起玩时，会不友善地和他们争论。　1　2　3　4　5　6　7

30. 到公园或别人家玩时，会去找陌生的小朋友玩。　1　2　3　4　5　6　7

31. 晚上的睡眠时数不一定，时多时少。　1　2　3　4　5　6　7

32. 对食物的冷热不在乎。　1　2　3　4　5　6　7

33. 对陌生的大人，如果感到害羞的话，很快（约半小时之内）就能克服。　1　2　3　4　5　6　7

34. 会安静地坐着听人家唱歌，或听人家读书，或听人家说故事，人家唱歌、读书、说故事时，他会安静地坐着。　1　2　3　4　5　6　7

35. 当父母责骂他时，他只有轻微的反应，例如，只是小声地哭或抱怨，而不会大哭大叫。　1　2　3　4　5　6　7

36. 生气时，很难转移他的注意力。　1　2　3　4　5　6　7

37. 学习一项新的体能活动时（例如溜冰、骑脚踏车、跳绳子等），他肯花很多的时间练习。　1　2　3　4　5　6　7

38. 每天肚子饿的时间不一定。　1　2　3　4　5　6　7

39. 对光线明暗的改变相当敏感。　1　2　3　4　5　6　7

40．和父母在外过夜时，在别人的床上不易入睡，甚至持续几个晚上还是那样。	1	2	3	4	5	6	7
41．盼望去上托儿所、幼儿园或小学。	1	2	3	4	5	6	7
42．和家人去旅行时，很快就能适应新环境。	1	2	3	4	5	6	7
43．和家人一起上街买东西时，如果父母不给他买他要的东西（例如糖果、玩具或衣服），便会大哭大闹。	1	2	3	4	5	6	7
44．烦恼时，很难抚慰他。	1	2	3	4	5	6	7
45．天气不好必须留在家里时，会到处跑来跑去，对安静的活动不感兴趣。	1	2	3	4	5	6	7
46．对来访的陌生人，会立刻友善地打招呼或接近。	1	2	3	4	5	6	7
47．每天食量不定，有时吃得多，有时吃得少。	1	2	3	4	5	6	7
48．玩一样玩具或做游戏时，碰到困难就会很快换别的活动。	1	2	3	4	5	6	7
49．不在乎室内、室外的温度差异。	1	2	3	4	5	6	7
50．如果他喜欢的玩具坏了或游戏被中断了，他会显得不高兴。	1	2	3	4	5	6	7
51．在新环境中（例如托儿所、幼儿园或小学），两三天后仍无法适应。	1	2	3	4	5	6	7
52．虽然不喜欢某些事，例如剪指甲、梳头等，但是一边看电视或一边逗他时，他可以接受这些事。	1	2	3	4	5	6	7
53．能够安静地坐下来看完整的儿童影片、球赛、电视长片等。	1	2	3	4	5	6	7
54．不喜欢穿某件衣服时，会大吵大闹。	1	2	3	4	5	6	7
55．周末或假日的早上，他仍像平常一样按时起床。	1	2	3	4	5	6	7
56．当事情进行得不顺利时，他会向父母抱怨别的小朋友（说其他小孩的不是）。	1	2	3	4	5	6	7
57．对衣服太紧、刺人或不舒服相当敏感，并且会抱怨。	1	2	3	4	5	6	7
58．他在生气或懊恼时很快就会过去。	1	2	3	4	5	6	7
59．日常活动有所改变时（例如因故不能去上学或每天固定的活动改变）很容易就能适应。	1	2	3	4	5	6	7
60．到户外（公园或游乐场）活动时，他会静静地自己玩。	1	2	3	4	5	6	7
61．玩具被抢时，会稍加抱怨。	1	2	3	4	5	6	7

62. 第一次到妈妈不在的新环境中（例如学校、幼儿园、音乐班）时，会烦躁不安。	1	2	3	4	5	6	7
63. 开始玩一样东西时，很难转移他的注意力使他停下。	1	2	3	4	5	6	7
64. 喜欢做些较安静的活动，例如劳作、看书、看电视。	1	2	3	4	5	6	7
65. 玩游戏输时，很容易懊恼。	1	2	3	4	5	6	7
66. 宁愿穿旧衣服，而不喜欢穿新衣服。	1	2	3	4	5	6	7
67. 身体弄脏或弄湿时，并不在乎。	1	2	3	4	5	6	7
68. 对于和自己家里不同的生活习惯很难适应。	1	2	3	4	5	6	7
69. 对于每天所遭遇的事情，反应不强烈。	1	2	3	4	5	6	7
70. 吃饭的时间延迟一小时或一小时以上也不在乎。	1	2	3	4	5	6	7
71. 烦恼时，他做别的事，可以忘记烦恼。	1	2	3	4	5	6	7
72. 做事时，虽然给他一些建议或协助，他仍然依照自己的意思做。	1	2	3	4	5	6	7

第四节 学前儿童体育活动评价

学前儿童体育是学前儿童全面和谐发展教育的一个有机组成部分，也是学前儿童健康教育的重要内容之一。对于学前儿童体育活动的评价，总的来说，应该综合参考幼儿园集体教学活动、区域活动及儿童在游戏活动中的评价，即首先要关注学前儿童的学习过程，强调教学内容与儿童生活的联系，倡导主动、合作、探究的学习方式，重视儿童的健康行为及健康价值观念的形成。

科学、适宜于学前儿童的体育活动，对于学前儿童提高身体素质、将来更好地适应社会生活等，都具有重要的促进作用和深远意义。

一、学前儿童体育活动评价的指标与标准

对于学前儿童体育活动的评价，一方面，需要从幼儿园集体教学活动的评价的整体角度，从活动目标、活动内容、教学手段和方法、教学结构、幼儿参与情况及学习效果等几个方面进行评价；另一方面，也需要聚焦到体育活动本身，从活动条件、幼儿活动及教师指导等方面进行评价（见表 8-10）。

表 8-10　幼儿园体育活动质量评价指标

一级指标	二级指标	三级指标
活动条件	活动材料	① 材料丰富多样 ② 材料能适应幼儿能力的特殊需要 ③ 材料灵活，可根据幼儿需要进行组合

续表

一级指标	二级指标	三级指标
幼儿活动	活动状态	① 对活动有浓厚兴趣 ② 情绪饱满和稳定 ③ 积极主动参与体育活动
	行为习惯	① 遵守体育活动的有关秩序，活动常规好 ② 纪律性强，互相合作，共同游戏 ③ 有一定的坚持性，不怕困难
	动作发展	① 能较好地完成适合各年龄阶段的各项基本动作 ② 动作较准确，协调性好 ③ 在活动中表现出动作的灵活性与敏捷性
	运动能力	① 走、跑、跳达标 ② 平衡、攀爬、钻达标 ③ 投掷或拍球达标
教师指导	创造条件	① 熟悉并合理选择、安排、调整各活动场地与器械 ② 把握好活动时间 ③ 制作和提供有效活动材料
	活动设计	① 目标定位准确，有针对性和层次性 ② 各运动项目、活动内容的选择与安排适中合理 ③ 教学方法灵活多样，具体措施清晰明了
	组织能力	① 激发幼儿兴趣，引导幼儿主动参与活动 ② 以语言、动作等做适当的指导，鼓励幼儿运用材料探究多样化玩法 ③ 掌握运动量，运动的强度、密度，相对的动静搭配好
	保健安全	① 建立必要的体育活动常规，并坚持执行 ② 根据季节、气候、运动器械及具体情况，注意安全与卫生保健的配合 ③ 在指导全体幼儿的同时做好个别幼儿的照顾工作

二、学前儿童体育活动评价的实施

（一）体育活动中练习密度的测定方法

（1）用秒表计时。在儿童开始进行动作练习时，启动秒表，动作练习结束时停表，将此时间计为一次练习时间。

（2）将每次练习的时间累积相加，计算出一次活动中练习的总时间，再根据本次活动总时间，计算出儿童实际练习时间所占的比重，即

练习密度=练习总时间/活动总时间×100%

（3）将每次测定的时间填写在记录表中，便于活动后进一步统计（见表 8-11）。

表 8-11　幼儿园体育活动练习密度测定表

<table>
<tr><td>幼儿姓名</td><td></td><td>性别</td><td></td><td>年龄</td><td></td><td>测定
时间</td><td></td><td>教师</td><td></td></tr>
<tr><td>活动过程</td><td>时间</td><td colspan="2">练习（动作）内容</td><td>练习数量</td><td>练习时间</td><td>百分比</td><td colspan="3">备注</td></tr>
<tr><td></td><td></td><td colspan="2" rowspan="8"></td><td></td><td></td><td></td><td colspan="3" rowspan="8"></td></tr>
<tr><td></td><td></td><td></td><td></td><td></td></tr>
<tr><td></td><td></td><td></td><td></td><td></td></tr>
<tr><td></td><td></td><td></td><td></td><td></td></tr>
<tr><td></td><td></td><td></td><td></td><td></td></tr>
<tr><td></td><td></td><td></td><td></td><td></td></tr>
<tr><td></td><td></td><td></td><td></td><td></td></tr>
<tr><td></td><td></td><td></td><td></td><td></td></tr>
<tr><td>总计</td><td></td><td colspan="2"></td><td></td><td></td><td></td><td colspan="3"></td></tr>
<tr><td colspan="10">测定者：__________</td></tr>
</table>

一般体育活动的练习密度要求在 50%～70%，强度不要太大。通过测定可以分析体育活动的练习密度是否适当，安排是否合理，实施过程中是否浪费了时间，等等。这为进一步改进、提高活动质量提供了科学的依据（见表 8-12）。

表 8-12　学前儿童基本体育活动能力指标测查的均值统计表

<table>
<tr><td colspan="2"></td><td colspan="14">年龄/岁</td></tr>
<tr><td colspan="2" rowspan="2">测 查 项 目</td><td colspan="2">3</td><td colspan="2">3.5</td><td colspan="2">4</td><td colspan="2">4.5</td><td colspan="2">5</td><td colspan="2">5.5</td><td colspan="2">6</td></tr>
<tr><td>男</td><td>女</td><td>男</td><td>女</td><td>男</td><td>女</td><td>男</td><td>女</td><td>男</td><td>女</td><td>男</td><td>女</td><td>男</td><td>女</td></tr>
<tr><td colspan="2">坐位体前屈/厘米</td><td></td><td></td><td></td><td></td><td></td><td></td><td></td><td></td><td></td><td></td><td></td><td></td><td></td><td></td></tr>
<tr><td colspan="2">立定跳远/厘米</td><td></td><td></td><td></td><td></td><td></td><td></td><td></td><td></td><td></td><td></td><td></td><td></td><td></td><td></td></tr>
<tr><td rowspan="2">沙包掷远/厘米</td><td>左手</td><td></td><td></td><td></td><td></td><td></td><td></td><td></td><td></td><td></td><td></td><td></td><td></td><td></td><td></td></tr>
<tr><td>右手</td><td></td><td></td><td></td><td></td><td></td><td></td><td></td><td></td><td></td><td></td><td></td><td></td><td></td><td></td></tr>
<tr><td colspan="2">20 米快跑/秒</td><td></td><td></td><td></td><td></td><td></td><td></td><td></td><td></td><td></td><td></td><td></td><td></td><td></td><td></td></tr>
<tr><td rowspan="2">单脚站立/秒</td><td>左脚</td><td></td><td></td><td></td><td></td><td></td><td></td><td></td><td></td><td></td><td></td><td></td><td></td><td></td><td></td></tr>
<tr><td>右脚</td><td></td><td></td><td></td><td></td><td></td><td></td><td></td><td></td><td></td><td></td><td></td><td></td><td></td><td></td></tr>
<tr><td colspan="2">各年龄组参加人数/人</td><td></td><td></td><td></td><td></td><td></td><td></td><td></td><td></td><td></td><td></td><td></td><td></td><td></td><td></td></tr>
</table>

续表

测查项目			年龄/岁													
			3		3.5		4		4.5		5		5.5		6	
			男	女	男	女	男	女	男	女	男	女	男	女	男	女
跑前心率（次/分）																
跑后心率（次/分）																
恢复时间	第一分钟	人数														
		%														
	第二分钟	人数														
		%														
	第三分钟	人数														
		%														
	第四分钟	人数														
		%														
	第五分钟	人数														
		%														
	五分钟以上	人数														
		%														

（二）生理负荷的测定方法

生理负荷的测定一般采用脉搏测定法。有条件的幼儿园可以采用遥测心率机或显示仪进行测定。具体测定步骤与方法如下。

（1）选择测定对象。一般选择中等发展水平的男女儿童各一名，最好与选择测定练习密度的儿童相一致。如果条件允许，可以选择身体发展水平不同的几名儿童同时进行测定，以使最后所得的结论更科学、更可靠。

（2）准备好记录表格、工具和秒表；安排好测定人员分工。

（3）测定安静时心率（脉搏）。一般可在活动前5分钟进行。

（4）采用定时测定（2～3分钟或更短的时间）和练习前后测定相结合的方法进行测定，以练习前、后测定为主，定时测定为辅。

（5）活动后定时测定恢复心率。

（6）每次通常只测10秒的心率次数，将此数值乘以6，即为1分钟的心率次数。

测定时尽可能不影响儿童练习。测定过程中，随时填写测定记录表格（见表8-13）；活动后及时进行统计，并将每次测定所得数据绘制成心率变化曲线图（如图8-8所示），以便形象地表示出活动中心率变化的情况。

表 8-13　幼儿园体育活动心率测定表

幼儿姓名		性别		年龄		测定时间		教师		备注	
活动过程	时间	练习内容					心率次数	幼儿表现（情绪、动作等）			
安静心率/（次/分）		平均心率/（次/分）		标准差		最高心率/（次/分）		最低心率/（次/分）			

测定人：________　填表人：________

幼儿园			年龄班				幼儿姓名				性别			年龄			
测定时间			气候				上课教师				测定者						
200																	
190																	
180																	
170																	
160																	
150																	
140																	
130																	
120																	
110																	
100																	
90																	
80																	
70																	
时间（分）	2	4	6	8	10	12	14	16	18	20	22	24	26	28	30	32	34
活动内容																	

图 8-8　学前儿童心率变化曲线图

对体育活动中生理负荷和心理负荷的测定，也可以采用观察法，其判断指标（如表 8-12 所示）。

（三）区域体育活动的评价及方法

日常区域体育活动，可以从活动目标、活动条件、活动的指导与控制、活动气氛等方面进行评价（见表 8-14）。①

表 8-14　区域体育活动评价表

<table>
<tr><td>班级</td><td colspan="2"></td><td colspan="2">教师</td><td colspan="2"></td></tr>
<tr><td>活动名称</td><td colspan="2"></td><td colspan="4">符合程度</td></tr>
<tr><td>评价项目</td><td colspan="2">评价要点</td><td colspan="2">基本符合</td><td colspan="2">基本不符合</td></tr>
<tr><td rowspan="2">活动目标</td><td colspan="2">*（1）目标全面性与针对性</td><td colspan="2"></td><td colspan="2"></td></tr>
<tr><td colspan="2">（2）可操作的程度</td><td colspan="2"></td><td colspan="2"></td></tr>
<tr><td rowspan="2">活动条件</td><td colspan="2">（3）活动环境创设</td><td colspan="2"></td><td colspan="2"></td></tr>
<tr><td colspan="2">*（4）活动资源的处理</td><td colspan="2"></td><td colspan="2"></td></tr>
<tr><td rowspan="2">活动的指导与调控</td><td colspan="2">*（5）活动指导的范围和有效程度</td><td colspan="2"></td><td colspan="2"></td></tr>
<tr><td colspan="2">（6）活动过程调控的有效程度</td><td colspan="2"></td><td colspan="2"></td></tr>
<tr><td rowspan="2">幼儿活动</td><td colspan="2">（7）幼儿参与活动的态度</td><td colspan="2"></td><td colspan="2"></td></tr>
<tr><td colspan="2">*（8）幼儿参与活动的广度</td><td colspan="2"></td><td colspan="2"></td></tr>
<tr><td rowspan="2">活动气氛</td><td colspan="2">（9）幼儿参与活动的深度</td><td colspan="2"></td><td colspan="2"></td></tr>
<tr><td colspan="2">*（10）活动气氛的宽松程度</td><td colspan="2"></td><td colspan="2"></td></tr>
<tr><td rowspan="4">活动效果</td><td colspan="2">（11）活动气氛的融洽程度</td><td colspan="2"></td><td colspan="2"></td></tr>
<tr><td colspan="2">*（12）目标达成度</td><td colspan="2"></td><td colspan="2"></td></tr>
<tr><td colspan="2">（13）解决问题的灵活性</td><td colspan="2"></td><td colspan="2"></td></tr>
<tr><td colspan="2">（14）教师、幼儿的精神状态</td><td colspan="2"></td><td colspan="2"></td></tr>
<tr><td>其他</td><td colspan="2"></td><td colspan="2"></td><td colspan="2"></td></tr>
<tr><td>活动特色</td><td colspan="6"></td></tr>
<tr><td rowspan="2">评价等级</td><td>A</td><td colspan="2">B</td><td colspan="2">C</td><td>D</td></tr>
<tr><td></td><td colspan="2"></td><td colspan="2"></td><td></td></tr>
<tr><td>评语说明</td><td colspan="6">A 级=6 个 * 指标+7 个指标为基本符合
B 级=6 个 * 指标+6 个指标为基本符合
C 级=6 个 * 指标+3 个指标为基本符合
D 级=6 个 * 指标中有指标为基本不符合</td></tr>
<tr><td>备注</td><td colspan="6">1．本评价方案中区域活动评价指标共设有 6 个评价项目、14 个评价要点。
2．“评价项目”是从影响区域体育活动质量的基本要素出发的。
3．“评价要点”列出了对各个项目进行评价的主要内容。
4．“ * ”标示的是衡量区域体育活动最基本的评价要点。
5．“其他”是留给评价者列出自己认为所需要补充的评价项目和要点。
6．“活动特色”主要有两个方面的特征：一是教师在某些方面具有独创性；二是活动效果突出。
7．“符合程度”是根据特征描述，对活动与评价要点是否符合所做的判断，包括两个等级，“基本符合”和“基本不符合”</td></tr>
</table>

评价要点的特征描述如表 8-15 所示。

① 顾荣芳，薛菁华．幼儿园健康教育[M]．北京：人民教育出版社，2004.

表 8-15　评价要点的特征描述

评价项目	评价要点	评价要点的特征描述
活动目标	*（1）目标全面性与针对性	目标全面，包括认知、技能、情感态度等方面；目标与幼儿的心理特征、认知和运动水平相适应，关注幼儿的差异
活动条件	（2）可操作的程度	活动目标明确、具体
	（3）活动环境创设	有利于幼儿身心健康，有利于活动目标的实现
	*（4）活动资源的处理	活动内容的选择和处理科学，活动所需要的相关材料充足，指导手段恰当
活动的指导与调控	*（5）活动指导的范围和有效程度	为每个幼儿提供平等参与的机会，对幼儿的活动进行有针对性的指导。 根据活动方式创设恰当的问题情景，及时采用积极、多样的评价方式。 教师的语言准确，有激励性和启发性
幼儿活动	（6）活动过程调控的有效程度	能够根据反馈信息对活动进程、难度进行适当调整。 合理处理临时出现的各种情况
	（7）幼儿参与活动的态度	对问题情景关注。 参与活动积极主动
	*（8）幼儿参与活动的广度	幼儿参与活动的人数较多。 幼儿参与活动的方式多样。 幼儿与活动的时间充分
	（9）幼儿参与活动的深度	能提出问题或能发表个人见解。 能创造性地活动。 能够倾听、协作、分享
活动气氛	*（10）活动气氛的宽松程度	幼儿的人格受到尊重。 幼儿的讨论和探索得到鼓励。 幼儿的困难得到关注。 幼儿活动进程张弛有度
	（11）活动气氛的融洽程度	师幼、幼儿之间交流平等、积极
活动效果	*（12）目标达成度	基本实现活动目标。 多数幼儿能够完成活动任务。 每个幼儿都有不同程度的收获
	（13）解决问题的灵活性	有些幼儿能灵活解决活动中的问题
	（14）教师、幼儿的精神状态	教师情绪饱满、热情。 幼儿体验到活动中成功的愉悦。 幼儿有进一步活动的愿望
其他		

本评价方案采用模糊评价的方法。若是一人评活动，可以根据活动实况，按评定标准给出恰当的等级；若是多人评活动，则可采用多数定等法，即以多数评价者确定的等级为结果，或者通过集体讨论和评议确定等级。

本章节侧重对知识点的学以致用，要达到的目的是：熟悉和掌握学前儿童健康评价的方法，能根据学前儿童健康教育评价的不同内容选择不同的评价方法；把握好大中小年龄阶段学前儿童的心理健康特点，对各年龄段学前儿童进行正确评价，并分析其健康状况，进而能对幼儿园健康教育的各类形式的活动开展评价。

在线测试

1．美国心理学家在1970年编制，用于测查4～16岁儿童的社会能力和行为问题的量表是（　　）。

A．Achenbach儿童行为量表

B．Conners儿童行为问卷

C．NYLS 3～7岁儿童气质问卷

D．儿童社交焦虑量表（SASC）

2．筛查儿童行为问题用得最广泛的量表是（　　）。

A．Achenbach儿童行为量表

B．Conners儿童行为问卷

C．NYLS 3～7岁儿童气质问卷

D．儿童社交焦虑量表（SASC）

3．由Schoplen编制，由15项内容组成，由检者使用的评定量表是（　　）。

A．Achenbach儿童行为量表

B．儿童孤独症家长评定量表

C．儿童孤独症评定量表

D．儿童社交焦虑量表（SASC）

4．采用指数法测量学前儿童的“智力年龄”，智力年龄的英文简称是（　　）。

A．EQ　　B．CQ　　C．QQ　　D．IQ

5．中国肥胖问题工作推荐的BMI超重和肥胖标准中的BMI值是按（　　）的所得。

A．体重/身高　　B．体重/身高的平方

C．体重的平方/身高　　D．体重的平方/身高的平方

6．以下哪项不属于儿童身体生长发育的评价（　　）。

A．发育水平　　B．发育速度　　C．发育匀称程度　　D．发育标准

7．以下哪些不属于学前儿童健康教育评价的原则（　　）。

A．时效性　　B．主观性　　C．方法多样化　　D．评价与指导相结合

8．学前儿童健康教育的评价方法按评价的功能及运行的时间分类，可分为（　　）。

A．相对评价和绝对评价

B．诊断性评价、形成性评价和总结性评价

C．单项评价和综合评价

D．自我评价和他人评价

9．用于评价学前儿童个体发育的指标主要有（　　）。（多选）

A．体质指数　　B．百分比法

C．Kaup指数　　D．中位数法

10．以下属于学前儿童生理发展评价范畴的是（　　）。（多选）

A．生长发育　　B．体质

C．动作　　D．自护力

真题训练

评价幼儿生长发育最重要的指标是（　　）。（2015 年下）

A．体重和头围　B．头围和胸围　C．身高和胸围　D．身高和体重

本章拓展阅读

50项智能筛查量表

50 项智能筛查量表是一种测验儿童综合性能力的筛查工具，也可作为儿童入学资格测验，原为美国儿科学会（AAP）编制的“入学准备试验”，适用于 4～10 岁儿童。20 世纪 80 年代初由我国儿科学工作者做了修订，适用于 4～7 岁儿童。

（1）量表结构：50 项智能量表由回答问题及操作两大类共 50 个项目组成，内容包括 6 个方面。

（2）结果分析：每项回答错误或不通过，记 0 分；回答正确或通过，记 1 分。原量表给出各年龄组异常及可疑的分数范围，我国修订后以智商（IQ）表示，根据离差概念对结果定性，即 IQ＜70 为低智能，70≤IQ＜84 为中下智能，85≤IQ＜114 为中等智能，114≤IQ＜129 为中上智能，IQ≥129 为高智能。

0～6岁儿童智能发育筛查测验

0～6 岁儿童智能发育筛查测验是根据我国国情和儿童发育特点而编制的智能发育筛查方法，由原上海医科大学儿科医院研制，全国六家单位协作完成了全国城市常模的制定。经局部试用和信度、效度研究发现，该测验有较好信度和效度，可在全国推广应用。

（1）测验的结构：该测验由 120 个项目组成，采用运动、社会适应和智力三个分测验以语言和操作作为反映儿童智力的内容。在项目编排上，以 1∶1∶2 分属于 0～96 个月、30 个年龄组，克服了 DDST 对 4 岁以上儿童筛查项目不足的缺点。

（2）结果分析：以每通过 1 题记原始分为 1 分，分别计算三个分测验原始分，总和为原始总分。原始总分及智力分测验的原始分可转换为发育商（DQ）和智力指数（MI），定性、定量地反映儿童发育状况。

绘人试验

绘人试验（Drawing-a-person Test）于20世纪20年代由古德诺（Goodenough）予以标准化，是最简单的智力筛查试验，无须语言表达，适用于各种不同语言背景的儿童，仅需1张27cm×21cm大小的白纸，1支铅笔，1块橡皮。首都儿科研究所修订本根据改进的日本小林重雄50分评分法，适用于5～12岁儿童。根据儿童所画人像的完整性、协调性和各部位的组合，对50项内容进行评分，粗分转换成智商，可反映儿童视觉、听觉、动作协调、思维、理解记忆、空间能力等方面的能力。

难养型：

1．节律性、趋避性、适应性、情绪本质至少三项低于平均值；

2．反应强度高于平均值；

3．五项中至少两项偏离出一个标准差。

易养型：

1．如果反应强度高于平均值，则其他四项中最多有一项低于平均值；

2．如果反应强度不高于平均值，则其他四项中最多有两项低于平均值；

3．没有任何一项偏离出一个标准差。

启动缓慢型：

1．五项中至少三项得分低于平均值且趋避性或适应性有一项低于一个标准差；

2．活动量得分不可高于二分之一个标准差；

3．情绪本质得分不可低于一个标准差。

（资料来源：艾桃桃．学前儿童健康教育[M]．长春：东北师范大学出版社，2018.）

学习评价与反思

____

____

____

____

参考文献

[1] 张首文，文岩．学前儿童健康教育[M]．北京：清华大学出版社，2015．

[2] 王娟．学前儿童健康教育[M]．上海：复旦大学出版社，2016．

[3] 杨飞龙．幼儿园健康教育活动设计与指导[M]．长春：东北师范大学出版社，2015．

[4] 黄世勋．幼儿国体育活动指导[M]．北京：教育科学出版社，1999．

[5] 刘馨．幼儿园体育活动设计与指导[M]．北京：北京师范大学出版社，2004．

[6] 全国幼儿园教材编写组．体育[M]．北京：人民教育出版社 1982．

[7] 王占春．幼儿体育教学法[M]．北京：人民教育出版社 1986．

[8] 邓静云，张佩斌，胡幼芳．北京：婴儿的卫生与保健[M]．北京：中国人口出版社，2003．

[9] 区慕洁．婴儿的发育与营养[M]．北京：中国人口出版社，2003．

[10] 陈幅眉．学前儿童发展与教育评价手册[M]．北京：北京师范大学出版社，1994．

[11] 冯晓霞．幼儿园课程[M]．北京：北京师范大学出版社，2000．

[12] 叶平枝．幼儿园健康领域教育精要：关键经验与活动指导[M]．北京：教育科学出版社，2015．

附录A 国务院关于当前发展学前教育的若干意见

国发〔2010〕41号

各省、自治区、直辖市人民政府，国务院各部委、各直属机构：

为贯彻落实党的十七届五中全会、全国教育工作会议精神和《国家中长期教育改革和发展规划纲要（2010—2020年）》，积极发展学前教育，着力解决当前存在的“入园难”问题，满足适龄儿童入园需求，促进学前教育事业科学发展，现提出如下意见。

一、把发展学前教育摆在更加重要的位置。学前教育是终身学习的开端，是国民教育体系的重要组成部分，是重要的社会公益事业。改革开放特别是新世纪以来，我国学前教育取得长足发展，普及程度逐步提高。但总体上看，学前教育仍是各级各类教育中的薄弱环节，主要表现为教育资源短缺、投入不足，师资队伍不健全，体制机制不完善，城乡区域发展不平衡，一些地方“入园难”问题突出。办好学前教育，关系亿万儿童的健康成长，关系千家万户的切身利益，关系国家和民族的未来。

发展学前教育，必须坚持公益性和普惠性，努力构建覆盖城乡、布局合理的学前教育公共服务体系，保障适龄儿童接受基本的、有质量的学前教育；必须坚持政府主导，社会参与，公办民办并举，落实各级政府责任，充分调动各方面积极性；必须坚持改革创新，着力破除制约学前教育科学发展的体制机制障碍；必须坚持因地制宜，从实际出发，为幼儿和家长提供方便就近、灵活多样、多种层次的学前教育服务；必须坚持科学育儿，遵循幼儿身心发展规律，促进幼儿健康快乐成长。

各级政府要充分认识发展学前教育的重要性和紧迫性，将大力发展学前教育作为贯彻落实教育规划纲要的突破口，作为推动教育事业科学发展的重要任务，作为建设社会主义和谐社会的重大民生工程，纳入政府工作重要议事日程，切实抓紧抓好。

二、多种形式扩大学前教育资源。大力发展公办幼儿园，提供“广覆盖、保基本”的学前教育公共服务。加大政府投入，新建、改建、扩建一批安全、适用的幼儿园。不得用政府投入建设超标准、高收费的幼儿园。中小学布局调整后的富余教育资源和其他富余公共资源，优先改建成幼儿园。鼓励优质公办幼儿园举办分园或合作办园。制定优惠政策，支持街道、农村集体举办幼儿园。

鼓励社会力量以多种形式举办幼儿园。通过保证合理用地、减免税费等方式，支持社

会力量办园。积极扶持民办幼儿园特别是面向大众、收费较低的普惠性民办幼儿园发展。采取政府购买服务、减免租金、以奖代补、派驻公办教师等方式，引导和支持民办幼儿园提供普惠性服务。民办幼儿园在审批登记、分类定级、评估指导、教师培训、职称评定、资格认定、表彰奖励等方面与公办幼儿园具有同等地位。

城镇小区没有配套幼儿园的，应根据居住区规划和居住人口规模，按照国家有关规定配套建设幼儿园。新建小区配套幼儿园要与小区同步规划、同步建设、同步交付使用。建设用地按国家有关规定予以保障。未按规定安排配套幼儿园建设的小区规划不予审批。城镇小区配套幼儿园作为公共教育资源由当地政府统筹安排，举办公办幼儿园或委托办成普惠性民办幼儿园。城镇幼儿园建设要充分考虑进城务工人员随迁子女接受学前教育的需求。

努力扩大农村学前教育资源。各地要把发展学前教育作为社会主义新农村建设的重要内容，将幼儿园作为新农村公共服务设施统一规划，优先建设，加快发展。各级政府要加大对农村学前教育的投入，从今年开始，国家实施推进农村学前教育项目，重点支持中西部地区；地方各级政府要安排专门资金，重点建设农村幼儿园。乡镇和大村独立建园，小村设分园或联合办园，人口分散地区举办流动幼儿园、季节班等，配备专职巡回指导教师，逐步完善县、乡、村学前教育网络。改善农村幼儿园保教条件，配备基本的保教设施、玩教具、幼儿读物等。创造更多条件，着力保障留守儿童入园。发展农村学前教育要充分考虑农村人口分布和流动趋势，合理布局，有效使用资源。

三、多种途径加强幼儿教师队伍建设。加快建设一支师德高尚、热爱儿童、业务精良、结构合理的幼儿教师队伍。各地根据国家要求，结合本地实际，合理确定生师比，核定公办幼儿园教职工编制，逐步配齐幼儿园教职工。健全幼儿教师资格准入制度，严把入口关。2010年国家颁布幼儿教师专业标准。公开招聘具备条件的毕业生充实幼儿教师队伍。中小学富余教师经培训合格后可转入学前教育。

依法落实幼儿教师地位和待遇。切实维护幼儿教师权益，完善落实幼儿园教职工工资保障办法、专业技术职称（职务）评聘机制和社会保障政策。对长期在农村基层和艰苦边远地区工作的公办幼儿教师，按国家规定实行工资倾斜政策。对优秀幼儿园园长、教师进行表彰。

完善学前教育师资培养培训体系。办好中等幼儿师范学校，办好高等师范院校学前教育专业，建设一批幼儿师范专科学校，加大面向农村的幼儿教师培养力度，扩大免费师范生学前教育专业招生规模。积极探索初中毕业起点五年制学前教育专科学历教师培养模式，重视对幼儿特教师资的培养。建立幼儿园园长和教师培训体系，满足幼儿教师多样化的学习和发展需求。创新培训模式，为有志于从事学前教育的非师范专业毕业生提供培训。三年内对1万名幼儿园园长和骨干教师进行国家级培训。各地五年内对幼儿园园长和教师进行一轮全员专业培训。

四、多种渠道加大学前教育投入。各级政府要将学前教育经费列入财政预算。新增教育经费要向学前教育倾斜。财政性学前教育经费在同级财政性教育经费中要占合理比例，未来三年要有明显提高。各地根据实际研究制定公办幼儿园生均经费标准和生均财政拨款标准。制定优惠政策，鼓励社会力量办园和捐资助园。家庭合理分担学前教育成本。建立学前教育资助制度，资助家庭经济困难儿童、孤儿和残疾儿童接受普惠性学前教育。发展残疾儿童学前康复教育。中央财政设立专项经费，支持中西部农村地区、少数民族地区和边疆地区发展学前教育和学前双语教育。地方政府要加大投入，重点支持边远贫困地区和少数民族地区发展学前教育。规范学前教育经费的使用和管理。

五、加强幼儿园准入管理。完善法律法规，规范学前教育管理。严格执行幼儿园准入制度。各地根据国家基本标准和社会对幼儿保教的不同需求，制定各种类型幼儿园的办园标准，实行分类管理、分类指导。县级教育行政部门负责审批各类幼儿园，建立幼儿园信息管理系统，对幼儿园实行动态监管。完善和落实幼儿园年检制度。未取得办园许可证和未办理登记注册手续，任何单位和个人不得举办幼儿园。对社会各类幼儿培训机构和早期教育指导机构，审批主管部门要加强监督管理。

分类治理、妥善解决无证办园问题。各地要对目前存在的无证办园进行全面排查，加强指导，督促整改。整改期间，要保证幼儿正常接受学前教育。经整改达到相应标准的，颁发办园许可证。整改后仍未达到保障幼儿安全、健康等基本要求的，当地政府要依法予以取缔，妥善分流和安置幼儿。

六、强化幼儿园安全监管。各地要高度重视幼儿园安全保障工作，加强安全设施建设，配备保安人员，健全各项安全管理制度和安全责任制，落实各项措施，严防事故发生。相关部门按职能分工，建立全覆盖的幼儿园安全防护体系，切实加大工作力度，加强监督指导。幼儿园要提高安全防范意识，加强内部安全管理。幼儿园所在街道、社区和村民委员会要共同做好幼儿园安全管理工作。

七、规范幼儿园收费管理。国家有关部门 2011 年出台幼儿园收费管理办法。省级有关部门根据城乡经济社会发展水平、办园成本和群众承受能力，按照非义务教育阶段家庭合理分担教育成本的原则，制定公办幼儿园收费标准。加强民办幼儿园收费管理，完善备案程序，加强分类指导。幼儿园实行收费公示制度，接受社会监督。加强收费监管，坚决查处乱收费。

八、坚持科学保教，促进幼儿身心健康发展。加强对幼儿园保教工作的指导，2010 年国家颁布幼儿学习与发展指南。遵循幼儿身心发展规律，面向全体幼儿，关注个体差异，坚持以游戏为基本活动，保教结合，寓教于乐，促进幼儿健康成长。加强对幼儿园玩教具、幼儿图书的配备与指导，为儿童创设丰富多彩的教育环境，防止和纠正幼儿园教育“小学化”倾向。研究制定幼儿园教师指导用书审定办法。建立幼儿园保教质量评估监管体系。健全学前教育教研指导网络。要把幼儿园教育和家庭教育紧密结合，共同为幼儿的健康成长创造良好环境。

九、完善工作机制，加强组织领导。各级政府要加强对学前教育的统筹协调，健全教育部门主管、有关部门分工负责的工作机制，形成推动学前教育发展的合力。教育部门要完善政策，制定标准，充实管理、教研力量，加强学前教育的监督管理和科学指导。机构编制部门要结合实际合理确定公办幼儿园教职工编制。发展改革部门要把学前教育纳入当

地经济社会发展规划，支持幼儿园建设发展。财政部门要加大投入，制定支持学前教育的优惠政策。城乡建设和国土资源部门要落实城镇小区和新农村配套幼儿园的规划、用地。人力资源和社会保障部门要制定幼儿园教职工的人事（劳动）、工资待遇、社会保障和技术职称（职务）评聘政策。价格、财政、教育部门要根据职责分工，加强幼儿园收费管理。综治、公安部门要加强对幼儿园安全保卫工作的监督指导，整治、净化周边环境。卫生部门要监督指导幼儿园卫生保健工作。民政、工商、质检、安全生产监管、食品药品监管等部门要根据职能分工，加强对幼儿园的指导和管理。妇联、残联等单位要积极开展对家庭教育、残疾儿童早期教育的宣传指导。充分发挥城市社区居委会和农村村民自治组织的作用，建立社区和家长参与幼儿园管理和监督的机制。

十、统筹规划，实施学前教育三年行动计划。各省（区、市）政府要深入调查，准确掌握当地学前教育基本状况和存在的突出问题，结合本区域经济社会发展状况和适龄人口分布、变化趋势，科学测算入园需求和供需缺口，确定发展目标，分解年度任务，落实经费，以县为单位编制学前教育三年行动计划，有效缓解“入园难”。2011 年 3 月底前，各省（区、市）行动计划报国家教育体制改革领导小组办公室备案。

地方政府是发展学前教育、解决“入园难”问题的责任主体。各省（区、市）要建立督促检查、考核奖惩和问责机制，确保大力发展学前教育的各项举措落到实处，取得实效。各级教育督导部门要把学前教育作为督导重点，加强对政府责任落实、教师队伍建设、经费投入、安全管理等方面的督导检查，并将结果向社会公示。教育部会同有关部门对各地学前教育三年行动计划进展情况进行专项督查，组织宣传和推广先进经验，对发展学前教育成绩突出的地区予以表彰奖励，营造全社会关心支持学前教育的良好氛围。

国务院

二〇一〇年十一月二十一日

附录B　幼儿园教育指导纲要（试行）

第一部分　总　则

一、为贯彻《中华人民共和国教育法》、《幼儿园管理条例》和《幼儿园工作规程》，指导幼儿园深入实施素质教育，特制定本纲要。

二、幼儿园教育是基础教育的重要组成部分，是我国学校教育和终身教育的奠基阶段。城乡各类幼儿园都应从实际出发，因地制宜地实施素质教育，为幼儿一生的发展打好基础。

三、幼儿园应与家庭、社区密切合作，与小学相互衔接，综合利用各种教育资源，共同为幼儿的发展创造良好的条件。

四、幼儿园应为幼儿提供健康、丰富的生活和活动环境，满足他们多方面发展的需要，使他们在快乐的童年生活中获得有益于身心发展的经验。

五、幼儿园教育应尊重幼儿的人格和权利，尊重幼儿身心发展的规律和学习特点，以游戏为基本活动，保教并重，关注个别差异，促进每个幼儿富有个性的发展。

第二部分　教育内容与要求

幼儿园的教育内容是全面的、启蒙性的，可以相对划分为健康、语言、社会、科学、艺术等五个领域，也可作其他不同的划分。各领域的内容相互渗透，从不同的角度促进幼儿情感、态度、能力、知识、技能等方面的发展。

一、健康

（一）目标

1．身体健康，在集体生活中情绪安定、愉快；

2．生活、卫生习惯良好，有基本的生活自理能力；

3．知道必要的安全保健常识，学习保护自己；

4．喜欢参加体育活动，动作协调、灵活。

（二）内容与要求

1．建立良好的师生、同伴关系，让幼儿在集体生活中感到温暖，心情愉快，形成安全感、信赖感。

2．与家长配合，根据幼儿的需要建立科学的生活常规。培养幼儿良好的饮食、睡眠、盥洗、排泄等生活习惯和生活自理能力。

3．教育幼儿爱清洁、讲卫生，注意保持个人和生活场所的整洁和卫生。

4．密切结合幼儿的生活进行安全、营养和保健教育，提高幼儿的自我保护意识和能力。

5．开展丰富多彩的户外游戏和体育活动，培养幼儿参加体育活动的兴趣和习惯，增强体质，提高对环境的适应能力。

6．用幼儿感兴趣的方式发展基本动作，提高动作的协调性、灵活性。

7．在体育活动中，培养幼儿坚强、勇敢、不怕困难的意志品质和主动、乐观、合作的态度。

（三）指导要点

1．幼儿园必须把保护幼儿的生命和促进幼儿的健康放在工作的首位。树立正确的健康观念，在重视幼儿身体健康的同时，要高度重视幼儿的心理健康。

2．既要高度重视和满足幼儿受保护、受照顾的需要，又要尊重和满足他们不断增长的独立要求，避免过度保护和包办代替，鼓励并指导幼儿自理、自立的尝试。

3．健康领域的活动要充分尊重幼儿生长发育的规律，严禁以任何名义进行有损幼儿健康的比赛、表演或训练等。

4．培养幼儿对体育活动的兴趣是幼儿园体育的重要目标，要根据幼儿的特点组织生动有趣、形式多样的体育活动，吸引幼儿主动参与。

二、语言

（一）目标

1．乐意与人交谈，讲话礼貌；

2．注意倾听对方讲话，能理解日常用语；

3．能清楚地说出自己想说的事；

4．喜欢听故事、看图书；

5．能听懂和会说普通话。

（二）内容与要求

1．创造一个自由、宽松的语言交往环境，支持、鼓励、吸引幼儿与教师、同伴或其他人交谈，体验语言交流的乐趣，学习使用适当的、礼貌的语言交往。

2．养成幼儿注意倾听的习惯，发展语言理解能力。

3．鼓励幼儿大胆、清楚地表达自己的想法和感受，尝试说明、描述简单的事物或过程，发展语言表达能力和思维能力。

4．引导幼儿接触优秀的儿童文学作品，使之感受语言的丰富和优美，并通过多种活动帮助幼儿加深对作品的体验和理解。

5．培养幼儿对生活中常见的简单标记和文字符号的兴趣。

6．利用图书、绘画和其他多种方式，引发幼儿对书籍、阅读和书写的兴趣，培养前阅读和前书写技能。

7．提供普通话的语言环境，帮助幼儿熟悉、听懂并学说普通话。少数民族地区还应帮助幼儿学习本民族语言。

（三）指导要点

1．语言能力是在运用的过程中发展起来的，发展幼儿语言的关键是创设一个能使他们想说、敢说、喜欢说、有机会说并能得到积极应答的环境。

2．幼儿语言的发展与其情感、经验、思维、社会交往能力等其他方面的发展密切相关，因此，发展幼儿语言的重要途径是通过互相渗透的各领域的教育，在丰富多彩的活动中去扩展幼儿的经验，提供促进语言发展的条件。

3．幼儿的语言学习具有个别化的特点，教师与幼儿的个别交流、幼儿之间的自由交谈等，对幼儿语言发展具有特殊意义。

4．对有语言障碍的儿童要给予特别关注，要与家长和有关方面密切配合，积极地帮助他们提高语言能力。

三、社会

（一）目标

1．能主动地参与各项活动，有自信心；

2．乐意与人交往，学习互助、合作和分享，有同情心；

3．理解并遵守日常生活中基本的社会行为规则；

4．能努力做好力所能及的事，不怕困难，有初步的责任感；

5．爱父母长辈、老师和同伴，爱集体、爱家乡、爱祖国。

（二）内容与要求

1．引导幼儿参加各种集体活动，体验与教师、同伴等共同生活的乐趣，帮助他们正确认识自己和他人，养成对他人、社会亲近、合作的态度，学习初步的人际交往技能。

2．为每个幼儿提供表现自己长处和获得成功的机会，增强其自尊心和自信心。

3．提供自由活动的机会，支持幼儿自主地选择、计划活动，鼓励他们通过多方面的努力解决问题，不轻易放弃克服困难的尝试。

4．在共同的生活和活动中，以多种方式引导幼儿认识、体验并理解基本的社会行为规则，学习自律和尊重他人。

5．教育幼儿爱护玩具和其他物品，爱护公物和公共环境。

6．与家庭、社区合作，引导幼儿了解自己的亲人以及与自己生活有关的各行各业人们的劳动，培养其对劳动者的热爱和对劳动成果的尊重。

7．充分利用社会资源，引导幼儿实际感受祖国文化的丰富与优秀，感受家乡的变化和发展，激发幼儿爱家乡、爱祖国的情感。

8．适当向幼儿介绍我国各民族和世界其他国家、民族的文化，使其感知人类文化的多样性和差异性，培养理解、尊重、平等的态度。

（三）指导要点

1．社会领域的教育具有潜移默化的特点。幼儿社会态度和社会情感的培养尤应渗透在多种活动和一日生活的各个环节之中，要创设一个能使幼儿感受到接纳、关爱和支持的良好环境，避免单一呆板的言语说教。

2．幼儿与成人、同伴之间的共同生活、交往、探索、游戏等，是其社会学习的重要途径，应为幼儿提供人际间相互交往和共同活动的机会和条件，并加以指导。

3．社会学习是一个漫长的积累过程，需要幼儿园、家庭和社会密切合作，协调一致，共同促进幼儿良好社会性品质的形成。

四、科学

（一）目标

1．对周围的事物、现象感兴趣，有好奇心和求知欲；

2．能运用各种感官，动手动脑，探究问题；

3．能用适当的方式表达、交流探索的过程和结果；

4．能从生活和游戏中感受事物的数量关系并体验到数学的重要和有趣；

5．爱护动植物，关心周围环境，亲近大自然，珍惜自然资源，有初步的环保意识。

（二）内容与要求

1．引导幼儿对身边常见事物和现象的特点、变化规律产生兴趣和探究的欲望。

2．为幼儿的探究活动创造宽松的环境，让每个幼儿都有机会参与尝试，支持、鼓励他们大胆提出问题，发表不同意见，学会尊重别人的观点和经验。

3．提供丰富的可操作的材料，为每个幼儿都能运用多种感官。多种方式进行探索提供活动的条件。

4．通过引导幼儿积极参加小组讨论、探索等方式，培养幼儿合作学习的意识和能力，学习用多种方式表现、交流、分享探索的过程和结果。

5．引导幼儿对周围环境中的数、量、形、时间和空间等现象产生兴趣，建构初步的数概念，并学习用简单的数学方法解决生活和游戏中某些简单的问题。

6．从生活或媒体中幼儿熟悉的科技成果入手，引导幼儿感受科学技术对生活的影响，培养他们对科学的兴趣和对科学家的崇敬。

7．在幼儿生活经验的基础上，帮助幼儿了解自然、环境与人类生活的关系。从身边的小事入手，培养初步的环保意识和行为。

（三）指导要点

1．幼儿的科学教育是科学启蒙教育，重在激发幼儿的认识兴趣和探究欲望。

2．要尽量创造条件让幼儿实际参加探究活动，使他们感受科学探究的过程和方法，体验发现的乐趣。

3．科学教育应密切联系幼儿的实际生活进行，利用身边的事物与现象作为科学探索的对象。

五、艺术

（一）目标

1．能初步感受并喜爱环境、生活和艺术中的美；

2．喜欢参加艺术活动，并能大胆地表现自己的情感和体验；

3．能用自己喜欢的方式进行艺术表现活动。

（二）内容与要求

1．引导幼儿接触周围环境和生活中美好的人、事、物，丰富他们的感性经验和审美情趣，激发他们表现美、创造美的情趣。

2．在艺术活动中面向全体幼儿，要针对他们的不同特点和需要，让每个幼儿都得到美的熏陶和培养。对有艺术天赋的幼儿要注意发展他们的艺术潜能。

3．提供自由表现的机会，鼓励幼儿用不同艺术形式大胆地表达自己的情感、理解和想象，尊重每个幼儿的想法和创造，肯定和接纳他们独特的审美感受和表现方式，分享他们创造的快乐。

4. 在支持、鼓励幼儿积极参加各种艺术活动并大胆表现的同时，帮助他们提高表现的技能和能力。

5. 指导幼儿利用身边的物品或废旧材料制作玩具、手工艺品等来美化自己的生活或开展其他活动。

6. 为幼儿创设展示自己作品的条件，引导幼儿相互交流、相互欣赏、共同提高。

（三）指导要点

1. 艺术是实施美育的主要途径，应充分发挥艺术的情感教育功能，促进幼儿健全人格的形成。要避免仅仅重视表现技能或艺术活动的结果，而忽视幼儿在活动过程中的情感体验和态度的倾向。

2. 幼儿的创作过程和作品是他们表达自己的认识和情感的重要方式，应支持幼儿富有个性和创造性的表达，克服过分强调技能技巧和标准化要求的偏向。

3. 幼儿艺术活动的能力是在大胆表现的过程中逐渐发展起来的，教师的作用应主要在于激发幼儿感受美、表现美的情趣，丰富他们的审美经验，使之体验自由表达和创造的快乐。在此基础上，根据幼儿的发展状况和需要，对表现方式和技能技巧给予适时、适当的指导。

第三部分　组织与实施

一、幼儿园的教育是为所有在园幼儿的健康成长服务的，要为每一个儿童，包括有特殊需要的儿童提供积极的支持和帮助。

二、幼儿园的教育活动，是教师以多种形式有目的、有计划地引导幼儿生动、活泼、主动活动的教育过程。

三、教育活动的组织与实施过程是教师创造性地开展工作的过程。教师要根据本《纲要》，从本地、本园的条件出发，结合本班幼儿的实际情况，制订切实可行的工作计划并灵活地执行。

四、教育活动目标要以《幼儿园工作规程》和本《纲要》所提出的各领域目标为指导，结合本班幼儿的发展水平、经验和需要来确定。

五、教育活动内容的选择应遵照本《纲要》第二部分的有关条款进行，同时体现以下原则：

（一）既适合幼儿的现有水平，又有一定的挑战性。

（二）既符合幼儿的现实需要，又有利于其长远发展。

（三）既贴近幼儿的生活来选择幼儿感兴趣的事物和问题，又有助于拓展幼儿的经验和视野。

六、教育活动内容的组织应充分考虑幼儿的学习特点和认识规律，各领域的内容要有机联系，相互渗透，注重综合性、趣味性、活动性，寓教育于生活、游戏之中。

七、教育活动的组织形式应根据需要合理安排，因时、因地、因内容、因材料灵活地运用。

八、环境是重要的教育资源，应通过环境的创设和利用，有效地促进幼儿的发展。

（一）幼儿园的空间、设施、活动材料和常规要求等应有利于引发、支持幼儿的游戏和各种探索活动，有利于引发、支持幼儿与周围环境之间积极的相互作用。

（二）幼儿同伴群体及幼儿园教师集体是宝贵的教育资源，应充分发挥这一资源的作用。

（三）教师的态度和管理方式应有助于形成安全、温馨的心理环境；言行举止应成为幼儿学习的良好榜样。

（四）家庭是幼儿园重要的合作伙伴，应本着尊重、平等、合作的原则，争取家长的理解、支持和主动参与，并积极支持、帮助家长提高教育能力。

（五）充分利用自然环境和社区的教育资源，扩展幼儿生活和学习的空间。幼儿园同时应为社区的早期教育提供服务。

九、科学、合理地安排和组织一日生活。

（一）时间安排应有相对的稳定性与灵活性，既有利于形成秩序，又能满足幼儿的合理需要，照顾到个体差异。

（二）教师直接指导的活动和间接指导的活动相结合，保证幼儿每天有适当的自主选择和自由活动时间。教师直接指导的集体活动要能保证幼儿的积极参与，避免时间的隐性浪费。

（三）尽量减少不必要的集体行动和过渡环节，减少和消除消极等待现象。

（四）建立良好的常规，避免不必要的管理行为，逐步引导幼儿学习自我管理。

十、教师应成为幼儿学习活动的支持者、合作者、引导者。

（一）以关怀、接纳、尊重的态度与幼儿交往。耐心倾听，努力理解幼儿的想法与感受，支持、鼓励他们大胆探索与表达。

（二）善于发现幼儿感兴趣的事物、游戏和偶发事件中所隐含的教育价值，把握时机，积极引导。

（三）关注幼儿在活动中的表现和反应，敏感地察觉他们的需要，及时以适当的方式应答，形成合作探究式的师生互动。

（四）尊重幼儿在发展水平、能力、经验、学习方式等方面的个体差异，因人施教，努力使每一个幼儿都能获得满足和成功。

（五）关注幼儿的特殊需要，包括各种发展潜能和不同发展障碍，与家庭密切配合，共同促进幼儿健康成长。

十一、幼儿园教育要与0～3岁儿童的保育教育以及小学教育相互衔接。

第四部分 教育评价

一、教育评价是幼儿园教育工作的重要组成部分，是了解教育的适宜性、有效性，调整和改进工作，促进每一个幼儿发展，提高教育质量的必要手段。

二、管理人员、教师、幼儿及其家长均是幼儿园教育评价工作的参与者。评价过程是各方共同参与、相互支持与合作的过程。

三、评价的过程，是教师运用专业知识审视教育实践，发现、分析、研究、解决问题的过程，也是其自我成长的重要途径。

四、幼儿园教育工作评价实行以教师自评为主，园长以及有关管理人员、其他教师和家长等参与评价的制度。

五、评价应自然地伴随着整个教育过程进行，综合采用观察、谈话、作品分析等多种方法。

六、幼儿的行为表现和发展变化具有重要的评价意义，教师应视之为重要的评价信息和改进工作的依据。

七、教育工作评价宜重点考察以下方面：

（一）教育计划和教育活动的目标是否建立在了解本班幼儿现状的基础上。

（二）教育的内容、方式、策略、环境条件是否能调动幼儿学习的积极性。

（三）教育过程是否能为幼儿提供有益的学习经验，并符合其发展需要。

（四）教育内容、要求能否兼顾群体需要和个体差异，使每个幼儿都能得到发展，都有成功感。

（五）教师的指导是否有利于幼儿主动、有效地学习。

八、对幼儿发展状况的评估，要注意：

（一）明确评价的目的是了解幼儿的发展需要，以便提供更加适宜的帮助和指导。

（二）全面了解幼儿的发展状况，防止片面性，尤其要避免只重知识和技能，忽略情感、社会性和实际能力的倾向。

（三）在日常活动与教育教学过程中采用自然的方法进行。平时观察所获的具有典型意义的幼儿行为表现和所积累的各种作品等，是评价的重要依据。

（四）承认和关注幼儿的个体差异，避免用划一的标准评价不同的幼儿，在幼儿面前慎用横向的比较。

（五）以发展的眼光看待幼儿，既要了解现有水平，更要关注其发展的速度、特点和倾向等。

附录C　幼儿园工作规程（新修订）

第一章　总　则

第一条　为了加强幼儿园的科学管理，规范办园行为，提高保育和教育质量，促进幼儿身心健康，依据《中华人民共和国教育法》等法律法规，制定本规程。

第二条　幼儿园是对3周岁以上学龄前幼儿实施保育和教育的机构。幼儿园教育是基础教育的重要组成部分，是学校教育制度的基础阶段。

第三条　幼儿园的任务是：贯彻国家的教育方针，按照保育与教育相结合的原则，遵循幼儿身心发展特点和规律，实施德、智、体、美等方面全面发展的教育，促进幼儿身心和谐发展。幼儿园同时面向幼儿家长提供科学育儿指导。

第四条　幼儿园适龄幼儿一般为3周岁至6周岁。幼儿园一般为三年制。

第五条　幼儿园保育和教育的主要目标是：

（一）促进幼儿身体正常发育和机能的协调发展，增强体质，促进心理健康，培养良好的生活习惯、卫生习惯和参加体育活动的兴趣。

（二）发展幼儿智力，培养正确运用感官和运用语言交往的基本能力，增进对环境的认识，培养有益的兴趣和求知欲望，培养初步的动手探究能力。

（三）萌发幼儿爱祖国、爱家乡、爱集体、爱劳动、爱科学的情感，培养诚实、自信、友爱、勇敢、勤学、好问、爱护公物、克服困难、讲礼貌、守纪律等良好的品德行为和习惯，以及活泼开朗的性格。

（四）培养幼儿初步感受美和表现美的情趣和能力。

第六条　幼儿园教职工应当尊重、爱护幼儿，严禁虐待、歧视、体罚和变相体罚、侮辱幼儿人格等损害幼儿身心健康的行为。

第七条　幼儿园可分为全日制、半日制、定时制、季节制和寄宿制等。上述形式可分别设置，也可混合设置。

第二章　幼儿入园和编班

第八条　幼儿园每年秋季招生。平时如有缺额，可随时补招。幼儿园对烈士子女、家中无人照顾的残疾人子女、孤儿、家庭经济困难幼儿、具有接受普通教育能力的残疾儿童等入园，按照国家和地方的有关规定予以照顾。

第九条　企业、事业单位和机关、团体、部队设置的幼儿园，除招收本单位工作人员的子女外，应当积极创造条件向社会开放，招收附近居民子女入园。

第十条　幼儿入园前，应当按照卫生部门制定的卫生保健制度进行健康检查，合格者方可入园。幼儿入园除进行健康检查外，禁止任何形式的考试或测查。

第十一条　幼儿园规模应当有利于幼儿身心健康，便于管理，一般不超过 360 人。幼儿园每班幼儿人数一般为：小班（3 周岁至 4 周岁）25 人，中班（4 周岁至 5 周岁）30 人，大班（5 周岁至 6 周岁）35 人，混合班 30 人。寄宿制幼儿园每班幼儿人数酌减。

幼儿园可以按年龄分别编班，也可以混合编班。

第三章　幼儿园的安全

第十二条　幼儿园应当严格执行国家和地方幼儿园安全管理的相关规定，建立健全门卫、房屋、设备、消防、交通、食品、药物、幼儿接送交接、活动组织和幼儿就寝值守等安全防护和检查制度，建立安全责任制和应急预案。

第十三条　幼儿园的园舍应当符合国家和地方的建设标准，以及相关安全、卫生等方面的规范，定期检查维护，保障安全。幼儿园不得设置在污染区和危险区，不得使用危房。幼儿园的设备设施、装修装饰材料、用品用具和玩教具材料等，应当符合国家相关的安全质量标准和环保要求。入园幼儿应当由监护人或者其委托的成年人接送。

第十四条　幼儿园应当严格执行国家有关食品药品安全的法律法规，保障饮食饮水卫生安全。

第十五条　幼儿园教职工必须具有安全意识，掌握基本急救常识和防范、避险、逃生、自救的基本方法，在紧急情况下应当优先保护幼儿的人身安全。幼儿园应当把安全教育融入一日生活，并定期组织开展多种形式的安全教育和事故预防演练。幼儿园应当结合幼儿年龄特点和接受能力开展反家庭暴力教育，发现幼儿遭受或者疑似遭受家庭暴力的，应当依法及时向公安机关报案。

第十六条　幼儿园应当投保校方责任险。

第四章　幼儿园的卫生保健

第十七条　幼儿园必须切实做好幼儿生理和心理卫生保健工作。幼儿园应当严格执行《托儿所幼儿园卫生保健管理办法》以及其他有关卫生保健的法规、规章和制度。

第十八条　幼儿园应当制定合理的幼儿一日生活作息制度。正餐间隔时间为 3.5～4 小时。在正常情况下，幼儿户外活动时间（包括户外体育活动时间）每天不得少于 2 小时，寄宿制幼儿园不得少于 3 小时；高寒、高温地区可酌情增减。

第十九条　幼儿园应当建立幼儿健康检查制度和幼儿健康卡或档案。每年体检一次，每半年测身高、视力一次，每季度量体重一次；注意幼儿口腔卫生，保护幼儿视力。幼儿园对幼儿健康发展状况定期进行分析、评价，及时向家长反馈结果。

幼儿园应当关注幼儿心理健康，注重满足幼儿的发展需要，保持幼儿积极的情绪状态，让幼儿感受到尊重和接纳。

第二十条　幼儿园应当建立卫生消毒、晨检、午检制度和病儿隔离制度，配合卫生部门做好计划免疫工作。幼儿园应当建立传染病预防和管理制度，制定突发传染病应急预案，认真做好疾病防控工作。幼儿园应当建立患病幼儿用药的委托交接制度，未经监护人委托或者同意，幼儿园不得给幼儿用药。幼儿园应当妥善管理药品，保证幼儿用药安全。幼儿

园内禁止吸烟、饮酒。

第二十一条　供给膳食的幼儿园应当为幼儿提供安全卫生的食品，编制营养平衡的幼儿食谱，定期计算和分析幼儿的进食量和营养素摄取量，保证幼儿合理膳食。幼儿园应当每周向家长公示幼儿食谱，并按照相关规定进行食品留样。

第二十二条　幼儿园应当配备必要的设备设施，及时为幼儿提供安全卫生的饮用水。幼儿园应当培养幼儿良好的大小便习惯，不得限制幼儿便溺的次数、时间等。

第二十三条　幼儿园应当积极开展适合幼儿的体育活动，充分利用日光、空气、水等自然因素以及本地自然环境，有计划地锻炼幼儿肌体，增强身体的适应和抵抗能力。正常情况下，每日户外体育活动不得少于 1 小时。幼儿园在开展体育活动时，应当对体弱或有残疾的幼儿予以特殊照顾。

第二十四条　幼儿园夏季要做好防暑降温工作，冬季要做好防寒保暖工作，防止中暑和冻伤。

第五章　幼儿园的教育

第二十五条　幼儿园教育应当贯彻以下原则和要求：

（一）德、智、体、美等方面的教育应当互相渗透，有机结合。

（二）遵循幼儿身心发展规律，符合幼儿年龄特点，注重个体差异，因人施教，引导幼儿个性健康发展。

（三）面向全体幼儿，热爱幼儿，坚持积极鼓励、启发引导的正面教育。

（四）综合组织健康、语言、社会、科学、艺术各领域的教育内容，渗透于幼儿一日生活的各项活动中，充分发挥各种教育手段的交互作用。

（五）以游戏为基本活动，寓教育于各项活动之中。

（六）创设与教育相适应的良好环境，为幼儿提供活动和表现能力的机会与条件。

第二十六条　幼儿一日活动的组织应当动静交替，注重幼儿的直接感知、实际操作和亲身体验，保证幼儿愉快的、有益的自由活动。

第二十七条　幼儿园日常生活组织，应当从实际出发，建立必要、合理的常规，坚持一贯性和灵活性相结合，培养幼儿的良好习惯和初步的生活自理能力。

第二十八条　幼儿园应当为幼儿提供丰富多样的教育活动。教育活动内容应当根据教育目标、幼儿的实际水平和兴趣确定，以循序渐进为原则，有计划地选择和组织。教育活动的组织应当灵活地运用集体、小组和个别活动等形式，为每个幼儿提供充分参与的机会，满足幼儿多方面发展的需要，促进每个幼儿在不同水平上得到发展。教育活动的过程应注重支持幼儿的主动探索、操作实践、合作交流和表达表现，不应片面追求活动结果。

第二十九条　幼儿园应当将游戏作为对幼儿进行全面发展教育的重要形式。幼儿园应当因地制宜创设游戏条件，提供丰富、适宜的游戏材料，保证充足的游戏时间，开展多种游戏。

幼儿园应当根据幼儿的年龄特点指导游戏，鼓励和支持幼儿根据自身兴趣、需要和经验水平，自主选择游戏内容、游戏材料和伙伴，使幼儿在游戏过程中获得积极的情绪情感，促进幼儿能力和个性的全面发展。

第三十条　幼儿园应当将环境作为重要的教育资源，合理利用室内外环境，创设开放的、多样的区域活动空间，提供适合幼儿年龄特点的丰富的玩具、操作材料和幼儿读物，支持幼儿自主选择和主动学习，激发幼儿学习的兴趣与探究的愿望。幼儿园应当营造尊重、接纳和关爱的氛围，建立良好的同伴和师生关系。幼儿园应当充分利用家庭和社区的有利条件，丰富和拓展幼儿园的教育资源。

第三十一条　幼儿园的品德教育应当以情感教育和培养良好行为习惯为主，注重潜移默化的影响，并贯穿于幼儿生活以及各项活动之中。

第三十二条　幼儿园应当充分尊重幼儿的个体差异，根据幼儿不同的心理发展水平，研究有效的活动形式和方法，注重培养幼儿良好的个性心理品质。幼儿园应当为在园残疾儿童提供更多的帮助和指导。

第三十三条　幼儿园和小学应当密切联系，互相配合，注意两个阶段教育的相互衔接。幼儿园不得提前教授小学教育内容，不得开展任何违背幼儿身心发展规律的活动。

第六章　幼儿园的园舍、设备

第三十四条　幼儿园应当按照国家的相关规定设活动室、寝室、卫生间、保健室、综合活动室、厨房和办公用房等，并达到相应的建设标准。有条件的幼儿园应当优先扩大幼儿游戏和活动空间。寄宿制幼儿园应当增设隔离室、浴室和教职工值班室等。

第三十五条　幼儿园应当有与其规模相适应的户外活动场地，配备必要的游戏和体育活动设施，创造条件开辟沙地、水池、种植园地等，并根据幼儿活动的需要绿化、美化园地。

第三十六条　幼儿园应当配备适合幼儿特点的桌椅、玩具架、盥洗卫生用具，以及必要的玩教具、图书和乐器等。玩教具应当具有教育意义并符合安全、卫生要求。幼儿园应当因地制宜，就地取材，自制玩教具。

第三十七条　幼儿园的建筑规划面积、建筑设计和功能要求，以及设施设备、玩教具配备，按照国家和地方的相关规定执行。

第七章　幼儿园的教职工

第三十八条　幼儿园按照国家相关规定设园长、副园长、教师、保育员、卫生保健人员、炊事员和其他工作人员等岗位，配足配齐教职工。

第三十九条　幼儿园教职工应当贯彻国家教育方针，具有良好品德，热爱教育事业，尊重和爱护幼儿，具有专业知识和技能以及相应的文化和专业素养，为人师表，忠于职责，身心健康。

幼儿园教职工患传染病期间暂停在幼儿园的工作。有犯罪、吸毒记录和精神病史者不得在幼儿园工作。

第四十条　幼儿园园长应当符合本规程第三十九条规定，并应当具有《教师资格条例》规定的教师资格、具备大专以上学历、有三年以上幼儿园工作经历和一定的组织管理能力，并取得幼儿园园长岗位培训合格证书。

幼儿园园长由举办者任命或者聘任，并报当地主管的教育行政部门备案。

幼儿园园长负责幼儿园的全面工作，主要职责如下：

（一）贯彻执行国家的有关法律、法规、方针、政策和地方的相关规定，负责建立并组织执行幼儿园的各项规章制度；

（二）负责保育教育、卫生保健、安全保卫工作；

（三）负责按照有关规定聘任、调配教职工，指导、检查和评估教师以及其他工作人员的工作，并给予奖惩；

（四）负责教职工的思想工作，组织业务学习，并为他们的学习、进修、教育研究创造必要的条件；

（五）关心教职工的身心健康，维护他们的合法权益，改善他们的工作条件；

（六）组织管理园舍、设备和经费；

（七）组织和指导家长工作；

（八）负责与社区的联系和合作。

第四十一条　幼儿园教师必须具有《教师资格条例》规定的幼儿园教师资格，并符合本规程第三十九条规定。

幼儿园教师实行聘任制。

幼儿园教师对本班工作全面负责，其主要职责如下：

（一）观察了解幼儿，依据国家有关规定，结合本班幼儿的发展水平和兴趣需要，制订和执行教育工作计划，合理安排幼儿一日生活；

（二）创设良好的教育环境，合理组织教育内容，提供丰富的玩具和游戏材料，开展适宜的教育活动；

（三）严格执行幼儿园安全、卫生保健制度，指导并配合保育员管理本班幼儿生活，做好卫生保健工作；

（四）与家长保持经常联系，了解幼儿家庭的教育环境，商讨符合幼儿特点的教育措施，相互配合共同完成教育任务；

（五）参加业务学习和保育教育研究活动；

（六）定期总结评估保教工作实效，接受园长的指导和检查。

第四十二条　幼儿园保育员应当符合本规程第三十九条规定，并应当具备高中毕业以上学历，受过幼儿保育职业培训。

幼儿园保育员的主要职责如下：

（一）负责本班房舍、设备、环境的清洁卫生和消毒工作；

（二）在教师指导下，科学照料和管理幼儿生活，并配合本班教师组织教育活动；

（三）在卫生保健人员和本班教师指导下，严格执行幼儿园安全、卫生保健制度；

（四）妥善保管幼儿衣物和本班的设备、用具。

第四十三条　幼儿园卫生保健人员除符合本规程第三十九条规定外，医师应当取得卫生行政部门颁发的《医师执业证书》；护士应当取得《护士执业证书》；保健员应当具有高中毕业以上学历，并经过当地妇幼保健机构组织的卫生保健专业知识培训。

幼儿园卫生保健人员对全园幼儿身体健康负责，其主要职责如下：

（一）协助园长组织实施有关卫生保健方面的法规、规章和制度，并监督执行；

（二）负责指导调配幼儿膳食，检查食品、饮水和环境卫生；

（三）负责晨检、午检和健康观察，做好幼儿营养、生长发育的监测和评价；定期组织幼儿健康体检，做好幼儿健康档案管理；

（四）密切与当地卫生保健机构的联系，协助做好疾病防控和计划免疫工作；

（五）向幼儿园教职工和家长进行卫生保健宣传和指导。

（六）妥善管理医疗器械、消毒用具和药品。

第四十四条　幼儿园其他工作人员的资格和职责，按照国家和地方的有关规定执行。

第四十五条　对认真履行职责、成绩优良的幼儿园教职工，应当按照有关规定给予奖励。

对不履行职责的幼儿园教职工，应当视情节轻重，依法依规给予相应处分。

第八章　幼儿园的经费

第四十六条　幼儿园的经费由举办者依法筹措，保障有必备的办园资金和稳定的经费来源。

按照国家和地方相关规定接受财政扶持的提供普惠性服务的国有企事业单位办园、集体办园和民办园等幼儿园，应当接受财务、审计等有关部门的监督检查。

第四十七条　幼儿园收费按照国家和地方的有关规定执行。

幼儿园实行收费公示制度，收费项目和标准向家长公示，接受社会监督，不得以任何名义收取与新生入园相挂钩的赞助费。

幼儿园不得以培养幼儿某种专项技能、组织或参与竞赛等为由，另外收取费用；不得以营利为目的组织幼儿表演、竞赛等活动。

第四十八条　幼儿园的经费应当按照规定的使用范围合理开支，坚持专款专用，不得挪作他用。

第四十九条　幼儿园举办者筹措的经费，应当保证保育和教育的需要，有一定比例用于改善办园条件和开展教职工培训。

第五十条　幼儿膳食费应当实行民主管理制度，保证全部用于幼儿膳食，每月向家长公布账目。

第五十一条　幼儿园应当建立经费预算和决算审核制度，经费预算和决算应当提交园务委员会审议，并接受财务和审计部门的监督检查。

幼儿园应当依法建立资产配置、使用、处置、产权登记、信息管理等管理制度，严格执行有关财务制度。

第九章　幼儿园、家庭和社区

第五十二条　幼儿园应当主动与幼儿家庭沟通合作，为家长提供科学育儿宣传指导，帮助家长创设良好的家庭教育环境，共同担负教育幼儿的任务。

第五十三条　幼儿园应当建立幼儿园与家长联系的制度。幼儿园可采取多种形式，指导家长正确了解幼儿园保育和教育的内容、方法，定期召开家长会议，并接待家长的来访和咨询。

幼儿园应当认真分析、吸收家长对幼儿园教育与管理工作的意见与建议。

幼儿园应当建立家长开放日制度。

第五十四条　幼儿园应当成立家长委员会。

家长委员会的主要任务是对幼儿园重要决策和事关幼儿切身利益的事项提出意见和建议；发挥家长的专业和资源优势，支持幼儿园保育教育工作；帮助家长了解幼儿园工作计划和要求，协助幼儿园开展家庭教育指导和交流。

家长委员会在幼儿园园长指导下工作。

第五十五条　幼儿园应当加强与社区的联系与合作，面向社区宣传科学育儿知识，开展灵活多样的公益性早期教育服务，争取社区对幼儿园的多方面支持。

第十章　幼儿园的管理

第五十六条　幼儿园实行园长负责制。

幼儿园应当建立园务委员会。园务委员会由园长、副园长、党组织负责人和保教、卫生保健、财会等方面工作人员的代表以及幼儿家长代表组成。园长任园务委员会主任。

园长定期召开园务委员会会议，遇重大问题可临时召集，对规章制度的建立、修改、废除，全园工作计划，工作总结，人员奖惩，财务预算和决算方案，以及其他涉及全园工作的重要问题进行审议。

第五十七条　幼儿园应当加强党组织建设，充分发挥党组织政治核心作用、战斗堡垒作用。幼儿园应当为工会、共青团等其他组织开展工作创造有利条件，充分发挥其在幼儿园工作中的作用。

第五十八条　幼儿园应当建立教职工大会制度或者教职工代表大会制度，依法加强民主管理和监督。

第五十九条　幼儿园应当建立教研制度，研究解决保教工作中的实际问题。

第六十条　幼儿园应当制订年度工作计划，定期部署、总结和报告工作。每学年年末应当向教育等行政主管部门报告工作，必要时随时报告。

第六十一条　幼儿园应当接受上级教育、卫生、公安、消防等部门的检查、监督和指导，如实报告工作和反映情况。

幼儿园应当依法接受教育督导部门的督导。

第六十二条　幼儿园应当建立业务档案、财务管理、园务会议、人员奖惩、安全管理以及与家庭、小学联系等制度。

幼儿园应当建立信息管理制度，按照规定采集、更新、报送幼儿园管理信息系统的相关信息，每年向主管教育行政部门报送统计信息。

第六十三条　幼儿园教师依法享受寒暑假期的带薪休假。幼儿园应当创造条件，在寒暑假期间，安排工作人员轮流休假。具体办法由举办者制定。

第十一章 附 则

第六十四条 本规程适用于城乡各类幼儿园。

第六十五条 省、自治区、直辖市教育行政部门可根据本规程，制订具体实施办法。

第六十六条 本规程自 2016 年 3 月 1 日起施行。1996 年 3 月 9 日由原国家教育委员会令第 25 号发布的《幼儿园工作规程》同时废止。

附录 D 幼儿园教师专业标准（试行）

为促进幼儿园教师专业发展，建设高素质幼儿园教师队伍，根据《中华人民共和国教师法》，特制定《幼儿园教师专业标准（试行）》（以下简称《专业标准》）。

幼儿园教师是履行幼儿园教育教学工作职责的专业人员，需要经过严格的培养与培训，具有良好的职业道德，掌握系统的专业知识和专业技能。《专业标准》是国家对合格幼儿园教师专业素质的基本要求，是幼儿园教师实施保教行为的基本规范，是引领幼儿园教师专业发展的基本准则，是幼儿园教师培养、准入、培训、考核等工作的重要依据。

一、基本理念

（一）幼儿为本

尊重幼儿权益，以幼儿为主体，充分调动和发挥幼儿的主动性；遵循幼儿身心发展特点和保教活动规律，提供适合的教育，保障幼儿快乐健康成长。

（二）师德为先

热爱学前教育事业，具有职业理想，践行社会主义核心价值体系，履行教师职业道德规范，依法执教。关爱幼儿，尊重幼儿人格，富有爱心、责任心、耐心和细心；为人师表，教书育人，自尊自律，做幼儿健康成长的启蒙者和引路人。

（三）能力为重

把学前教育理论与保教实践相结合，突出保教实践能力；研究幼儿，遵循幼儿成长规律，提升保教工作专业化水平；坚持实践、反思、再实践、再反思，不断提高专业能力。

（四）终身学习

学习先进学前教育理论，了解国内外学前教育改革与发展的经验和做法；优化知识结构，提高文化素养；具有终身学习与持续发展的意识和能力，做终身学习的典范。

二、基本内容

维　度	领　　域	基 本 要 求
专业理念与师德	（一）职业理解与认识	1．贯彻党和国家教育方针政策，遵守教育法律法规。 2．理解幼儿保教工作的意义，热爱学前教育事业，具有职业理想和敬业精神。 3．认同幼儿园教师的专业性和独特性，注重自身专业发展。 4．具有良好职业道德修养，为人师表。 5．具有团队合作精神，积极开展协作与交流

续表

维　度	领　域	基本要求
专业理念与师德	（二）对幼儿的态度与行为	6．关爱幼儿，重视幼儿身心健康，将保护幼儿生命安全放在首位。 7．尊重幼儿人格，维护幼儿合法权益，平等对待每一位幼儿。不讽刺、挖苦、歧视幼儿，不体罚或变相体罚幼儿。 8．信任幼儿，尊重个体差异，主动了解和满足有益于幼儿身心发展的不同需求。 9．重视生活对幼儿健康成长的重要价值，积极创造条件，让幼儿拥有快乐的幼儿园生活
	（三）幼儿保育和教育的态度与行为	10．注重保教结合，培育幼儿良好的意志品质，帮助幼儿养成良好的行为习惯。 11．注重保护幼儿的好奇心，培养幼儿的想象力，发掘幼儿的兴趣爱好。 12．重视环境和游戏对幼儿发展的独特作用，创设富有教育意义的环境氛围，将游戏作为幼儿的主要活动。 13．重视丰富幼儿多方面的直接经验，将探索、交往等实践活动作为幼儿最重要的学习方式。 14．重视自身日常态度言行对幼儿发展的重要影响与作用。 15．重视幼儿园、家庭和社区的合作，综合利用各种资源
	（四）个人修养与行为	16．富有爱心、责任心、耐心和细心。 17．乐观向上、热情开朗，有亲和力。 18．善于自我调节情绪，保持平和心态。 19．勤于学习，不断进取。 20．衣着整洁得体，语言规范健康，举止文明礼貌
专业知识	（五）幼儿发展知识	21．了解关于幼儿生存、发展和保护的有关法律法规及政策规定。 22．掌握不同年龄幼儿身心发展特点、规律和促进幼儿全面发展的策略与方法。 23．了解幼儿在发展水平、速度与优势领域等方面的个体差异，掌握对应的策略与方法。 24．了解幼儿发展中容易出现的问题与适宜的对策。 25．了解有特殊需要幼儿的身心发展特点及教育策略与方法
	（六）幼儿保育和教育知识	26．熟悉幼儿园教育的目标、任务、内容、要求和基本原则。 27．掌握幼儿园各领域教育的学科特点与基本知识。 28．掌握幼儿园环境创设、一日生活安排、游戏与教育活动、保育和班级管理的知识与方法。 29．熟知幼儿园的安全应急预案，掌握意外事故和危险情况下幼儿安全防护与救助的基本方法。 30．掌握观察、谈话、记录等了解幼儿的基本方法和教育心理学的基本原理和方法。 31．了解0～3岁婴幼儿保教和幼小衔接的有关知识与基本方法
	（七）通识性知识	32．具有一定的自然科学和人文社会科学知识。 33．了解中国教育基本情况。 34．具有相应的艺术欣赏与表现知识。 35．具有一定的现代信息技术知识

续表

维　度	领　　域	基 本 要 求
专业能力	（八）环境的创设与利用	36．建立良好的师幼关系，帮助幼儿建立良好的同伴关系，让幼儿感到温暖和愉悦。 37．建立班级秩序与规则，营造良好的班级氛围，让幼儿感受到安全、舒适。 38．创设有助于促进幼儿成长、学习、游戏的教育环境。 39．合理利用资源，为幼儿提供和制作适合的玩教具和学习材料，引发和支持幼儿的主动活动
	（九）一日生活的组织与保育	40．合理安排和组织一日生活的各个环节，将教育灵活地渗透到一日生活中。 41．科学照料幼儿日常生活，指导和协助保育员做好班级常规保育和卫生工作。 42．充分利用各种教育契机，对幼儿进行随机教育。 43．有效保护幼儿，及时处理幼儿的常见事故，危险情况优先救护幼儿
	（十）游戏活动的支持与引导	44．提供符合幼儿兴趣需要、年龄特点和发展目标的游戏条件。 45．充分利用与合理设计游戏活动空间，提供丰富、适宜的游戏材料，支持、引发和促进幼儿的游戏。 46．鼓励幼儿自主选择游戏内容、伙伴和材料，支持幼儿主动地、创造性地开展游戏，充分体验游戏的快乐和满足。 47．引导幼儿在游戏活动中获得身体、认知、语言和社会性等多方面的发展
	（十一）教育活动的计划与实施	48．制订阶段性的教育活动计划和具体活动方案。 49．在教育活动中观察幼儿，根据幼儿的表现和需要，调整活动，给予适宜的指导。 50．在教育活动的设计和实施中体现趣味性、综合性和生活化，灵活运用各种组织形式和适宜的教育方式。 51．提供更多的操作探索、交流合作、表达表现的机会，支持和促进幼儿主动学习
	（十二）激励与评价	52．关注幼儿日常表现，及时发现和赏识每个幼儿的点滴进步，注重激发和保护幼儿的积极性、自信心。 53．有效运用观察、谈话、家园联系、作品分析等多种方法，客观地、全面地了解和评价幼儿。 54．有效运用评价结果，指导下一步教育活动的开展。
	（十三）沟通与合作	55．使用符合幼儿年龄特点的语言进行保教工作。 56．善于倾听，和蔼可亲，与幼儿进行有效沟通。 57．与同事合作交流，分享经验和资源，共同发展。 58．与家长进行有效沟通合作，共同促进幼儿发展。 59．协助幼儿园与社区建立合作互助的良好关系
	（十四）反思与发展	60．主动收集分析相关信息，不断进行反思，改进保教工作。 61．针对保教工作中的现实需要与问题，进行探索和研究。 62．制定专业发展规划，积极参加专业培训，不断提高自身专业素质

三、实施建议

（一）各级教育行政部门要将《专业标准》作为幼儿园教师队伍建设的基本依据。根据学前教育改革发展的需要，充分发挥《专业标准》引领和导向作用，深化教师教育改革，建立教师教育质量保障体系，不断提高幼儿园教师培养培训质量。制定幼儿园教师准入标准，严把幼儿园教师入口关；制定幼儿园教师聘任（聘用）、考核、退出等管理制度，保障教师合法权益，形成科学有效的幼儿园教师队伍管理和督导机制。

（二）开展幼儿园教师教育的院校要将《专业标准》作为幼儿园教师培养培训的主要依据。重视幼儿园教师职业特点，加强学前教育学科和专业建设。完善幼儿园教师培养培训方案，科学设置教师教育课程，改革教育教学方式；重视幼儿园教师职业道德教育，重视社会实践和教育实习；加强从事幼儿园教师教育的师资队伍建设，建立科学的质量评价制度。

（三）幼儿园要将《专业标准》作为教师管理的重要依据。制定幼儿园教师专业发展规划，注重教师职业理想与职业道德教育，增强教师育人的责任感与使命感；开展园本研修，促进教师专业发展；完善教师岗位职责和考核评价制度，健全幼儿园教师绩效管理机制。

（四）幼儿园教师要将《专业标准》作为自身专业发展的基本依据。制定自我专业发展规划，爱岗敬业，增强专业发展自觉性；大胆开展保教实践，不断创新；积极进行自我评价，主动参加教师培训和自主研修，逐步提升专业发展水平。